Graded Chinese
Reader 2500 Words

Selected Abridged Chinese Contemporary Short Stories

汉语分级阅读 · 2500词

史 迹 编著

SinolinguA
华语教学出版社

First Edition   2015
Fourth Printing 2018

ISBN 978-7-5138-0677-0
Copyright 2015 by Sinolingua Co., Ltd
Published by Sinolingua Co., Ltd
24 Baiwanzhuang Road, Beijing 100037, China
Tel: (86) 10-68320585   68997826
Fax: (86) 10-68997826   68326333
http://www.sinolingua.com.cn
E-mail: hyjx@sinolingua.com.cn
Printed by Beijing Jinghua Hucais Priting Co., Ltd

Printed in the People's Republic of China

目 录
Contents

Preface

It is an established fact that reading practice is effective in improving one's proficiency in a foreign language. Thus, for students of Chinese as a foreign language, learning how to read Chinese is essential to the process of becoming familiar with Chinese words. To become effectively literate, students need to have a command of about 3000 to 5000 Chinese words. However, mastering such a large amount of Chinese vocabulary can be quite a significant burden. But students are eager to read in Chinese even with a limited amount of vocabulary. I once taught in the Chinese Department of Venice University and found that the students needed simple Chinese materials to improve their reading ability. This series, Graded Chinese Readers, is made up of such simple reading materials which have been specifically designed for students of Chinese as a foreign language to help them improve their reading comprehension. These materials can be useful both inside and outside the classroom.

Readability and language practicability are characteristics of the simplified stories in this series, based on contemporary Chinese novels, some of which are prize-winning literary works. The stories describe Chinese people's lives and the various social changes that have occurred since the 1980s in China. By reading these literary works, students of Chinese as a foreign language can gain a better knowledge of the everyday lives of the Chinese people. In order to help readers have a better comprehension of these works, each story has a "Guide to reading" which appears before the main text. Questions based on the texts and brief introductions to the authors are also included following the stories.

The series has already published *Graded Chinese Reader* 500 *Words, Graded Chinese Reader 1000 Words, Graded Chinese Reader 1500, Graded Chinese Reader 2000 Words,* and *Graded Chinese Reader 3000 Words. Graded Chinese Reader 2500 Words* is the sixth book of the series. The stories have been selected from a range of contemporary stories written by celebrated authors, such as Lu Wenfu, Chen Rong and etc. The vocabulary is limited to about 2500 common Chinese words, which are mainly based on the 2500 Chinese words listed in the Chinese Proficiency Test Syllabus Level 5 (2010). The book also includes some of the 1500 high frequency words in the International Curriculum for Chinese Language Education (2008).

To satisfy readers needs better, the compilers have adopted the following strategies: 1. In each story, words outside of these above mentioned categories, such as more advanced words, proper nouns, idioms, and complex sentence structures, are explained in notes at the side of each page along with some examples. 2. The most common words appear frequently in the text so that students can memorize them more efficiently. 3. The sentences are reasonably short, sentence structures are complete, complex sentences are avoided. 4. Pinyin is used so that students can easily master each word's pronunciation and be able to look each character up in a dictionary. 5. Each story has its own notes so that readers may choose whichever story they wish to read without having to refer to other stories' notes. 6. In order to improve students' listening comprehension, CDs in MP3 format are attached to the book. 7. A pinyin-invisible card is designed specially for those who wish to read only the characters. 8. In addition, the stories are all illustrated with pictures, which will help students better understand the plot of each story. The main goal of Chinese Graded Reader series is to reduce the difficulty of Chinese reading for students.

I would like to thank the College of Foreign Languages of Southwest Jiaotong University and my publisher Sinolingua for their helpful support, Professor Abbiati Magda of the Chinese Department of Venice University for all the valuable ideas she gave me when I was preparing the series, all the Chinese contemporary writers for their permission to adapt their works in the book, Fu

Mei, Director of the Editorial Department and my editor Lu Yu, of Sinolingua, for their constructive suggestions and sincere help, my friends Peter Moon and Pat Burrows for their suggestions, and my student Wang Guan for part of the English notes included in the book. I would also like to thank my readers and all of the many other people who helped me, directly or indirectly, in the development of this book.

I sincerely welcome constructive criticism and helpful suggestions from both our esteemed colleagues and, of course, students of the Chinese language. We hope that this series, Graded Chinese Reader, will be helpful to all CFL students and readers.

The author can be contacted at: shiji0612@126.com

Shi Ji

前　言

　　众所周知，通过阅读提高语言水平历来是被广为接受的、有效的语言学习途径。对于以汉语为外语的学生来说，通过汉语阅读来学习汉语词汇是非常重要的学习途径。通常情况下，要读懂一般的汉语材料，需要掌握 3000 至 5000 个汉语词汇。然而，外国学生要掌握 3000 个常用词难度非常大。但是学生们却渴望用他们有限的词汇进行汉语阅读。本人在威尼斯大学中文系任教期间，了解到学生们很需要这方面的阅读材料来提高他们的阅读能力。《汉语分级阅读》系列就是为世界各国汉语学习者编写的简易读本。《汉语分级阅读》系列的主要目的是帮助学生提高汉语阅读能力。该系列既可以作为课堂的汉语阅读教材，也可作为课外的汉语泛读材料。

　　《汉语分级阅读》系列所选的故事主要是中国当代作家的中短篇小说，有些是获奖作品。所选作品重点突出了作品的可读性和语言的实用性。通过阅读，学生可以在一定程度上了解现在中国人的生活，了解自 20 世纪 80 年代至今中国发生的各种社会变化。为了让学生更充分理解故事内涵，在阅读之前有英文的"阅读指导"，阅读之后有思考题和英文的作家介绍。

《汉语分级阅读》系列共6册，包括《汉语分级阅读·500 词》、《汉语分级阅读·1000 词》（原名《汉语分级阅读3》）、《汉语分级阅读·1500 词》、《汉语分级阅读·2000 词》（原名《汉语分级阅读1》）、《汉语分级阅读·2500 词》和《汉语分级阅读·3000 词》（原名《汉语分级阅读2》）。本书《汉语分级阅读·2500 词》的故事选自中国当代著名作家陆文夫、谌容等的五篇反映当代中国人生活的小说。《汉语分级阅读·2500 词》的词汇量限定在2500个汉语常用词，主要根据《新汉语水平考试大纲HSK》（2010）五级限定的2500词，同时参照《国际汉语教学通用课程大纲》（2008）1500高频词进行编写。

为满足读者需要，《汉语分级阅读》在编写过程中进行了精心设计：①对每篇故事中超出上述词汇以外的词、难词、专有名词、俗语及难句都进行了旁注，一些常用词给出了例句。②尽量增加常用词的复现率，以此增强读者对汉语常用词的理解与记忆。③句子力求简短，结构完整，尽量避免结构复杂的长句。④故事正文均配上拼音，使学生尽可能地通过读音记忆词义和查阅词典。⑤为方便读者能够按自己的兴趣任意挑选某篇故事去阅读，注释都是以单篇故事为单位重复出现的。⑥为提高学生的听力水平，本书配有MP3格式的CD光盘。⑦为适应学生的不同需求，本书配有可以隐去拼音的拼音隐形卡。⑧除此之外，每篇故事还配有插图，以帮助学生更直观地了解故事内容。《汉语分级阅读》的编写宗旨是进一步降低汉语阅读的难度，帮助学生提高汉语阅读和汉语听力的水平。

《汉语分级阅读》系列的编写得到各界人士的关心和支持。非常感谢西南交通大学外语学院的领导和华语教学出版社的支持；感谢威尼斯大学中文系 Abbiati Magda 教授对本书的关心和指导；感谢为本书提供作品的当代作家们；感谢华语教学出版社编辑部主任付眉及编辑陆瑜对本书提出的宝贵意见和热情帮助；感谢朋友 Peter Moon 和 Pat Burrows 提出宝贵意见；感谢我的学生王冠对本书做的部分注释翻译；感谢读者对《汉语分级阅读》系列的厚爱和提出的宝贵意见；感谢曾经以不同方式直接或间接帮助我完成本书的所有朋友们。对于你们的帮助，本人在此谨表示衷心的谢意。

我真诚希望《汉语分级阅读》系列能成为世界各国汉语学习者的良师益友，并希望广大读者和同人不吝赐教。

作者邮箱：shiji0612@126.com

史迹

Yī , Qīnggāo
一、清高 [1]

Yuánzhù : Lù Wénfū
原 著：陆文夫

1 清高: supercilious

 一、清高

Wang Bailing (汪百龄) is a primary school teacher. He is whole-
heartedly devoted to his work and is respected by his students
and their parents. Since his father died in the 1970s, he has had to
support his mother and his two younger brothers with his small
salary, and thus he put aside the idea of marrying. In the 1980s,
because of the policy of opening up and reform, his family's life
and financial situation began to improve and his mother and his
brothers began to worry about his ever getting married. They
arranged for him to meet many young women, but none of them
was willing to marry him because they thought he was super-
cilious, while Wang Bailing himself found it hard to be honest
with them. Although the first young woman Wang Bailing meets
likes him, she spends money so extravagantly that Wang Bailing
is afraid to contact her again. The second woman he meets seems
simple and elegant, but she desires a piano which Wang Bail-
ing cannot afford. The third woman he meets values only mate-
rial things. Even though he wants to get married, the women in
the 1980s have different standards for choosing a boyfriend or
husband. In the end, Wang Bailing is shown to be a man with
lofty ideals who is above the material trappings of life. This story

is humorous and sentimental and depicts how the sweeping changes that occurred in China in the 1980s greatly influenced the lifestyles of young people at the time.

故事正文：

一个春天的早晨，巷子¹里的人一拉开大门，看见巷子里很脏。有位老太太²大声喊着："这是谁家干的，谁家把垃圾³撒⁴在巷子里了？谁家干了这种讨厌的事……"谁会在非常干净的巷子里撒下了沙子、石子、白石灰⁵呢？显然，这一定是谁家昨天晚上装修⁶房屋，在运送垃圾时，不小心把垃圾撒在巷子里了。

"嘘嘘……"有人让她别喊了，对她说，"你没看见吗？汪家在装修房子呢！"

老太太伸头一看，果然，那沙子、石子是从汪家开始撒的，一直撒到巷子口。"啊呀呀，他们怎么做这样讨厌的事，各家自己打扫吧，反正也没有多少。"说着便回家拿扫帚⁷去了。

1 巷子: lane
2 老太太: old lady
3 垃圾: garbage
4 撒: scatter, drop
5 白石灰: white lime
6 装修: renovate
7 扫帚: broom

Guò lù de rén kànjiàn lǎotàitai zìjǐ názhe sàozhou
过路的人看见老太太自己拿着扫帚

lái dǎsǎo jiēdào, yě rěnbuzhù xiàng Wāng jiā de dàmén
来打扫街道，也忍不住向汪家的大门

kànkan, nòng bù qīngchu zhèlǐ zhùzhe shénme liǎobuqǐ de
看看，弄不清楚这里住着什么了不起的

dàrénwù.
大人物。

Zhèngzài dàjiā názhe sàozhou dǎsǎo jiēdào de shíhou,
正在大家拿着扫帚打扫街道的时候，

cóng Wāng jiā dàmén li zǒuchūle yí wèi hěn yǒu fēngdù de
从汪家大门里走出了一位很有风度¹的

qīngnián. Shuō tā shì qīngnián, yǒudiǎnr bù héshì, tā
青年。说他是青年，有点儿不合适，他

zǒulù quēshǎo qīngniánrén de huólì, bìngqiě liǎn shang yǒu
走路缺少青年人的活力²，并且脸上有

yì zhǒng lǎodào hé yánjǐn de biǎoqíng. Zhè zhǒng biǎoqíng
一种老到和严谨³的表情。这种表情

shì tā de shēnghuó jīnglì liúxià de. Xiànzài shì èrshí shìjì
是他的生活经历留下的。现在是20世纪

bāshí niándài le, rénmen dōu yuè huó yuè niánqīng, jíshǐ
80年代了，人们都越活越年轻，即使

bǎ yí gè zhōngniánrén shuōchéng qīngnián, tā yě búhuì yǒu
把一个中年人说成青年，他也不会有

yìjiàn.
意见。

Zhè wèi qīngnián zǒu chūlái kànjiàn yǒu rén zài xiàngzi
这位青年走出来看见有人在巷子

li sǎo dì, gǎnmáng hé dàjiā dǎ zhāohu:"Bàoqiàn,
里扫地，赶忙和大家打招呼："抱歉，

bàoqiàn, gè wèi bié sǎo le, zhè xiàngzi shì wǒmen jiā
抱歉，各位别扫了，这巷子是我们家

nòngzāng de, ràng wǒ lái dǎsǎo gānjìng."
弄脏的，让我来打扫干净。"

Méi xiǎngdào rénmen jiànle tā , xiān shì hǎn tā Wāng
没想到人们见了他，先是喊他汪

lǎoshī , ránhòu dàjiā quàn tā huíjiā xiūxi , tāmen lái sǎo
老师，然后大家劝他回家休息，他们来扫

jiù xíng le , zhè diǎnr xiǎo shì yòngbuzháo tā lái zuò .
就行了，这点儿小事用不着他来做。

Zhè qīngnián bú shì shénme dàrénwù . Tā de zhíyè
这青年不是什么大人物。他的职业

shì jiàoshī , yí gè xiǎoxué lǎoshī , tā jiào Wāng Bǎilíng .
是教师¹，一个小学老师，他叫汪百龄。

Zhè tiáo xiàngzi li de rén dōu fēicháng shúxi Wāng Bǎilíng ,
这条巷子里的人都非常熟悉汪百龄，

wúlùn nánnǚ-lǎoshào , jiànle tā dōu lǎoyuǎn de jiào yì shēng
无论男女老少，见了他都老远地叫一声

Wāng lǎoshī . Xiàngzi li de rén zūnjìng tā , hé tā qùshì de
汪老师。巷子里的人尊敬他，和他去世的

fùqīn yǒu guānxì . Tā fùqīn yě dāngle yíbèizi de xiǎoxué
父亲有关系。他父亲也当了一辈子的小学

lǎoshī , xiàngzi li de zhōngniánrén , qīngnián hé háizimen
老师，巷子里的中年人、青年和孩子们

dōu shòuguo tāmen fùzǐ de jiàohuì . Tiān dì jūn qīn shī ,
都受过他们父子的教诲²。天地君亲师³，

zhè shì Zhōngguórén zūnjìng tiān , dì , huángshang , fùqīn
这是中国人尊敬天、地、皇上、父亲

hé lǎoshī de chuántǒng guānniàn . Xiàngzi li de rén duì tā
和老师的传统观念。巷子里的人对他

de mǔqīn yě hěn zūnjìng , chēng tā mǔqīn wéi Wāng shīmǔ .
的母亲也很尊敬，称他母亲为汪师母⁴。

Wāng Bǎilíng shòu biérén zūnzhòng , tóngshí yě dǒngde
汪百龄受别人尊重，同时也懂得

zūnzhòng zìjǐ , tā méiyǒu tīng línjū de quànshuō , huí jiā
尊重自己，他没有听邻居的劝说，回家

náchū sàozhou , hé dàjiā yìqǐ , bǎ xiàngzi sǎo de
拿出扫帚，和大家一起，把巷子扫得

1 教师: teacher

2 教诲: teaching

3 天地君亲师: the heaven, the earth, the emperor, the father, and the teacher — the traditionally respected entities in China.

4 师母: wife of one's teacher or master

gāngān jìngjìng ， tóngshí xiàng zhòngrén qiān xiè wàn xiè ，
干干净净，同时向 众人千谢万谢，
bùtíng de dàoqiàn .
不停地道歉。

Xiàngzi li de rén yě dōu hěn gāoxìng ， juéde tāmen
巷子里的人也都很高兴，觉得他们
bāngzhe hǎorén zuòle yì huí hǎoshì . Zhǐyǒu nà lǎotàitai
帮着好人做了一回好事。只有那老太太
fāchū yì shēng tànxī ： " Āi ， zhème hǎo de rén zěnme
发出一声叹息¹："唉，这么好的人怎么
huì zhǎobudào lǎopo ne ！ "
会找不到老婆²呢！"

Lǎotàitai fāchū tànxī de shíhou ， Wāng Bǎilíng yǐjing
老太太发出叹息的时候，汪百龄已经
zuò zài jiā li xiūxi le ， méiyǒu tīngjiàn ， rúguǒ tīngjiànle
坐在家里休息了，没有听见，如果听见了
dehuà ， tā kěnéng huì shòu diǎnr cìjī . Búguò ，
的话，他可能会受点儿刺激³。不过，
zhèyàng de huà tā yǐjing tīnggòu le . Tā juéde zhèyàng de
这样的话他已经听够了。他觉得这样的
huàtí yǒudiǎnr wúliáo . Rénmen wèi shénme zǒngshì yào
话题有点儿无聊。人们 为什么总是要
tánlùn jiéhūn de shì ， quán shìjiè yǒu gè zhǒng dàshì hé
谈论结婚的事，全世界有各 种大事和
zhòngdà xīnwén ， yǒu nǎ yí jiàn shì guānyú zhǎo lǎopo de ？
重大新闻，有哪一件事是关于 找老婆的？
Kěshì zuìzuì wúliáo de shìqing què shì zuì máfan de shìqing ，
可是最最无聊的事情却是最麻烦的事情，
jìn jǐ nián lái ， Wāng Bǎilíng zìjǐ ， tā mǔqīn ， tā de
近几年来，汪百龄自己、他母亲、他的
dàdì ， xiǎodì ， yìjiā sì kǒu rén dōu zài wèi zhè jiàn wúliáo
大弟、小弟，一家四口人都在为这件无聊
de shìqing ér fèijìn xīnjǐ …
的事情而费尽心机⁴……

1 叹息: sigh

2 老婆: (oral) wife

3 刺激: stimulus

4 费尽心机: take great pains to

Běnlái, Wāng Bǎilíng suīrán gǎndào jiéhūn, zhǎo
本来, 汪 百龄 虽然 感到 结婚、找
lǎopo yǒuxiē wúliáo, dàn yě bú nàme chāorán, xiāngfǎn,
老婆 有些 无聊, 但 也 不 那么 超然 [1], 相反,
rèqiē de xīwàng yǔ měimiào de xiǎngxiàng suíshí-suídì dōu
热切 [2] 的 希望 与 美妙 的 想 象 随时随地 都
huì chūxiàn。 Tā zǒu zài dàjiē shang kànjiàn piàoliang de gūniang
会 出现。 他 走 在 大街 上 看见 漂亮 的 姑娘
shí yě yǒuguo jiéhūn de niàntou, juéde zhège yě búcuò,
时 也 有过 结婚 的 念头 [3], 觉得 这个 也 不错,
nàge yě kěyǐ。 Kěshì zhèxiē niàntou dōu bèi jiā li de
那个 也 可以。 可是 这些 念头 都 被 家里 的
fùdān yāzhù le。 Nà shíhou, tā gāng dāng xiǎoxué
负担 [4] 压 [5] 住了。 那时候, 他 刚 当 小学
jiàoshī, cái èrshísān suì, fùqīn zài "wénhuà dà gémìng"
教师, 才 二十三 岁, 父亲 在 "文化大革命 [6]"
zhōng qùshì, dàdì gāng jìn chǎng dāng gōngrén, xiǎodì
中 去世, 大弟 刚 进 厂 当 工人, 小弟
hái zài zhōngxué li, chúle dàdì zhù zài gōngchǎng
还 在 中学 里, 除了 大弟 住 在 工 厂
zhīwài, yì jiā sì kǒu de shēnghuó quán kào tā nà yìdiǎnr
之外, 一家 四口 的 生活 全 靠 他 那 一点儿
gōngzī。 Tā bùgǎn jiāo nǚpéngyou, lián kàn diànyǐng yě bùkěn
工资。 他 不敢 交 女朋友, 连 看 电影 也 不肯 [7]
qù, měi gè yuè dào fā gōngzī de shíhou, xīnli zǒngshì
去, 每个月 到 发 工资 的 时候, 心里 总是
xiǎngzhe lǎo mǔqīn děngzhe qián mǎi mǐ ne。 Lǎo mǔqīn jīngcháng
想着 老母亲 等着 钱 买 米 呢。 老母亲 经常
bàoyuàn qīngcài yòu zhǎngle liǎng fēn qián, tā jǐnliàng jiéshěng
抱怨 [8] 青菜 又 涨了 两 分 钱, 他 尽量 节省
xià liǎng zhāng diànyǐngpiào de qián, kěyǐ shǐ lǎo mǔqīn shǎo
下 两 张 电影票 的 钱, 可以 使 老母亲 少
bàoyuàn èrshí tiān。
抱怨 二十天。

1 超然: remain aloof from

2 热切: eagerly
e.g. 他热切地希望能早点儿见到她。

3 念头: thought, idea

4 负担: burden
e.g. 他的家庭负担非常重。

5 压: push down

6 文化大革命: the Cultural Revolution (1966—1976)

7 肯: be willing to

8 抱怨: complain
e.g. 她总是抱怨物价太贵了。

Wáng Bǎilíng cóngxiǎo jiù jìzhù tā bàba de huà, rén
汪百龄从小就记住他爸爸的话，人
qióng yìdiǎnr bú yàojǐn, dàn yào qióng de yǒu zhìqì, yǒu
穷一点儿不要紧，但要穷得有志气[1]，有
zhìqì de rén yě bù yídìng dū shì liǎobuqǐ de rén, ér shì
志气的人也不一定都是了不起的人，而是
yào kèjǐ wèi rén, yào fù zérèn。 Wáng Bǎilíng kèjǐ wèi
要克己为人[2]，要负责任。汪百龄克己为
rén, nǔlì gōngzuò。 Tā bùgǎn gāng kāishǐ gōngzuò jiù zhǎo
人，努力工作。他不敢刚开始工作就找
duìxiàng。 Tā zhèyàng zuò bìng bù juéde tòngkǔ, fǎn'ér juéde
对象。他这样做并不觉得痛苦，反而觉得
gāoshàng。 Gāoshàng shì yì zhǒng qiángdà de jīngshén lìliàng,
高尚[3]。高尚是一种强大的精神力量，
zhè zhǒng jīngshén lìliàng wánquán kěyǐ shǐ tā bú qù xiǎng zhǎo
这种精神力量完全可以使他不去想找
duìxiàng de shì。 Tā jiā li rén xūyào tā, tā yīnggāi xiān
对象的事。他家里人需要他，他应该先
bāng jiā li kèfú kùnnan, ránhòu zài kǎolù zìjǐ de shìqing。
帮家里克服困难，然后再考虑自己的事情。
Tongshí, tā yě búpà jiānglái zhǎobudào yí gè mǎnyì de
同时，他也不怕将来找不到一个满意的
duìxiàng。 Bǎi fēn zhī bāshí yǐshàng de xiǎoxué lǎoshī dōu shì
对象。百分之[4]八十以上的小学老师都是
nǔ de。 Quán xiào wǔshísān gè lǎoshī hé gōngrén dāngzhōng,
女的。全校五十三个老师和工人当中，
bāokuò xiàozhǎng zàinèi, zǒnggòng zhǐyǒu shíbā gè nán de,
包括校长在内，总共只有十八个男的，
qízhōng shíqī gè nán de dōu jiéhūn le, méi jiéhūn de zhǐyǒu tā
其中十七个男的都结婚了，没结婚的只有他
yí gè, méi jiéhūn de qīngnián nǔ lǎoshī dào yǒubùshǎo, yì
一个，没结婚的青年女老师倒有不少，一
duǒduǒ de shuǐlián dōu zài shuǐ shang piāozhe li ……
朵朵的睡莲[5]都在水上漂[6]着哩……

1 志气: aspiration, ambition
2 克己为人: restrain one's selfishness and help others
3 高尚: lofty, noble
4 百分之: percent
5 睡莲: lotus; water lily
6 漂: float

很快六七年过去了。汪百龄无论在学校里还是在巷子里都有了点儿名气[1]，特别是巷子里的人，对他更是感激，因为当他们的小孩儿不听话、不吃饭的时候，这些家长[2]们会说："快点儿吃饭，不肯吃饭的孩子汪老师不喜欢。"孩子们一听汪老师会不喜欢他们，马上就听话了，就乖乖吃饭了。孩子们都喜欢汪老师。汪百龄的心里觉得自己对孩子们是负责任的。这期间他的家庭经济状况发生了很大变化，老母亲再也不用等他的工资买米了，他那点儿工资在家里已经不重要了。大弟的工厂发展很好，工资虽然不高，但奖金很高，特别是过年的时候，奖金更多。大弟把工厂发的钱，都交到老母亲的手里。母亲每次拿到的钱差不多都有一千多。母亲拿着这么多的钱，手都发抖[3]了。

1 名气: reputation
e.g 他是一个很有名气的作家。

2 家长: parent

3 发抖: tremble

Xiǎodì gèng lìhai le, gāozhōng bìyè hòu méiyǒu
小弟 更 厉害 了，高中 毕业 后 没有
kǎoshàng dàxué, xiān qù zuò línshígōng, shuō shì bàn gōng
考上 大学，先去 做 临时工 [1]，说是 半 工
bàn dú, zhǔnbèi zài kǎo yì huí, dàn tā yùshàngle shìchǎng
半 读，准备 再 考 一 回，但他 遇上了 市场
kāifàng, tā lián línshígōng yě bú zuò le, jiù qù jiē shang
开放，他 连 临时工 也 不 做 了，就 去 街 上
bǎi xiǎotānr, mài xīzhuāng hé niúzǎikù shénme de,
摆 小摊儿 [2]，卖 西装 和 牛仔裤 [3] 什么 的，
liǎng nián zhījiān zhuànle qī-bā wàn kuài qián, ránhòu yòu
两 年 之间 赚了 七八 万 块 钱，然后 又
kāile yì jiā shāngdiàn, tā yì tiān zhuàn de qián shì Wāng
开了 一 家 商店，他 一 天 赚 的 钱 是 汪
Bǎilíng yì nián de gōngzī. Xiǎodì de qián bù jiāo gěi māma,
百龄 一 年 的 工资。小弟 的 钱 不 交给 妈妈，
tā bǎ qián cún qǐlái xiǎng dāng yí gè qǐyèjiā, kěshì
他 把 钱 存 起来 想 当 一 个 企业家 [4]，可是
zhǐyào lǎo mǔqīn shuō yì shēng yào qián yòng, tā biàn lìkè
只要 老 母亲 说 一 声 要 钱 用，他 便 立刻
bǎ qián ná chūlái shuǎi zài zhuōzi shang.
把 钱 拿 出来 甩 在 桌子 上。

Wāng Bǎilíng xiànzài kěyǐ sōngkǒu qì le, juéde tā
汪 百龄 现在 可以 松口 气 了，觉得 他
wèi lǎo mǔqīn, wèi dìdi dōu yǐjīng zuòle tā yīnggāi zuò
为 老 母亲、为 弟弟 都 已经 做了 他 应该 做
de yíqiè, xiànzài kěyǐ kǎolù jiéhūn de shì le. Kěshì
的 一切，现在 可以 考虑 结婚 的 事 了。可是
wǎn la, nà yì duǒduǒ xiàng shuìlián yíyàng de nǚ lǎoshī
晚 啦，那 一 朵朵 像 睡莲 一样 的 女 老师
dōu jiéhūn le. Tāmen zài jiéhūn zhīqián méi xiǎngdào Wāng
都 结婚 了。她们 在 结婚 之前 没 想到 汪
Bǎilíng. Yě yǒu xīn fēnlái de niánqīng nǚ lǎoshī, Wāng
百龄。也 有 新 分来 的 年轻 女 老师，汪

1 临时工: temporary worker
c.g 他没有找到合适的工作，只有做临时工。
2 小摊儿: booth, stall
3 西装和牛仔裤: suits and jeans
4 企业家: entrepreneur

Bǎilíng yě shìzhe wènguo.　　Kě zhèxiē niánqīng de nǚ lǎoshī
百龄也试着问过。可这些年轻的女老师

huídá shuō：　Zìjǐ dāng xiǎoxué lǎoshī yě shì méiyǒu
回答说：自己当 小学老师也是没有

bànfǎ，bú yuànyì zài zhǎo gè xiǎoxué lǎoshī dāng zhàngfu.
办法，不愿意再找个小学老师当 丈夫。

Wāng Bǎilíng tīngle hěn shēngqì，juéde xiǎoxué lǎoshī zhǐ
汪 百龄听了很 生气，觉得小学老师只

búguò shì qióng yìdiǎnr，dàn yào qióng de yǒu zhìqì.
不过是穷一点儿，但要穷得有志气。

　　Wāng shīmǔ zǎo jiù kāishǐ wèi dà'érzi de hūnshì
　　汪 师母早就开始为大儿子的婚事 [1]

cāoxīn le，xiànzài tā de liǎng gè dìdi yě kāishǐ wèi tā
操心了，现在他的两个弟弟也开始为他

zháojí le.　Dàdì hé zìjǐ gōngchǎng de yí gè nǚgōng
着急了。大弟和自己工 厂的一个女工

zhǔnbèi jiéhūn，tāmen fēnle yí tào fángzi zài sì lóu，
准备结婚，他们分了一套房子在四楼，

zhèng mángzhe zhuāngxiū ne.　Xiǎodì bù zháojí，yīnwèi
正 忙着装修呢。小弟不着急，因为

tā yǒu qián，hǎo jǐ gè xiǎogūniang xiǎng gēn tā hǎo，
他有钱，好几个小姑娘想跟他好，

kěshì xiǎodì juéde bù lǐxiǎng，xiǎodì xiǎng zhǎo yí gè
可是小弟觉得不理想，小弟想找一个

lǐxiǎng de.　Tā de lǐxiǎng hěn tèbié，tā yào xuǎn yí
理想的。他的理想很特别，他要选一

gè jì néng dāng jīnglǐ tàitai yòu néng dāng bǎomǔ de rén
个既能当经理太太又能当保姆 [2] 的人

zuò lǎopo.　Rúguǒ jīngyíng de hǎo，zhèngcè bú biàn，tā
做老婆。如果经营得好，政策不变，他

de jīnglǐ tàitai yào yōngróng huáguì，shànyú jiāojì；
的经理太太要 雍 容 华贵 [3]，善于交际；

wànyī zhèngcè biànhuà huò shì jīngyíng shībài le，tā zìjǐ
万一政策变化或是经营失败了，他自己

1 婚事: marriage

2 保姆: housekeeper, nanny

3 雍容华贵: elegant and dignified

hái děi qù dāng línshígōng ， nà lǎopo yě děi néng dāng
还 得 去 当 临时工， 那 老婆 也 得 能 当

bǎomǔ . Dàdì hé xiǎodì dōu zhīdào dàgē de hūnshì shì
保姆。 大弟 和 小弟 都 知道 大哥 的 婚事 是

bèi tāmen dānwùle de . suǒyǐ bùtíng de cuī lǎo mǔqīn ：
被 他们 耽误了 的， 所以 不停 地 催 老 母亲：

" Mā， ní cuīcui tā gǎnkuài jiéhūn ma， wǒmen chū qián，
"妈， 您 催催 他 赶快 结婚 嘛， 我们 出 钱，

wǒmen bāngzhù dàgē zhǎo duìxiàng . "
我们 帮助 大哥 找 对象。"

Wāng shīmǔ zhīdào cuī yě méiyòng， yīnwèi xiànzài shèhuì
汪 师母 知道 催 也 没用， 因为 现在 社会

shang de zhèxiē gūniangmen dōu bú yuànyì jià gěi xiǎoxué
上 的 这些 姑娘们 都 不 愿意 嫁[1] 给 小学

lǎoshī . Tā wèi érzi bào bùpíng[2] ：" Xiànzài de gūniangmen
老师。 她 为 儿子 抱 不平[2]："现在 的 姑娘们

zěnme la， dāng gè xiǎoxué lǎoshī yòu zěnme la . Yǐqián wǒ
怎么 啦， 当 个 小学 老师 又 怎么 啦。 以前 我

jià gěi nǐ bàba de shíhou， xiàngzi li de gūniangmen dōu
嫁 给 你 爸爸 的 时候， 巷子 里 的 姑娘们 都

hěn xiànmù wǒ jià gěi le yí gè jiàoshū xiānsheng， yì jiéhūn
很 美慕 我 嫁给 了 一 个 教书 先生， 一 结婚

rénjia jiù fēicháng zūnjìng de jiào wǒ Wāng shīmǔ . "
人家 就 非常 尊敬 地 叫 我 汪 师母。"

Xiǎodì tīngle zhí yáotóu ：" Mā， nǐ nà shì nǎ bǎi nián
小弟 听了 直 摇头："妈， 你 那 是 哪 百 年

de shì le . Wǒ kàn， dàgē zhǔyào shì quēshǎo yìdiǎnr
的 事 了。 我 看， 大哥 主要 是 缺少 一点儿

mèilì[3] . Zhè bú shì shuō dàgē de yàngzi bù hǎokàn， ér shì
魅力[3]。 这 不 是 说 大哥 的 样子 不 好看， 而 是

tā nà yì shēn lán kǎqí yīfu . Tā yì nián yě bú huàn tào
他 那 一 身 蓝 卡其[4] 衣服。 他 一 年 也 不 换 套

yīfu . Wǒ shì zuò fúzhuāng shēngyi de， dǒngde fúzhuāng
衣服。 我 是 做 服装 生意[5] 的， 懂得 服装

1 嫁: (of a woman) marry
e.g.这个姑娘不想嫁给一个小学老师。

2 抱不平: be indignant about an injustice

3 魅力: charm
e.g.这幅画很有艺术魅力。

4 蓝卡其: blue khaki

5 生意: business

de mèilì . Shíshàng de fúzhuāng néng shǐ rén yǒu mèilì ,
的 魅力。时尚¹的 服 装 能 使人有 魅力，

róngyì yǐnqǐ rén de zhùyì . Zhùyìle jiù yǒu kěnéng jiējìn ,
容易引起人的注意。注意了就有 可能接近，

jiējìnle jiù yǒukěnéng liǎojiě , liǎojiěle dàgē zhīhòu , hái
接近了就有可能了解，了解了大哥之后，还

yǒu nǎ wèi gūniang bú yuànyì gēn tā jiéhūn de ? Nǐ kàn wǒ wèi
有哪位姑娘不愿意跟他结婚的？你看我为

shénme néng yǐn rén zhùyì , wǒ yòu méiyǒu bǎ qián tiē zài liǎn
什么 能引人注意，我又没有把钱贴²在脸

shang , kěshì chuānzhe yí jiàn Déguó de yángpí jiákèshān ,
上，可是穿着一件德国的羊皮夹克衫³，

qízhe yí liàng Rìběn de Yǎmǎhā mótuōchē , bābā de
骑着一辆日本的雅马哈摩托车⁴，叭叭地

cóng jiē shang kāi guòqù , jiù néng yǐnqǐ rénmen de zhùyì .
从 街 上 开过去，就 能引起人们的注意。

Dāngrán , dàgē de shēnfèn hé wǒ bùtóng , chuān yángpí
当 然，大哥的身份和我不同， 穿 羊皮

jiákè bù héshì , róngyì yǐnqǐ xuésheng hé gūzhǎngmen de
夹克不合适，容易引起学生和家长们的

bú xìnrèn . Dàgē , nòngtào xīzhuāng chuānchuan ba , nǐ
不信任。大哥，弄套西装⁵穿 穿 吧，你

xiànzài chuān de yì shēn lán kǎqí yīfu , gūniangmen yí kàn
现 在 穿 的一身蓝卡其衣服，姑娘们一看

jiù juéde nǐ hé tāmen xiāngchà èrshí nián ."
就 觉得你和她们相差⁶二十年。"

　　Wāng Bǎilíng tóngyì le , shànyú kèjǐ wèirén
　　汪 百 龄 同意 了，<u>善于克己为人</u>

de tā yě shànyú jiǎntǎo zìjǐ . Tā bú xiàng mǔqīn
的 他也善于检讨⁷自己。他不像母亲

nàyàng ài bàoyuàn , lǎorénmen zǒng xǐhuan shuō xiànzài
那样 爱抱怨，老人们总喜欢说现在

bùrú cóngqián le . Qíshí , zìjǐ kěnéng yě yǒu mǒu
不如从前了。其实，自己可能也有某

1 时尚: fashionable

2 贴: stick, paste

3 德国的羊皮夹克衫: sheepskin jacket made in Germany

4 日本的雅马哈摩托车: Yamaha motorbike made in Japan

5 西装: suit; Western-style clothes

6 相差: differ

7 检讨: make a self-criticism

zhǒng quēdiǎn . Xiǎodì de huà yě yǒu dàolǐ , nǐ bú qù
种 缺点。小弟的话也有道理，你不去
xīyǐnrén , nándào gūniang huì lái guānzhù nǐ ? Nǐ yǒu
吸引人，难道姑娘会来关注你？你有
shénme liǎobuqǐ de ! Píngshí tā yě tīngdào nǚ lǎoshīmen
什么了不起的！平时他也听到女老师们
yìlùn , shuō tā yǒudiǎnr qīnggāo 。 Wāng Bǎilíng zìjǐ
议论，说他有点儿清高。汪百龄自己
míngbai , " gāo " shì juéduì méiyǒu de , tā méiyǒu
明白，"高"是绝对没有的，他没有
kànbuqǐ rènhé rén , " qīng " dàoshì zhēnde , tā méiyǒu
看不起任何人，"清"倒是真的，他没有
qián , dànshì tā yě méiyǒu xiǎng bǎ zìjǐ de qīngpín [1]
钱，但是他也没有想把自己的清贫[1]
kànzuò shì guāngróng , xiànzài yǐjīng bú shì bǎ qióng kànzuò
看作是光荣，现在已经不是把穷看作
shì guāngróng de shídài le .
是光荣的时代了。

    Wāng Bǎilíng xiǎngle bàntiān , wèn : " Mǎi yí tào
    汪百龄想了半天，问："买一套
chàbuduō de xīzhuāng yào huā duōshao qián ? " Tā zhè
差不多的西装要花多少钱？"他这
liǎng nián cúnle èrbǎi duō kuài qián , shì zhǔnbèi mǎi yí tào
两年存了二百多块钱，是准备买一套
dàbǎikē quánshū [2] de .
大百科全书[2]的。

    Dàdì shuō : " Bié huāqián la , qiánnián wǒmen chǎng
    大弟说："别花钱啦，前年我们厂
li fāguo yí tào xīzhuāng , wǒ chuānzhe cháng , gěi nǐ ba . "
里发过一套西装，我穿着长，给你吧。"
    Xiǎodì " xū " le yì shēng , shuō : " Nǐ nà shì shénme
    小弟"嘘"了一声，说："你那是什么
xīzhuāng , dāng gōngzuòfú [3] chuānchuan hái kěyǐ . Dàgē ,
西装，当工作服[3]穿穿还可以。大哥，

1 清贫: poor
2 大百科全书: ency-
clopedia
3 工作服: staff uni-
form; work clothes

zhǐyào nǐ kěn chuān, biéshuō shì xīzhuāng, shénme yīfu
只要你肯穿，别说是西装，什么衣服

wǒ dōu néng tì nǐ nòngdào. Shuōdìng la, wǒ mǎshàng gěi
我都能替你弄到。说定啦，我马上给

nǐ ná xīzhuāng qù, děng wǒ yí kè zhōng, nǐ de xíngxiàng
你拿西装去，等我一刻钟，你的形象

kěndìng dà biàn!" Xiǎodì pǎochū dàmén, qíshàng tā nà liàng
肯定大变！"小弟跑出大门，骑上他那辆

Yǎmǎhā, jiǎo xià yì dēng, bābā de zǒu le. Bú dào yí
雅马哈，脚下一蹬[1]，叭叭地走了。不到一

kè zhōng, tā jiù tízhe sān gè sùliàodài huílái le: Yí tào
刻钟，他就提着三个塑料袋回来了：一套

shēnlánsè de xīzhuāng, yí jiàn qiǎnhuángsè gāolǐng máoyī,
深蓝色的西装，一件浅黄色高领[2]毛衣，

sān jiàn xuěbái de chènshān, hái yǒu yì shuāng píxié.
三件雪白的衬衫，还有一双皮鞋[3]。

Cóng tóu dào jiǎo, dōu shì cóng tā de shāngdiàn li nálái de.
从头到脚，都是从他的商店里拿来的。

"Chuānshàng, kuài chuānshàng gěi zán mā kànkan, kàn wǒ de
"穿上，快穿上给咱妈看看，看我的

huà yǒu méiyǒu dàolǐ."
话有没有道理。"

Wāng Bǎilíng bǎ yīfu yí huàn, guǒrán xíngxiàng dà
汪百龄把衣服一换，果然形象大

biàn, tǐngbá jīngshen, zǒudòng qǐlái hái yǒudiǎnr
变，挺拔[4]、精神，走动起来还有点儿

shēnshì de pàitóu.
绅士[5]的派头[6]。

Xiǎodì déyì le: "Zěnmeyàng, zhè tào xīzhuāng gěi
小弟得意了："怎么样，这套西装给

nǐ píngshí chuānchuan, shēnsè de xīzhuāng xiǎnde wěnzhòng.
你平时穿穿，深色的西装显得稳重[7]。

Děng nǐ yǒule nǚpéngyǒu, yào cānjiā wǔhuì, yànhuì
等你有了女朋友，要参加舞会、宴会[8]

1 蹬: pedal
2 高领: turtleneck
3 皮鞋: leather shoes
4 挺拔: tall and straight
5 绅士: gentleman
6 派头: manner, style
7 稳重: steady, staid
8 宴会: banquet, dinner

de shíhou, wǒ zài gěi nǐ yí tào qiǎnsè de xīzhuāng, zài
的时候，我再给你一套浅色的西装，再
pèishàng yì tiáo hóngsè de lǐngdài², méishuōde! Dàgē,
配上一条红色的领带²，没说的！大哥，
huā duōshao qián nǐ jiù biéguǎn le, dāngnián nǐ wèi wǒ huā
花多少钱你就别管了，当年你为我花
yí kuài qián, xiànzài wǒ yào wèi nǐ huā yìqiān kuài."
一块钱，现在我要为你花一千块。"

　　Wāng shīmǔ gǎndòng de yǎnlèi dōu chūlái le, zhè sān
　　汪师母感动得眼泪都出来了，这三
gè érzi kě zhēn shì qīnxiōngdì³, xiǎodì suīrán zhuànle hěn
个儿子可真是亲兄弟³，小弟虽然赚了很
duō qián, què yě méiyǒu wàngjì dàgē dāngnián de bāngzhù.
多钱，却也没有忘记大哥当年的帮助。

　　Cóngcǐ yǐhòu Wāng Bǎilíng kāishǐ chuān xīzhuāng le,
　　从此以后汪百龄开始穿西装了，
kěshì chuānle hěn jiǔ yě méi kànjiàn tā yǒu nǚpéngyǒu.
可是穿了很久也没看见他有女朋友。
Kāishǐ de shíhou yǒude nǚlǎoshī shuōle yì shēng: "Yō⁴,
开始的时候有的女老师说了一声："哟⁴，
lǎofūzǐ yě módēng le!" Dàjiā dōu juéde tā chuān
老夫子也摩登了！⁵" 大家都觉得他穿
xīzhuāng tǐng héshì, hěn zhèngcháng, zhè bìng méiyǒu shénme
西装挺合适，很正常，这并没有什么
kě zhùyì de. Búcuò, zǒu zài lùshang yě chángcháng bèi
可注意的。不错，走在路上也常常被
gūniangmen kànshàng yì yǎn, dàn zhǐshì kàn yì yǎn. Tā bú
姑娘们看上一眼，但只是看一眼。他不
rènshi tāmen, bù zhīdao tāmen xìng Zhāng háishi xìng Lǐ.
认识她们，不知道她们姓张还是姓李。

　　Dàdì rěnbuzhù le, tā juéde xiǎodì zuò shì yǒudiǎnr
　　大弟忍不住了，他觉得小弟做事有点儿
bù shíjì, guāng kào chuān xīzhuāng yǒu shénme yòng, chuān
不实际，光靠穿西装有什么用，穿

xīzhuāng bìng bù biāozhìzhe xiǎng zhǎo duìxiàng, děi jièshào jǐ
西装并不标志着想 找对象，得介绍几
gè gūniang hé dàgē rènshi rènshi, jiāojì jiāojì, zhè cái
个姑娘和大哥认识认识，交际交际，这才
shì shíjì de. Búguò, tā yě bù zhīdào zěnme gěi dàgē
是实际的。不过，他也不知道怎么给大哥
jièshào duìxiàng, tā zhǐhǎo qù hé zìjǐ de duìxiàng Xiǎo Fāng
介绍对象，他只好去和自己的对象小芳
shāngliang, ràng tā tì dàgē jièshào yí gè héshì de gūniang。
商量，让她替大哥介绍一个合适的姑娘。
　　Xiǎo Fāng shì gè kuàihuó rén, yuànyì bāngzhù rén,
　　小芳是个快活¹人，愿意帮助人，
jīngcháng gàn yìxiē zìjǐ kuàihuó yě jiào biérén kuàihuó de
经常干一些自己快活也叫别人快活的
shìr, tèbié xǐhuan bāng rén jièshào duìxiàng。Tā bāng
事儿，特别喜欢帮人介绍对象。她帮
rén jièshào duìxiàng de chénggōnglǜ yào bǐ hūnyīn jièshàosuǒ³
人介绍对象的成功率²要比婚姻介绍所³
gāo wǔshí bèi。Tā shuō:" Dàgē yào zhǎo duìxiàng? Méi
高五十倍。她说："大哥要找对象？没
wèntí。Tā yǒu fēngdù, yòu yǒu wénhuà, hěn yǒu xīyǐnlì⁴
问题。他有风度，又有文化，很有吸引力⁴
Nǐ kàn tā chuān yí tào xīzhuāng zǒu jǐ bù lù duōyǒu fēngdù,
你看他穿一套西装走几步路多有风度，
bǐ nǐ shénqì⁵ !"
比你神气⁵！"
　　Dàdì xiào le, shuō:" Zhè xīzhuāng háishi yǒu xiē zuòyòng
　　大弟笑了，说："这西装还是有些作用
de, búguò dàgē de yāoqiú gāo, wǒ de yāoqiú dī …"
的，不过大哥的要求高，我的要求低……"
　　"Shénme? Nǐ de yāoqiú dī? Nàme wǒ hěn dī le? Wǒ
　　"什么？你的要求低？那么我很低了？我
shénme dī? Gàosu nǐ, chèn xiànzài hái méiyǒu bàn xǐshì⁶,
什么低？告诉你，趁现在还没有办喜事⁶，

1 快活: merry
e.g.他日子很快活。
2 成功率: success rate
3 婚姻介绍所: marriage service agency
4 吸引力: attraction
5 神气: impressive, spirited
e.g.穿上这件新衣服，他的样子可神气了。
6 喜事: wedding

nǐ yàoshi hòuhuǐ le， líhūn hái láidejí．"
你要是后悔了，离婚还来得及。"

"Hēihēi， nǐ yòu bú shì bù zhīdào， wǒ zhè rén zuǐ
"嗨嗨，你又不是不知道，我这人嘴

bèn．" Dàdì shì gè gōngrén， shuōhuà bú tài zhùyì．
笨。"大弟是个工人，说话不太注意。

Xiǎo Fāng Dàshēng xiàole qǐlái："Wǒ jiùshì kànzhòngle
小芳 大声笑了起来："我就是看中了

nǐ zhè bèn jìnr cái jià gěi nǐ de．Zhùyì， huíqù hé
你这笨劲儿才嫁给你的。注意，回去和

dàgē shuō qīngchu， jiào tā xiān kànhǎo， búbì zháojí，
大哥说 清楚，叫他先看好，不必着急，

wǒ kěyǐ zhǎo jǐ gè gūniang gěi tā tiāotiao， dàgē yàoxuǎn
我可以找几个姑娘给他挑挑，大哥要选

yí gè hǎo sǎozi¹， dàjiā kuàikuaihuóhuó de guò rìzi．"
一个好嫂子¹，大家快快活活地过日子。"

Cóngcǐ yǐhòu， Wāng Bǎilíng biàn máng qǐlái le， tā
从此以后，汪百龄便忙起来了，他

jì jǐnzhāng yòu jīdòng。Zhèjiàn shìr bǐ shàng kè hái fèijìn²，
既紧张又激动。这件事儿比上课还费劲²，

shàng kè shì duìzhe tiānzhēn de háizi："Tóngxuémen zuòhǎo，
上课是对着天真的孩子："同学们坐好，

bǎ shū fān dào dì-jiǔ yè．"Kěshì miànduìzhe yí gègè
把书 翻到第九页。"可是面对着一个个

mòshēng ér shénmì de gūniang， nǐ zhīdào gāi shuō shénme？
陌生而神秘的姑娘，你知道该说 什么？

Xiǎo Fāng jièshào de gūniang， dōu shì tā gōngchǎng li de
小芳介绍的姑娘，都是她工厂里的

nǚ gōngren．Zhèxiē nǚ gōngren yě bù jiǎndān， xiànzài tāmen
女工人。这些女工人也不简单，现在她们

zhǎo duìxiàng dōu yòng yí gè xīn míngcí "jiāojì"．Zhèliǎng
找 对象 都 用 一个 新 名词"交际"。这两

gè zì wénmíng， xiàndài， érqiě yǒu yì zhǒng bú quèqiè³
个字文明、现代，而且有一种不确切³

1 嫂子: sister-in-law
2 费劲: with great ef-
fort
🔒这个工作很难，
做起来真费劲。
3 确切: definite, ex-
act

hé gèng guǎngfàn de hányì . Xiànzài " xiāngqīn " de
和 更 广 泛 的 含义¹。现在 "相亲²" 的
shídài zǎo yǐ guòqù le , " zhǎo duìxiàng " zhège cí yòu
时 代 早 已 过 去 了，"找 对 象" 这 个 词 又
búgòu hánxù
不 够 含 蓄³。

　　Jiāojì de dì-yī bù shì kàn diànyǐng , zhè , Wāng
　　交 际 的 第 一 步 是 看 电 影，这，汪
Bǎilíng shì zhīdào de . yǐqián tā zhǔyào shì shěbude
百 龄 是 知 道 的，以 前 他 主 要 是 舍 不 得
liǎng máo wǔ fēn qián mǎi diànyǐngpiào , xiànzài diànyǐngpiào
两 毛 五 分 钱 买 电 影 票，现 在 电 影 票
zhǎngdàole wǔ máoqián yì zhāng . Kàn diànyǐng de fāngshì gēn
涨 到 了 五 毛 钱 一 张。看 电 影 的 方 式 跟
yǐqián yě bù yíyàng le . Kàn dì-yī chǎng diànyǐng de shíhou
以 前 也 不 一 样 了。看 第 一 场 电 影 的 时 候
bú shì nánnǚ shuāngfāng hé jièshàorén , ér shì hé hěn duō
不 是 男 女 双 方 和 介 绍 人⁴，而 是 和 很 多
péngyou yìqǐ kàn .
朋 友 一 起 看。

　　Xiǎo Fāng ānpái Wāng Bǎilíng hé bèi jièshào de gūniang
　　小 芳 安 排 汪 百 龄 和 被 介 绍 的 姑 娘
kàn diànyǐng . Zhè cì chúle Xiǎo Fāng zhī wài , nàge bèi
看 电 影。这 次 除 了 小 芳 之 外，那 个 被
jièshào de gūniang hái yāoqǐngle wǔ-liù gè hǎopéngyou ,
介 绍 的 姑 娘 还 邀 请 了 五 六 个 好 朋 友，
dàjiā shuōshuōxiàoxiào , hùxiāng jièshào , quèshí yǒu nàme
大 家 说 说 笑 笑，互 相 介 绍，确 实 有 那 么
yìdiǎnr jiāojì de wèidào . Wāng Bǎilíng juéde zhè zhǒng
一 点 儿 交 际 的 味 道。汪 百 龄 觉 得 这 种
fāngshì yě hěn búcuò , tā yòngbuzháo méi huà zhǎo huà
方 式 也 很 不 错，他 用 不 着 没 话 找 话
shuō , búhuì ràng rén gǎndào gāngà . Nánnǚ shuāngfāng
说，不 会 让 人 感 到 尴 尬⁵。男 女 双 方

1 含义: meaning

2 相亲: blind date

3 含蓄: implicit, veiled

4 介绍人: match maker

5 尴尬: embarrassed
e.g. 每次和女朋友见面，他都感到有点尴尬。

hùxiāng xǐhuan bù xǐhuan dōu méi guānxì ， jíshǐ duìxiàng tán
互相喜欢不喜欢都没关系，即使对象谈
bù chéng ， duō rènshi jǐ gè péngyou yě shì ràng rén gāoxìng
不成，多认识几个朋友也是让人高兴
de . Xiǎo Fāng xiàng Wāng Bǎilíng jièshàole yí gè gūniang .
的。小芳向汪百龄介绍了一个姑娘。
Nàge bèi jièshào de gūniang shífēn dàfang ， zhǔdòng shēnchū
那个被介绍的姑娘十分大方，主动伸出
shǒu hé Wāng Bǎilíng wòshǒu ， shuō： "Ō， nǐ jiùshì Wāng
手和汪百龄握手，说："噢，你就是汪
lǎoshī ， hěn gāoxìng néng rènshi nǐ." Duōme zìrán ，
老师，很高兴能认识你。"多么自然、
détǐ [1]. Nàxiē péitóng de péngyoumen yě zhǔdòng hé Wāng
得体[1]。那些陪同的朋友们也主动和汪
Bǎilíng shuōhuà ， méiyǒu shéi gǎndào bù hǎoyìsi . Zhè shǐ
百龄说话，没有谁感到不好意思。这使
Wāng Bǎilíng yě gǎndào yǒudiǎnr xiàndài de shēnghuó qìxī
汪百龄也感到有点儿现代的生活气息[2]
le ， gǎnyú dàdàfāngfāng de kànzhe nà wèi gūniang . Hěn
了，敢于大大方方地看着那位姑娘。很
qíguài ， xiànzài de gūniang hǎoxiàng dōu hěn měi ， fúzhuāng 、
奇怪，现在的姑娘好像都很美，服装、
huàzhuāng [3] děngděng dōu huì ràng gūniangmen biànde hěn měi.
化妆[3]等等都会让姑娘们变得很美。
Gāo ǎi pàngshòu 、 fūsè shēnqiǎn dōu hěn détǐ ， duìyú
高矮胖瘦、肤色[4]深浅都很得体，对于
nà wèi gūniang de wàimào [5]， Wāng Bǎilíng juéde hěn mǎnyì ，
那位姑娘的外貌[5]，汪百龄觉得很满意，
tā quèshí tíbuchū rènhé yìjiàn . Nà wèi gūniang yě zài kàn
他确实提不出任何意见。那位姑娘也在看
Wāng Bǎilíng . Dāng tāmen hùxiāng kàn de shíhou ， nà wèi
汪百龄。当他们互相看的时候，那位
gūniang wēixiàozhe diǎnle diǎn tóu ， hǎoxiàng duì Wāng Bǎilíng
姑娘微笑着点了点头，好像对汪百龄

1 得体：appropriate, proper
e.g.她说话很得体。
2 现代的生活气息：the modern flavor of life
3 化妆：make up
e.g.姑娘们化妆以后，都很漂亮。
4 肤色：skin color
5 外貌：appearance

yě hěn mǎnyì . Wāng Bǎilíng xīnqíng yúkuài .
也 很 满意。 汪 百龄 心情 愉快。

Kànwán diànyǐng zhīhòu tā bìng bù xiǎng hěn kuài líkāi ,
看完 电影 之后 他 并不 想 很 快 离开，

nà gūniang yě xiǎng gēn Wāng Bǎilíng zài liáoliaotiān . Tā yì
那 姑娘 也 想 跟 汪 百龄 再 聊聊天。 她 一

zǒuchū diànyǐngyuàn biàn duì gūniangmenshuō : " Péngyoumengēn
走出 电影院 便 对 姑娘们 说："朋友们 跟

wǒ lái , zánmen dào lěngcānguǎn li qù hē bēi kāfēi . "
我 来， 咱们 到 冷餐馆¹ 里 去 喝 杯 咖啡。"

Xiǎo Fāng xiàng Wāng Bǎilíng xiàoxiào , yǒudiǎnr yìsi
小 芳 向 汪 百龄 笑笑， 有点儿 意思

le , zhè shì jiāojì de dì-èr bù — hē kāfēi . Nánnǚ
了， 这 是 交际 的 第二 步——喝 咖啡。 男女

shuāngfāng jìnyíbù jiāotán , guānchá duìfāng dàirén-jiēwù
双 方 进一步 交谈， 观察 对方 待人接物²

de biǎoxiàn . Xiǎo Fāng pāipai zìjǐ de kǒudai , yìsi
的 表现。 小 芳 拍拍 自己 的 口袋³， 意思

shì wèn Wāng Bǎilíng yǒu méiyǒu dài qián , tā dāngrán yě kěyǐ
是 问 汪 百龄 有没有 带钱， 她 当然 也 可以

tì dàgē fùqián , dànshì nàyàng zuò huì shǐ Wāng Bǎilíng
替 大哥 付钱， 但是 那样 做 会 使 汪 百龄

shīqù yí gè biǎoxiàn de jīhuì
失去 一个 表现 的 机会。

Wāng Bǎilíng yě bù shǎ , dāngrán dǒngde Xiǎo Fāng de
汪 百龄 也 不傻， 当然 懂得 小 芳 的

yòngyì , shǐjìn pāile yíxià zìjǐ de kǒudai , nà yìsi
用意， 使劲 拍了 一下 自己 的 口袋， 那 意思

shì shuō yǒu , tā dài qián le , érqiě dàile zúgòu de qián .
是 说 有， 他 带钱 了， 而且 带了 足够 的 钱。

Méixiǎngdào nà wèi gūniang yí jìn lěngcānguǎn , jiù xiān
没想到 那位 姑娘 一 进 冷餐馆， 就 先

bǎ qián fàng zài guìtái shang , duì xiǎojiě shuō : " Názhe ,
把 钱 放在 柜台⁴ 上， 对 小姐 说："拿着,

1 冷餐馆: restaurant serving cold drinks and foods

2 待人接物: manner of dealing with people

3 口袋: pocket

4 柜台: counter

duō tuì shǎo bǔ [1] . ”
多退少补[1]。”

Guìtái shang de rén xiào le : “ Xiǎojiě , nín qǐngzuò ,
柜台上的人笑了：“小姐，您请坐，
yòngwán yǐhòu kāi zhàngdān , zài qǐng nín fùqián . ” Zhè shì
用完以后开账单[2]，再请您付钱。”这是
yì jiā gāojí lěngcānguǎn , fúwùyuán dōu shì shòuguo xùnliàn
一家高级冷餐馆，服务员都是受过训练
de , duì kèrén hěn yǒu lǐmào .
的，对客人很有礼貌。

Nà gūniang shuō : “ Wǒ dāngrán zhīdào , wǒ zhè shì
那姑娘说：“我当然知道，我这是
wèile bú ràng biéren zài wǒ zhīqián fùqián . ” Shuōzhe kànle
为了不让别人在我之前付钱。”说着看了
Wāng Bǎilíng yì yǎn , xiàoxiao , xiào de hěn tiánměi .
汪百龄一眼，笑笑，笑得很甜美。

Yí wèi nǚ fúwùyuán zǒu guòlái , duì dàjiā shuō :
一位女服务员走过来，对大家说：
“ Huānyíng gè wèi , qǐng dào nà biān zuò . ” Tāmen qī-bā
“欢迎各位，请到那边坐。”他们七八
gè rén gēnzhe fúwùyuán láidào yì zhāng dàzhuōzi pángbiān
个人跟着服务员来到一张大桌子旁边
zuòxià , nàge fúwùyuán názhe bǐ , lǐmào de zhàn zài yì
坐下，那个服务员拿着笔，礼貌地站在一
biān , wèn : “ Gè wèi xiǎng yào diǎnr shénme ? ”
边，问：“各位想要点儿什么？”

Péitóng de gūniangmen shuō : “ Kāfēi . ”
陪同的姑娘们说：“咖啡。”

Nà wèi bèi jièshào de gūniang duì fúwùyuán shuō : “ Hǎo ,
那位被介绍的姑娘对服务员说：“好，
měi rén yì bēi kāfēi . ” Huítóu yòu wèn Wāng Bǎilíng : “ Nǐ
每人一杯咖啡。”回头又问汪百龄：“你
yào bú yào lái diǎnr píjiǔ ? ”
要不要来点儿啤酒？”

1 多退少补：return overcharged amounts or make up deficiencies
2 账单：bill

"Bù bù， yě yào kāfēi， wǒ bù hē jiǔ．"
"不不，也要咖啡，我不喝酒。"

"Bù hē jiǔ jiù hē kělè．Xiǎojiě，měi rén yì bēi
"不喝酒就喝可乐[1]。小姐，每人一杯

kělè．Ō，duìle，nà zhǒng shuǐguǒ bīngjīlíng hái
可乐。噢，对了，那种水果冰激凌[2]还

yǒuméiyǒu？Shàngmiàn jiāo qiǎokèlì de．"
有没有？上面浇巧克力的。"

"Yǒu yǒu．"
"有有。"

"Hǎo，měi rén yì bēi．"
"好，每人一杯。"

Fúwùyuán bùtíng de xiězhe，xiě wánle táiqǐ tóu，
服务员不停地写着，写完了抬起头，

wèn："Háiyào diǎnr shénme ma？"
问："还要点儿什么吗？"

"Nǐ kànzhe bàn ba，lái diǎn dàngāo hé xiǎo diǎnxin，
"你看着办吧，来点蛋糕和小点心，

kàn diànyǐng kàn de dǔzi dōu è le．"Nà gūniang qīngsōng
看电影看得肚子都饿了。"那姑娘轻松

shúliàn de ānpái wán le，jiù zuò xiàlái hé Wāng Bǎilíng
熟练地安排完了，就坐下来和汪百龄

liáotiān．"Zhè dìfang hái kěyǐ ba，fúwù tàidu hǎo，
聊天。"这地方还可以吧，服务态度好，

huā qián mǎi gè bú shòuqì．"
花钱买个不受气[3]。"

Wāng Bǎilíng shuō："Hěn hǎo，zhèlǐ huánjìng hǎo，
汪百龄说："很好，这里环境好，

qìfēn hǎo…"Wāng Bǎilíng yě gǎndào zhèlǐ de fúwù
气氛好……"汪百龄也感到这里的服务

hǎo．Zhè dìfang hé tā qùguo de miànguǎn、fànguǎn bù
好。这地方和他去过的面馆、饭馆不

néng bǐ，nàlǐ yòu zāng yòu jǐ，zìjǐ páiduì diǎncān，
能比，那里又脏又挤，自己排队点餐，

1 可乐：cola
2 冰激凌：ice cream
3 受气：be bullied;
suffer wrongs

zìjǐ zhǎo wèizhì , zhǎo kuàizi , hái děi zhǔdòng zhāohu
自己找位置，找筷子，还得主动招呼
fúwùyuán , fǒuzé jiù méi rén lǐ . Zhèlǐ hái yǒu yì zhǒng
服务员，否则就没人理[1]。这里还有一种
hěn hǎo de gǎnjué , jiùshì yǒu yí wèi rèqíng dàfang de gūniang
很好的感觉，就是有一位热情大方的姑娘
zuò zài zìjǐ de shēnbiān .
坐在自己的身边。

" Nǐ dàgài bù cháng dào zhège dìfang lái ba ? "
"你大概不常到这个地方来吧？"
Gūniang wèn .
姑娘问。

Wāng Bǎilíng yōumò de shuō : " Shì de , zhè hé rènshi
汪百龄幽默地说："是的，这和认识
nǐ yíyàng , shì dì-yī huí . "
你一样，是第一回。"

Péitóng de gūniangmen xiào qǐlái le , juéde Wāng
陪同的姑娘们笑起来了，觉得汪
Bǎilíng huídá de hěn yōumò , dàjiā dōu kànzhe tā , biǎoshì
百龄回答得很幽默，大家都看着他，表示
jìngpèi .
敬佩[2]。

Xiǎo Fāng fàngxīn le , yòngbuzháo dānxīn dàgē búhuì
小芳放心了，用不着担心大哥不会
jiāojì . Zhǐyào xiǎng tán liàn'ài , xiàng dàgē zhèyàng lǎoshi
交际。只要想谈恋爱，像大哥这样老实
de rén yě biàn yōumò le .
的人也变幽默了。

Nà wèi gūniang yě duì Wāng Bǎilíng chǎnshēngle
那位姑娘也对汪百龄产生了
jìngyì : " Shì ya , dāng lǎoshī shì hěn xīnkǔ de , báitiān
敬意[3]："是呀，当老师是很辛苦的，白天
yào shàngkè , wǎnshang hái děi gǎi zuòyè . Xiànzài de
要上课，晚上还得改作业。现在的

1 理: talk to sb.
e.g.他看见了她，可是她没理他。
2 敬佩: esteem, admire
3 敬意: respect

xiǎoxuéshēng dōu shì dúshēng-zǐnǚ , nán jiāo a ！"
小学生 都是独生子女¹，难 教啊！"

　　Zhè xiàzi kě zhǎodàole huàtí . Tándào rúhé jiàoyù
　　这下子可找到了话题。谈到如何教育

dúshēng-zǐnǚ , Wāng Bǎilíng de huà zhēnshi tài duō le .
独生子女， 汪 百 龄的话真是太多了。

Dànshì tā bìng bù zǒngshì zìjǐ shuō , tā suíshí tīng biéren de
但是他并不总是自己说，他随时听别人的

fāyán , ràng biéren tán tā de zhí'ér zhínǚ , tán tā de xiǎo
发言， 让别人谈她的侄儿侄女²，谈她的小

mèimei , shénme kě'ài , cōngmíng , tiáopí , jiāoqì ,
妹妹， 什么可爱、 聪 明、调皮³、娇气⁴、

huā qián děngděng , shénme dōu tán .
花 钱 等 等，什么 都谈。

　　Wāng Bǎilíng suíshí chāhuà , fābiǎo zìjǐ de
　　汪 百 龄随时插话⁵，发表自己的

kànfǎ , bìngqiě zǒngjié chū mùqián jiātíng jiàoyù de liǎng dà
看法，并且总结出目前家庭教育的两大

quēdiǎn : Yàome shì guòfèn de téng'ài , yàome shì bùtíng
缺点：要么是过分地疼爱，要么是不停

de dǎjǐ , bù dǒngdé zūnzhòng háizi , péiyǎng háizi
地打击⁶，不懂得尊 重 孩子，培养孩子

de zìzūn zì'ài hé duì shìwù de zhùyìlì . Tā jiǎngle
的自尊自爱⁷和对事物的注意力。他讲了

hěn duō rúhé jiàoyù háizi de fāngfǎ . Wāng Bǎilíng rén hěn
很多如何教育孩子的方法。 汪 百 龄人很

lǎoshi , jiǎngkè què shì shēngdòng huópō , jiǎng de lián jǐ
老实，讲课却是生 动活泼⁸，讲得连几

gè fúwùyuán yě zhàn zài pángbiān tīng .
个服务员也站在旁边听。

　　Wāng Bǎilíng jiǎng dào kāfēi hēwán le , kělè yě
　　汪 百 龄讲到咖啡喝完了，可乐也

hēwánle de shíhou , nà wèi bèi jièshào de gūniang shuō :
喝完了的时候，那位被介绍的姑娘说：

1 独生子女: only child
2 侄儿侄女: nephew and niece
3 调皮: naughty
4 娇气: delicate
e.g.这个女孩子太娇气了。
5 插话: chip in
6 打击: discourage
7 自尊自爱: self-respect
8 生动活泼: lively and vivid

"Tīng nǐ jiǎngle zhèxiē, wǒ zhēn xiǎng hǎn lǎoshī wànsuì.
"听你讲了这些，我真 想 喊老师万岁[1]。

Búguò, wǒmen dōu hái niánqīng, yě bù néng tài kuīdài
不过，我们都还年轻，也不能太亏待[2]

zìjǐ. Wǒmen yào nǔlì de gōngzuò, yě yào nǔlì de
自己。我们要努力地工作，也要努力地

zhèng qián, hái yào huì wán, huì yúlè. Duì le, nǐ
挣 钱，还要会玩，会娱乐。对了，你

xǐhuan lǚyóu ma? Cānjiā yí rì yóu, bēi tái zhàoxiàngjī,
喜欢旅游吗？参加一日游，背台[3]照相机，

pāipai cǎisè zhàopiānr. Wǒ zuì xǐhuan pāizhào le, wǒ yǒu
拍拍彩色[4]照片儿。我最喜欢拍照了，我有

hěn duō zhàopiānr, shénme shíhou kěyǐ gěi nǐ kànkan."
很 多照片儿，什么时候可以给你看看。"

Wāng Bǎilíng xiǎngle yíxià, Xiǎo Fāng qiǎngzhe huídá:
汪 百 龄想了一下，小 芳抢着回答：

"Wāng lǎoshī zuì xǐhuan lǚyóu le, shénme shíhou yǒukòng,
"汪老师最喜欢旅游了，什么时候有空，

yìqǐ lǚyóu qù."
一起旅游去。"

Xiǎo Fāng kànle yǎn Wāng Bǎilíng, xīnli xiǎng:
小 芳看了眼汪百龄，心里想：

Zěnme gǎo de, shìqing yǒule jìnzhǎn, nǐ zěnme fǎnyìng
怎么搞的，事情有了进展，你怎么反应

màn le ne! Zhè shì jiāojì de dì-sān bù, xiāngyuē lǚyóu
慢了呢！这是交际的第三步，相约[5]旅游

shì shēnrù fāzhǎn gǎnqíng de biāozhì, chénggōnglǜ shì hěn gāo
是深入发展感情的标志，成功率是很高

de, yīnwèi zài húguāng-shānsè zhījiān rénrén de xīnqíng dōu
的，因为在湖光山色[6]之间人人的心情都

hěn měihǎo, tèbié xūyào àiqíng yǔ yǒuyì.
很 美好，特别需要爱情与友谊。

Zhè shíhou fúwùyuán bǎ zhàngdān jiāogěile nà wèi
这时候服务员把账单交给了那位

姑娘："小姐，您预付[1]了八十块钱，

这里找您六块钱，谢谢。"

　　汪百龄回家以后，一直在想白天

和那姑娘见面的事情。他一夜都没有

睡好，上半夜尽想些美妙[2]的事儿：这

姑娘热情、大方、漂亮，特别可贵[3]的

是她对小学老师很尊重，甚至要喊老师

万岁。尊重和理解是爱情的基础，和她

生活在一起会很和谐[4]。这些年他也实在

太亏待自己了，目前家庭经济好了，也

应该享受享受了。汪百龄还在回忆

电影院、咖啡店、湖光山色、照相机、

拥抱接吻[5]的镜头[6]。等他把这些美妙的

事儿都想完以后，忽然感到事情有点儿

不对，八张电影票是四块，一次咖啡

是七十四块钱，不能总是让她请客吧。

可是这些钱，自己拿出一个月的工资还

1 预付: prepay

2 美妙: wonderful

3 可贵: laudable, praiseworthy

4 和谐: harmonious
例他的家庭生活很
和谐。

5 拥抱接吻: hug and kiss

6 镜头: scene

búgòu ne . Lǚyóu hǎo shì hǎo , zhèr lí Wúxī hěn jìn ,
不够呢。旅游好是好，这儿离无锡¹很近，

dào Wúxī yí rì yóu , liǎng gè rén láihuí chēpiào shì sānshí
到无锡一日游，两个人来回车票是三十

kuài , chīfàn hái bù bāokuò zài nèi , hái yǒu cǎisè zhàopiānr
块，吃饭还不包括在内，还有彩色照片儿

nà . Wāng Bǎilíng bùgǎn xiǎng le , yí rì yóu zhī hòu , yí
呐。汪百龄不敢想了，一日游之后，一

gè yuè shèngxià de shíjiān jiù méiqián chīfàn le , jiù děi è
个月剩下的时间就没钱吃饭了，就得饿

dǔzi le . Nǔlì gōngzuò tā kěyǐ zuòdào , wán tā kě
肚子了。努力工作他可以做到，玩他可

wánbuqǐ . Wāng Bǎilíng zài kǎolǜ néng bu néng shǎo huā
玩不起。汪百龄在考虑能不能 少 花

diǎnr qián . Tā nǔlì jiǎnshǎo lǚyóu de cìshù , liǎng
点儿 钱。他努力减少旅游的次数，两

gè yuè yí cì , bù , gǎiwéi yì nián liǎng cì . Kě yě bù
个月一次，不，改为一年两次。可也不

néng lǎoshì qù Wúxī a , jiē xiàlái kěnéng qù Huáng Shān
能老是去无锡啊，接下来可能去 黄 山²

lǚyóu , qù Hángzhōu lǚyóu , dāngtiān bù néng huílái , hái
旅游，去杭州³旅游，当天不能回来，还

yǒu nàme guì de lǚguǎn fèi !
有那么贵的旅馆费！

Wāng Bǎilíng yuè xiǎng yuè bùxíng , juéde nà gūniang
汪百龄越 想 越不行，觉得那姑娘

yě yǒu quēdiǎn , kànwándiànyǐngqǐng dàjiā hē kāfēi jiù suàn
也有 缺点，看完电影请大家喝咖啡就算

lā , hái diǎnshénme kělè , diǎnxīn hé bīngjīlíng ne , zhè
啦，还点什么可乐、点心和冰激凌呢，这

shì yì zhǒng ài xūróng de biǎoxiàn ; bāshí kuàiqián wǎng
是一 种 爱虚荣⁴的表现；八十块钱 往

guìtái shàng yí fàng , shì búshì kànbuqǐ wǒ de jīngjì
柜台上一放，是不是看不起我的经济

1 无锡: Wuxi, a city in Jiangsu Province（江苏省）
2 黄山: Huangshan Mountain in Anhui Province（安徽省）
3 杭州: Hangzhou, the capital of Zhejiang Province which is famous for its ancient history and culture
4 虚荣: vanity

dìwèi？
地位？

Tiān liàng le yǐhòu Wāng Bǎilíng fǎngfú zuòle yì chǎng
天 亮 了 以后 汪 百 龄 仿佛 做 了 一 场
mèng，cóng huànxiǎng zhōng huídàole xiànshí li，tànxīle
梦 ，从 幻 想 中 回到 了 现实 里，叹息 了
yì shēng："Nà gūniang shì hǎo a，kě wǒ péibuqǐ，tài
一 声："那 姑 娘 是 好 啊，可 我 陪不起，太
guì le。"Tā de xīnqíng zhōngyú píngjìng xiàlái le。
贵 了。"他 的 心情 终于 平静 下来 了。

Xiǎo Fāng dédàole huíyīn zhīhòu，yě juéde yǒu
小 芳 得到 了 回音 之后 ，也 觉得 有
dàoli。Tā duì dàgē shuō："Shì ya，nàge gūniang
道理。她 对 大哥 说："是 呀， 那个 姑 娘
dàshǒudàjiǎo[1]，luàn huā qián，wǒ zhèlǐ hái yǒu yí gè
大手大脚[1]， 乱 花 钱，我 这里 还 有 一个
péngyou，xǐhuan yìshù，zhè rén bú shàng kāfēiguǎn，yě
朋 友，喜欢 艺术，这 人 不 上 咖啡馆，也
bù xǐhuan pāi zhàopiānr，tā àihào yīnyuè，wéirén yě
不 喜欢 拍 照片儿， 她 爱好 音乐， 为人 也
hěn qīnggāo，kànbuqǐ yǒu qián de rén，zhǐshì niánlíng bǐ
很 清高，看不起 有 钱 的 人，只是 年龄 比
dàgē dà jǐ suì，zhè méiyǒu guānxì，wǒ lái yuē tā，
大哥 大 几 岁，这 没有 关系，我 来 约[2] 她，
xià xīngqī jiànjiàn miàn。"
下 星期 见见 面。"

Wāng Bǎilíng yòu bèi ānpái jiànmiàn le。Zhè yí
汪 百 龄 又 被 安排 见面 了。这 一
cì jiànmiàn yǒu diǎnr gāoyǎ[3]，yě hěn jiǎndān，lián
次 见 面 有 点儿 高雅[3]，也 很 简单， 连
jièshàorén yě búyòng péitóng， liǎng gè rén yuēhǎole qù kàn
介绍人 也 不用 陪同， 两 个 人 约好了 去 看
guóhuà zhǎnlǎn。Tā gēnzhe nà wèi gūniang zài zhǎntīng li
国画 展览。他 跟着 那 位 姑娘 在 展厅[4] 里

1 大手大脚：wasteful, extravagant
2 约：make an appointment
3 高雅：elegant
4 展厅：exhibition hall

1 自我描述: self de-
scription

2 香港: Hong Kong

3 万元户: a house-
hold with an annu-
al income of ten thou-
sand yuan, which was
regarded as a very
rich household in the
1980s in China.

4 钢琴: piano

5 个体户: self-em-
ployed individual

6 打工: work

e.g.他在城市里打工
已经十年了。

7 俗气: vulgar

e.g.这个人说话做事
显得很俗气。

8 毕加索: Pablo Pi-
casso (1881—1973),
a Spanish painter

zhuànláizhuànqù , bú shì kàn huà , ér shì tīng huà , tīngzhe
转来转去，不是看画，而是听画，听着
nà wèi gūniang zìwǒ miáoshù : " Nǐ zhīdào ba , wǒ
那位姑娘自我描述[1]: "你知道吧，我
kě bù xīnshǎng nàxiē ài dǎban 、 ài huàzhuāng , chuān
可不欣赏那些爱打扮、爱化妆，穿
shímáo yīfu de rén . Tāmen mǎi de nàxiē shímáo yīfu
时髦衣服的人。他们买的那些时髦衣服
zài Fǎguó 、 Xiānggǎng dōu shì xiǎotānr shang mài de piányi
在法国、香港[2]都是小摊儿上卖的便宜
yīfu . Shuō tāmen yǒu qián ba , tāmen de qián shízài yě
衣服。说他们有钱吧，他们的钱实在也
shǎo de kělián , wànyuánhù yǒu shénme liǎobuqǐ , yíwàn
少得可怜，万元户[3]有什么了不起，一万
kuài qián hái mǎi bùliǎo yí jià gāngqín ne ! Zuì kěxiào de shì
块钱还买不了一架钢琴[4]呢! 最可笑的是
dòngbudòng jiù hē kāfēi , hǎoxiàng tǐng shímáo , tǐng gāojí
动不动就喝咖啡，好像挺时髦，挺高级
de , gāojí shénme ya , nǐ méi kànjiàn nà kāfēiguǎn li
的，高级什么呀，你没看见那咖啡馆里
dōu shì xiē shénme rén , bú shì gètǐhù , jiùshì dǎgōng
都是些什么人，不是个体户[5]，就是打工[6]
de . Rénjiā shuō wǒ qīnggāo , qīnggāo jiù qīnggāo bei , wǒ
的。人家说我清高，清高就清高呗，我
zhǐyào zìwǒ xīnshǎng , guǎn tā biéren zěnme shuō ne …
只要自我欣赏，管他别人怎么说呢……
Āi āi , zhè fú huàr zhēn súqi , dàhóngdàlǜ de ,
哎哎，这幅画儿真俗气[7]，大红大绿的，
zěnme gǎo de , xiànzài de huàjiā dōu quēfá xiǎngxiànglì , nǐ
怎么搞的，现在的画家都缺乏想象力，你
kànguo Bìjiāsuǒ de huàr ma ? nà cái jiào yìshù ne …
看过毕加索[8]的画儿吗? 那才叫艺术呢……
Wǒ duì huàr yě bù dǒng , kànzhe wánr , ràng yǎnjing xiūxi
我对画儿也不懂，看着玩儿，让眼睛休息

休息……我最喜爱的是音乐，没有什么 能
比得上 美妙的音乐，没有线条和色彩
的限制，你愿意想到哪里便 想到哪里。
对生活嘛，我没有什么要求，那些时髦
衣服和化妆品 赚不到我的钱。我只希望
有一个自己的小天地，下班以后关起门来，
听听贝多芬[1]，莫扎特[2]，当然组合音响[3]
得 要 好 一点儿的，那才叫享受呢！
音乐使人高尚，使人愉快，激动的时候
就去打开钢琴，弹钢琴，弹弹圆舞曲[4]
什么的。当然，也需要有一位会欣赏的
听者 站在旁边。"

那姑娘 向 汪百龄看了一眼，这最后
的一句话才是她想对汪百龄 说的话。

汪百龄边听边想，心里感到冷冷
的。这可能是因为那姑娘的清高，更
主要的是她那种清高的价格太贵。说

1 贝多芬: Beethoven (1770—1827), a German musician
2 莫扎特: Mozart (1756—1791), an Austrian musician
3 组合音响: audio system
4 圆舞曲: waltz

qǐlái shénme dōu bú yào, yàngyàng dōngxi dōu kànbuqǐ,
起来什么都不要，样样东西都看不起，

kěshì yí jià gāngqín yào shàng wàn yuán, hǎo de zǔhé
可是一架钢琴要上万元，好的组合

yīnxiǎng yě děi sān-sìqiān yuán. Yǒule gāngqín hái děi yǒu
音响也得三四千元。有了钢琴还得有

tào dà fángzi, hái děi bānchū xiǎo xiàngzi, yàoburán
套大房子，还得搬出小巷子，要不然

dīngdīngdōngdōng de gāngqín shēng huì chǎo de línjū bù néng
叮叮咚咚 [1] 的钢琴声会吵得邻居不能

shuìjiào, hái děi jiào zìjǐ zhàn zài pángbiān péi tā tīng yí yè.
睡觉，还得叫自己站在旁边陪她听一夜。

Shéi zuò fàn? Shéi sǎodì? Dì-èr tiān hái děi shàngkè li!
谁做饭？谁扫地？第二天还得上课哩!

Gāoguì de gūniang a, zàijiàn ba.
高贵的姑娘啊，再见吧。

Wāng Bǎilíng hòuhuǐ le, juéde háishi dì-yī cì
汪百龄后悔了，觉得还是第一次

jièshào de nà wèi gūniang hǎo, hé nà wèi gūniang zài yìqǐ
介绍的那位姑娘好，和那位姑娘在一起

kěyǐ gǎndào húnshēn fārè, hòulái suǒyǐ lěng xiàlái,
可以感到浑身 [2] 发热，后来所以冷下来，

zhǔyào shì pà tā huì huāqián. Gāisǐ, zhè zhǒng xiànxiàng
主要是怕她会花钱。该死，这种现象

tā zài xuéxiào li de nǚlǎoshī shēnshang yě jiànguo, jiéhūn
他在学校里的女老师身上也见过，结婚

zhīqián dàshǒudàjiǎo, jiéhūn zhīhòu, shēngle háizi, jiù
之前大手大脚，结婚之后，生了孩子，就

biànde shífēn jiéshěng. Tāmen jiéhūn zhīqián yě xǐhuan pāi
变得十分节省。她们结婚之前也喜欢拍

gèzhǒng zhàopiānr, dàgài shì xiǎng kànkan zìjǐ de měi,
各种照片儿，大概是想看看自己的美，

jiéhūn zhīhòu yě jiù bú nàme gǎn xìngqù le, měi bù měi yě
结婚之后也就不那么感兴趣了，美不美也

1 叮叮咚咚: (onomatopoeia) ding-dong

2 浑身: from head to foot; all over

无所谓了，反正是有丈夫、有家了。有
孩子以后，旅游也不那么方便了，两口子
还得抱着孩子呢；冷餐馆可能去几次，那
是带着孩子喝汽水[1]，老夫老妻用不着 装
阔气[2]，花不了几个钱，何况 等到孩子
能 坐上桌子喝汽水的时候，他的工资
应该也会多点儿了。汪 百龄 连忙再找
大弟，要他告诉小 芳，他希望和第一次
介绍的那位姑娘再见见 面。

小 芳很快回话说："不行啦，那
姑娘不干了，她说大哥太清高。"

汪 百龄哭笑不得[3]，自己刚被一个
清 高的人给吓住，怎么会让别人感到
自己清高呢？ 这 清高到底是什么含义？

大弟、小弟和小 芳又在一起商 量，
觉得这事儿也不能 怪大哥太清高，主要
是大哥有点儿自卑[4]，经济实力[5]不够。买

1 汽水: soda water

2 阔气: lavish

3 哭笑不得: find something both funny and annoying

4 自卑: feel oneself to be inferior

5 实力: strength
e.g. 他没有经济实力，买不起房子。

gāngqín dāngrán shì tèshū yāoqiú, yìbān de jiǎng, cǎisè
钢琴当然是特殊要求，一般地讲，彩色

diànshìjī、bīngxiāng、xǐyījī háishi bìyào de, zǔhé
电视机、冰箱、洗衣机还是必要的，组合

yīnxiǎng tài guì le, kěyǐ mǎi gè shōulùjī[1]。Fángzi yě
音响太贵了，可以买个收录机[1]。房子也

hěn yàojǐn, kào dàgē fēn fángzi bùzhī yào děng dào nǎ yì
很要紧，靠大哥分房子不知要等到哪一

nián, bùrú bǎ xiànyǒu de fángzi zhuāngxiū yíxià, bǎi jǐ
年，不如把现有的房子装修一下，摆几

pén[2] huācǎo。Zhè bùjǐn kěyǐ zēngjiā dàgē de shílì,
盆[2]花草。这不仅可以增加大哥的实力，

yě kě ràng kǔle yíbèizi de lǎomǔqīn xiǎngshòu xiǎngshòu.
也可让苦了一辈子的老母亲享受享受。

Xiǎodì yǒu qián, xiǎng dào nǎlǐ gàn dào nǎlǐ:
小弟有钱，想到哪里干到哪里:

"Èrgē, zhuāngxiū fángzi de shì qǐng nǐ fùzé, zhuāngxiū
"二哥，装修房子的事请你负责，装修

de qián wǒ fùzé, gè zhǒng jiāyòng diànqì[3] wǒ lái mǎi, wǒ
的钱我负责，各种家用电器[3]我来买，我

yǒu jǐ gè péngyou shì jīngyíng jiāyòng diànqì de。"
有几个朋友是经营家用电器的。"

"Méi wèntí, zhuāngxiū fángzi wǒ yǒu jīngyàn, wǒ rènshi
"没问题，装修房子我有经验，我认识

hěn duō zhuāngxiū gōngrén, tāmen dōu shì wǒ de xiǎoxiōngdì[4]。"
很多装修工人，他们都是我的小兄弟[4]。"

"Xiǎo Fāng, nǐ yě děi dòngdòng nǎojǐn[5], zhǎo yí gè
"小芳，你也得动动脑筋[5]，找一个

jiātíng jīngjì bú tài hǎo de gūniang。Rén wǎng gāochù zǒu, shuǐ
家庭经济不太好的姑娘。人往高处走，水

wǎng dī chù liú, rúguǒ tā jiā li shénme yě méiyǒu, jiàndào
往低处流，如果她家里什么也没有，见到

wǒmen jiā zhèxiē dōngxi huì hěn mǎnyì。Tā búyào gāngqín shénme
我们家这些东西会很满意。她不要钢琴什么

1 收录机: radio tape recorder

2 盆: measure word (for things held in a pot)

3 家用电器: electrical household appliances

4 小兄弟: brother (familiar form of address for a man younger than oneself)

5 脑筋: brains, mind

de，yīnwèi tā dàodǐ huì bu huì tán gāngqín háishi gè wèntí．"
的，因为她到底会不会弹钢琴还是个问题。"

Xiǎo Fāng xiǎngle xiǎng shuō："Xíng， wǒ nàlǐ yě
小芳想了想说："行，我那里也

yǒu yí gè kùnnanhù， tā de jiā zhìjīn hái méiyǒu hēibái
有一个困难户[1]，她的家至今还没有黑白

diànshìjī．Děng nǐmen bǎ fángzi zhuāngxiūhǎo le， wǒ lǐng
电视机。等你们把房子装修好了，我领

tā dào jiāli lái jiànmiàn．"
她到家里来见面。"

Wāng Bǎilíng bù tóngyì， tā juéde zhèyàng zuò hěn
汪百龄不同意，他觉得这样做很

wúliáo， zhè shì shénme liàn'ài ya， jiǎnzhí shì yòng wùzhì
无聊，这是什么恋爱呀，简直是用物质

xīyǐn biéren！
吸引别人！

Xiǎodì bǎ shǒu yì shuǎi："Bù guān nǐ de shì， wǒmen
小弟把手一甩："不关你的事，我们

shì wèi mā xiū fángzi， mǎi jiāyòng diànqì， yīnwèi nǐ hé mā
是为妈修房子，买家用电器，因为你和妈

zhù zài yìqǐ， suǒyǐ yě yǒu yíbàn shì wèi nǐ．"
住在一起，所以也有一半是为你。"

Wāng shīmǔ yě chéngrèn："Shì ya， mā yě yào
汪师母也承认："是呀，妈也要

xiǎngshòu xiǎngshòu， xiǎngxiang fú li．"
享受享受，享享福[2]哩。"

Wāng Bǎilíng méi bànfǎ shuōfú tāmen， zhǐhǎo ràng
汪百龄没办法说服他们，只好让

dàdì dàile yì bāng rén lái jiā li zhuāngxiū， lālái
大弟带了一帮人来家里装修，拉来

dàliàng de shāzi， shízǐ， bái shíhuī．Tāmen dōu
大量的沙子、石子、白石灰。他们都

shì lìyòng xiūxi shíjiān lái gànhuó．Děngdào zhuāngxiū
是利用休息时间来干活。等到装修

1 困难户：a family experiencing financial difficulties

2 享福：enjoy a happy life

jiéshù , jiāyòng diànqì yě mǎilái le , zhēnshi mǎn wū
结束，家用电器也买来了，真是满屋
shēng huī . Táitóu kàn , hēihūhū de wūdǐng bújiàn le ,
生辉[1]。抬头看，黑糊糊的屋顶不见了，
báisè de tiānhuābǎn , tiānhuābǎn de dēng liàngjīngjīng
白色的天花板，天花板的灯 亮晶晶[2]
de ; dītóu kàn , dànhuángsè de báishuǐní dìmiàn , xiàng
的；低头看，淡黄色的白水泥[3]地面，像
mù dìbǎn shìde . Shuāngmén bīngxiāng fàng zài chúfáng li ,
木地板似的。 双门冰箱放在厨房里，
xǐyījī fàng zài tiānjǐng li , cǎidiàn hé yīnxiǎng fàng zài
洗衣机放在天井[4]里，彩电和音响放在
fángjiān li . Fángjiān li háiyǒu xímèngsī chuáng , yí tào xīn
房间里。房间里还有席梦思[5]床，一套新
jiājù , lián bèizi dōu shì xīn de . Yǎnxià liúxíng de jiéhūn
家具，连被子都是新的。眼下流行的结婚
xūyào de tiáojiàn dōu jùbèi le .
需要的条件 都具备了。

　　Wāng Bǎilíng kànzhe shūfu , zhùzhe yě shūfu ,
　　汪百龄看着舒服，住着也舒服，
yòngzhe yě fāngbiàn . Tā suīrán ānpín-lèdào , dàn yě
用着也方便。他虽然安贫乐道[6]，但也
búshì jìnyùzhǔyì . Huánjìng yōuměi díquè néng shǐ rén
不是禁欲主义[7]。环境优美的确能使人
xīnqíng shūchàng .
心情舒畅[8]。

　　Xiǎo Fāng pǎolái kànle kàn , juéde zhuāngxiū shì gòu
　　小芳跑来看了看，觉得装修是够
shuǐpíng de , zhǐshì nà tiānjǐng li hái duīzhe jiànzhù lājī ,
水平的，只是那天井里还堆着建筑垃圾，
bù hǎokàn . "Kuài bǎ nàxiē lājī yùn zǒu , míngtiān wǒ jiù
不好看。"快把那些垃圾运走，明天我就
bǎ gūniang dàilái kànkan ."
把姑娘带来看看。"

1 满屋生辉: house full of light and brightness
2 亮晶晶: glittering
3 水泥: cement
4 天井: courtyard
5 席梦思: spring mattress
6 安贫乐道: be content in poverty and devoted to spiritual things
7 禁欲主义: asceticism
8 舒畅: happy; free from worry

小弟出钱，大弟出力。大弟现在已经
非常疲劳，眼睛红红的。他说："好吧，
我今天晚上再努力。"

城里运建筑垃圾不太容易，要把建筑
垃圾运到很远的地方。大弟用板车¹一
车一车地拉。大弟太累了，板车没关好，
把沙子和石灰撒在巷子里，幸亏巷子里的
人尊重汪百龄，才没有罚款。各家拿出
扫帚把巷子扫得干干净净，小学生们还
搬出洗脸水，洗掉了地上的白石灰，把街
上的紫红色的地砖²洗得干干净净。

小芳又领着一位姑娘来了。她们仿佛
是踩着紫红色的地毯走进来的，很神气。

姑娘在门口停了一下，看看那辆停
在门外的雅马哈摩托车。这姑娘知道的
事情可多了，家门前停着小汽车的，是
有地位的人，家门前停着雅马哈的，是有

1 板车: handcart
2 紫红色的地砖:
purplish red colored
floor tile

qián de rén .

钱 的 人。

Xiǎo Fāng hǎnle yì shēng : " Lái la ! " Wāng Bǎilíng

小 芳 喊了 一 声 : "来啦!" 汪 百 龄

yì jiā sì kǒu dōu láidào dàménkǒu yíngjiē tāmen , xiàng

一家 四 口 都 来到 大门口 迎接 他们， 像

yíngjiē xīnniángzi shìde . Zhège gūniang dào yě yǒudiǎnr xiàng

迎接 新娘子 [1] 似的。 这姑娘 倒 也 有点儿 像

xīnniángzi , chuān yí jiàn sān nián qián liúxíng de wàitào ,

新娘子， 穿 一件 三 年 前 流行 的 外套 [2]，

lǐmiàn de sīchóu miánǎo , liàngshǎnshǎn de , rúguǒ tóu

里面 的 丝绸棉袄 [3]， 亮 闪 闪 的， 如果 头

shang zài chā yì duǒ hónghuā , ménkǒu fàng biānpào , nà

上 再 插 一朵 红花， 门口 放 鞭炮， 那

jiùshì liǎng-sān nián qián xiàngzi li rènao de jiéhūn chǎngmiàn .

就是 两三 年 前 巷子 里 热闹 的 结婚 场 面。

Búguò , zhè gūniang méiyǒu xīnniángzi de nà zhǒng xiūsè ,

不过， 这姑娘 没有 新娘子 的 那 种 羞涩 [4]，

tā hǎoxiàng shì bèi yāoqǐng lái cānguān xīnfángzi de . Tā

她 好像 是 被 邀请 来 参观 新房子 的。 她

sìhū yòngbuzháo Xiǎo Fāng de jièshào , jiù néng duì Wāng jiā

似乎 用不着 小 芳 的 介绍， 就 能 对 汪家

de qíngkuàng yímùliǎorán . Nà wèi shì lǎotàitai , dāngrán

的 情 况 一目了然 [5]。 那位 是 老太太， 当然

shì búyòng shuō de , zhèyàng de lǎotàitai zài tā zhù de

是 不用 说 的， 这样 的 老太太 在 她 住 的

dàyuànr li yě yǒu , yíbèizi wèi biérén ér shēnghuó , guò

大院儿 里 也 有， 一辈子 为 别人 而 生活， 过

rìzi hěn jīngmíng , bàn dàshì què méiyǒu zhǔyi . Nà wèi

日子 很 精明 [6]， 办 大事 却 没有 主意。 那位

kěndìng jiùshì Xiǎo Fāng de zhàngfu le , zài yí gè gōngchǎng

肯定 就是 小 芳 的 丈夫 了， 在 一个 工 厂

li gōngzuò , suīrán bú rènshi , dàn nà tào xīzhuāng què shì

里 工作， 虽然 不 认识， 但 那套 西装 却 是

1 新娘子: bride

2 外套: coat

3 丝绸棉袄: silk cotton-padded jacket

4 羞涩: shy

5 一目了然: be clear at a glance

6 精明: shrewd

e.g. 这个女人过日子很精明。

厂里发的。没错，大弟为了替大哥争
面子，把厂里发的西装穿上了。那个
年纪较大的就是小学老师了，小芳事先
介绍过，说是有风度，有学问，人也是
挺老实的，没有错，像个老师，现在又
不上课，为什么站在那里不肯坐？那穿
皮夹克的老三倒很灵活，跑来跑去，又
倒茶，又拿糖果，雅马哈就是他的吧？但
也很难说，小学老师虽然买不起雅马哈，
但说不定有个姑妈¹在香港做生意，一
辆雅马哈给了老大，一件皮夹克给了老三。
　　有经验的姑娘到人家做客，总是
先和老太太聊天，可以由浅入深，也是
尊敬长辈²。这个姑娘是很有经验的，和
老太太聊天很容易，从买菜谈起，先
谈谈各种小菜如何贵，再谈一些其他的
过日子的事情……

1 姑妈: aunt
2 长辈: elder, seniority

Wāng shīmǔ hé zhè gūniang tánde hěn tóujī ， juéde
汪 师母和这姑娘谈得很投机[1]，觉得
zhè gūniang hěn hǎo， zhè cáishì guò pǔtōng rìzi de rén，
这姑娘很好，这才是过普通日子的人，
búhuì qù zhuīqiú shíshàng de shēnghuó， tán gāngqín， hē
不会去追求时尚的生活，弹钢琴、喝
kāfēi shénme de． Nà kāfēi yǒu shénme hǎo hē， kǔ de；
咖啡什么的。那咖啡有什么好喝，苦的；
gāngqín hái bùrú èrhú hǎotīng ne．
钢琴还不如二胡[2]好听呢。

Zhè gūniang hé Wāng shīmǔ liáole yíhuìr， hěn zìrán
这姑娘和汪师母聊了一会儿，很自然
de yòu hé Wāng Bǎilíng tánhuà． Tā shuō：" Nǐ dàgài bùguǎn
地又和汪百龄谈话。她说："你大概不管
zhèxiē shìqing ba， nánrén dōu bù guǎn chái-mǐ-yóu-yán．"
这些事情吧，男人都不管柴米油盐[3]。"

" Bùbù， nánrén yě yǒu guǎn de， zhǐshì wǒ búhuì
"不不，男人也有管的，只是我不会
guǎn， chúle jiāoshū zhīwài shénme yě búhuì．"
管，除了教书之外什么也不会。"

" Bié qiānxū le， kàn nǐ bǎ zhè fángzi zhuāngxiū de
"别谦虚了，看你把这房子装修得
xiàng bīnguǎn shìde． Gūniang kànle yíxià fángzi， tǐng
像宾馆似的。"姑娘看了一下房子，挺
mǎnyì de．
满意的。

Wāng Bǎilíng gǎnjǐn shuō：" Zhè dōu shì wǒ dàdì、
汪百龄赶紧说："这都是我大弟、
xiǎodì gàn de．" Tā děi shuō qīngchu， bù néng piàn tā．
小弟干的。"他得说清楚，不能骗她。
Dàdì yě shuōle shíhuà：" Wǒ shì chūlì de．"
大弟也说了实话："我是出力的。"
Xiǎodì què xiǎng xiǎnshì dàgē de shílì， duì
小弟却想显示大哥的实力[4]，对

1 投机：(of a talk) agreeable, congenial
e.g. 他们谈话谈得很投机。
2 二胡：erhu, a two-stringed bowed instrument
3 柴米油盐：the daily necessities—fuel, rice, cooking oil and salt
e.g. 没结婚的人不知道柴米油盐价。
4 实力：strength

gūniang shuō：" Zěnmeyàng ， cānguān cānguān ba ， títi
姑娘说："怎么样，参观 参观吧，提提
yìjiàn ." Tā shuōhuà de kǒuqì hǎoxiàng shì zài zuò shēngyi.
意见。"他说话的口气好像是在做生意。
　　Gūniang zhàn qǐlái ， bǎ chúfáng ， wòshì dōu kànle
　　姑娘 站 起来，把厨房、卧室都看了
yí biàn ， lākāi diànbīngxiāng mén kànkan ， kànkan cǎidiàn，
一遍，拉开电冰箱门看看，看看彩电，
yàngyàng dōu mǎnyì. Tā shuō " Shì a， diànbīngxiāng
样样 都满意。她说"是啊，电冰箱
háishi mǎi guóchǎn míngpái de hǎo， shěng diàn， zhǐshì
还是买国产¹名牌的好， 省电²，只是
wàiguān chàle yìxiē， zhìliàng hé jìnkǒu de méiyǒu shénme
外观³差了一些，质量和进口的没有什么
qūbié. Duì ya， diànshìjī shì cǎisè de jiù xíng le …"
区别。对呀，电视机是彩色的就行了……"
　　Wāng Bǎilíng duì jiāyòng diànqì suīrán quēfá yánjiū
　　汪 百龄对家用电器虽然缺乏研究，
kě yě jīngcháng tīngdào zhèxiē huà， xiǎoxué lǎoshī mǎibuqǐ
可也经常听到这些话，小学老师买不起
bīngxiāng， cǎidiàn， tāmen yě chángcháng zhèyàng yìlùn
冰箱、彩电，她们也常 常 这样议论。
　　Xiǎodì tīng de hěn déyì， tā juéde zhège duìxiàng
　　小弟听得很得意，他觉得这个对象
yǒudiǎnr bǎwò le， xiàozhe wàng xiàng Wāng Bǎilíng，
有点儿把握了，笑着望 向 汪 百龄，
hǎoxiàng zài shuō， kànjiàn la， tā tǐng mǎnyì ne !"
好像在说，看见啦，她挺满意呢!"
　　Gūniang yě duìzhe Wāng Bǎilíng xiàoxiao：" Bù róngyì
　　姑娘也对着 汪 百龄笑笑："不容易
a， zhèxiē yào fèndòu hǎo jǐ nián !"
啊，这些要奋斗好几年!"
　　Wāng Bǎilíng huāngmáng shuō：" Bùbù， zhèxiē qián
　　汪 百龄慌 忙⁴说："不不，这些钱

1 国产: domestically produced
2 省电: electricity-saving
3 外观: appearance, exterior
4 慌忙: hurriedly; in a great rush

dōu shì xiǎodì chū de, wǒ shì shénme yě mǎibuqǐ de."
都是小弟出的，我是什么也买不起的。"

Gūniang de fǎnyìng hěn kuài, mǎshàng xiǎngdào：
姑娘的反应很快，马上想到：

Píjiákè、Yǎmǎhā, zhège rén zhème línghuó, yòu
皮夹克、雅马哈，这个人这么灵活，又

shède huāqián, yídìng shì gètǐhù. Gūniang duì xiǎodì
舍得¹花钱，一定是个体户。姑娘对小弟

shuō："Ō……nǐ shì zuòshēngyi de？"
说："噢……你是做生意的？"

"Kāile yí gè shāngdiàn."
"开了一个商店。"

"Fūqīdiàn？"
"夫妻店？"

"Yǒu fū, dàn méiyǒu qī, wǒ chàng dújiǎoxì."
"有夫，但没有妻，我唱独角戏²。"

"Nǐ de diàn kāi zài nǎr？"
"你的店开在哪儿？"

"Chéng wàitou de dàqiáotóu."
"城外头的大桥头。"

"Ò, nà kě shì hǎo shìchǎng."
"哦，那可是好市场。"

"Nà dāngrán."
"那当然。"

"Zhè liǎng nián zhuàn de bùshǎo ba."
"这两年赚得不少吧。"

"Bù duō, hái xíng ba."
"不多，还行吧。"

Gūniang yuè shuō yuè kuài："Zhēnshi, liǎng nián qián wǒ
姑娘越说越快："真是，两年前我

jiù xiǎng qù bǎi gè xiǎotānr, kě wǒ mā hé wǒ bà jiānjué bù
就想去摆个小摊儿，可我妈和我爸坚决不

tóngyì, shuō wǒ hé dàiyè qīngnián bùtóng, bǎi xiǎotānr
同意，说我和待业青年³不同，摆小摊儿

1 舍得: be willing to part with sth. or sb.
e.g 你舍得把这本书送给他吗?

2 独角戏: monodrama

3 待业青年: youth awaiting for employment

fēngxiǎn dà， wànyī zhèngcèbiànhuà， jiù bùxíng le . Wǒ
风险¹大，万一政策变化，就不行了。我
jiù báibái de cuòguòle dà hǎo jīhuì， nàxiē bǎi xiǎotānr
就白白地错过了大好机会，那些摆小摊儿
de gūniang rújīn dōu dāngle jīnglǐ . Dāng gōngrén suīrán
的姑娘如今都当了经理。当工人虽然
shì tiěfànwǎn， tiěfànwǎn méiyǒu fēngxiǎn． kěshì
是铁饭碗²，铁饭碗没有风险，可是
tiěfànwǎn qián shǎo a …… "
铁饭碗钱少啊……"

　　Wāng Bǎilíng zuò zài nàlǐ bù zhīdào shuō shénme hǎo，
　　汪百龄坐在那里不知道说什么好，
chābushàng zuǐ， juéde zhège gūniang shì xiǎodì de kèrén，
插不上嘴，觉得这个姑娘是小弟的客人，
hé zìjǐ méiyǒu duō dà de guānxì .
和自己没有多大的关系。

　　Gūniang gēnběn méiyǒu zhùyì dào， tā zài hé xiǎodì tán
　　姑娘根本没有注意到，她在和小弟谈
píxié， yángmáoshān hé xīnshì de nǚdàyī .
皮鞋、羊毛衫³和新式的女大衣。

　　Xiǎodì zhùyì dào le， tā juéde dàgē hěn shǎo
　　小弟注意到了，他觉得大哥很少
shuōhuà， yě bú nàme rèqíng， hěn kěnéng shì yīnwèi zhè wèi
说话，也不那么热情，很可能是因为这位
gūniang quēshǎole yìdiǎnr xīyǐnlì . Nánguài， yǐqián
姑娘缺少了一点儿吸引力。难怪，以前
de liǎng wèi gūniang yí gè ài jiāojì， yí gè ài yìshù，
的两位姑娘一个爱交际，一个爱艺术，
dōu shìyǒu xiē fēngdù de . Zhè wèi gūniang de fēngdù chà yìxiē，
都是有些风度的。这位姑娘的风度差一些，
zhǔyào shì yīnwèi tā de fúzhuāng yàngshì jiù le yìdiǎnr .
主要是因为她的服装样式旧了一点儿。
Dàgē běnlái yě méiyǒu shénme xīyǐnlì， kěshì xīzhuāng
大哥本来也没有什么吸引力，可是西装

1 风险: risk
2 铁饭碗: "iron rice bowl", meaning a secure job in a state-owned company
3 羊毛衫: woolen sweater

yí chuān jiù biànde fēngdùpiānpiān le . Zhè shìr hǎobàn ,
一 穿 就变得风度翩翩 [1] 了。这事儿好办,

èrshí fēnzhōng zhī nèi jiù néng shǐ qíngkuàng gǎibiàn !
二十分钟之内就能使情况 改变!

Xiǎodì shuō : " Āiyā , xiànzài de nǚshì dàyī huāyàng
小弟说:"哎呀,现在的女式大衣花样

zhēn duō , yángmáoshān yě hǎokàn , nǐ zěnme bù mǎi diǎnr
真多, 羊毛衫也好看, 你怎么不买点儿

chuānchuan ne ? " Xiǎodì kànzhe gūniang , hǎoxiàng yào wèi
穿 穿 呢?" 小弟看着姑娘, 好 像要为

gùkè chū zhǔyi , chuān shénme yàngshì hé yánsè gèng héshì .
顾客出主意, 穿 什么 样式和颜色更合适。

Gūniang shuō : " Wǒ zǎo jiù xiǎng mǎi jiàn dàyī le ,
姑娘 说:"我 早就 想 买件大衣了,

kànlái-kànqù dōu bù xǐhuan , hái méiyǒu kàndào héshì de ne . "
看来看去都不喜欢, 还没有看到合适的呢。"

" Zhè shìqing bāo zài wǒ shēnshang , wǒ dài nǐ dào wǒ de
"这事情包在我身 上, 我带你到我的

diàn li qù kànkan , ràng nǐ tiāo yí jiàn . "
店里去看看, 让你挑一件。"

" Nǐ nàlǐ yǒu xīnshì de ma ? "
"你那里有新式的吗?"

" Shénme huà , wǒ jiùshì kào mài xīnshì dàyī chīfàn
"什么话, 我就是靠卖新式大衣吃饭

de ! Zěnmeyàng , gēn wǒ zǒu yí tàng , èrshí fēnzhōng zhī
的! 怎么样, 跟我走一趟, 二十分钟之

nèi yí gè láihuí . "
内一个来回。"

Xiǎodì yòu yào biànxìfǎ le , yào xiǎnshì tā nà
小弟又要变戏法 [2] 了, 要显示他那

fúzhuāng de mèilì .
服装的魅力。

Gūniang zhàn qǐlái , yǒudiǎnr bù hǎoyìsi
姑娘 站起来, 有点儿不好意思,

1 风度翩翩: graceful manner or bearing
2 变戏法: perform conjuring tricks

huítóu wèn Xiǎo Fāng : "Nǐ kàn zěnme bàn?"
回头问 小 芳："你看怎么办?"

Xiǎo Fāng xiàoxiao, méiyǒu biǎoshì yìjian, xīnli
小 芳 笑笑, 没有表示意见, 心里
zébèi xiǎodì tài jījí le, dàgē hái méiyǒu kànhǎo ne!
责备小弟太积极了, 大哥还没有看好呢!

Wāng shīmǔ dàoshì hěn gāoxìng, juéde xiǎodì hěn
汪 师母倒是很高兴, 觉得小弟很
huì zuòrén. "Qù ba, qù ba, qù tiāo jiàn hǎo de."
会做人。"去吧, 去吧, 去挑件好的。"
Lǎorén yǒu lǎo xiǎngfǎ, gūniang shàngmén zǒng děi gěi diǎnr
老人有老想法, 姑娘上门总得给点儿
jiànmiànlǐ[1]
见面礼[1]。

Wāng Bǎilíng yě hěn gāoxìng, xiàozhezhàn qǐshēn, hái
汪 百龄也很高兴, 笑着站起身, 还
sòngle gūniang jǐ bù ne.
送了姑娘几步呢。

Xiǎodì dēngshàng Yǎmǎhā, pāipai hòuzuò, shuō :
小弟 蹬 上 雅马哈, 拍拍后座, 说:
"Bié hàipà, zuòhǎo."
"别害怕, 坐好。"

Gūniang yí kuà[2], zuòshàngle mótuōchē, dòngzuò yě
姑娘一跨[2], 坐上了摩托车, 动作也
hěn shúliàn. Yǎmǎhā fāchū xiǎngshēng, zài xiǎo xiàngzi li
很熟练。雅马哈发出响声, 在小巷子里
zǐhóngsè de dìzhuān shang mànmān de kāi dàoxiàngzikǒu. Chūle
紫红色的地砖上 慢慢地开到巷子口。出了
xiàngzi, xiǎodì jiādà yóumén[3], mótuōchē kāi de fēikuài.
巷子, 小弟加大油门[3], 摩托车开得飞快。

Xiǎodì chūnfēngdéyì[4], juéde shìjiè shang zài yě
小弟春风得意[4], 觉得世界上再也
zhǎobudào xiàng tā zhèyàng de hǎo dìdi le, duì dàgē
找不到 像他这样的好弟弟了, 对大哥

1 见面礼: present given to sb. on meeting him for the first time
2 跨: stride
3 油门: throttle, accelerator
4 春风得意: attaining success and being content

zhī'ēntúbào ··· Duìle， xiànzài yào kànkan gūniang de
知恩图报¹……对了，现在要看看姑娘的

tàidu， rúguǒ tā bù tóngyì， nà jiù shì báisòng tā
态度，如果她不同意，那就是白送²她

yí jiàn dàyī le. Tā wèn zhège gūniang："Nǐ juéde
一件大衣了。他问这个姑娘："你觉得

zěnmeyàng， wǒ dàgē rén búcuò ba？"
怎么样，我大哥人不错吧？"

Gūniang qīngkuài de xiào le："Nǐ dàgē rén hěn hǎo，
姑娘轻快地笑了："你大哥人很好，

zhǐshì tài qīnggāo， bǐjiào qǐlái háishi wǒmen liǎng zhìqù
只是太清高，比较起来还是我们俩志趣

xiāngtóu， yǒu gòngtóng yǔyán ··· "
相投³，有共同语言⁴……"

"Shénme？！" Xiǎodì dàchīyìjīng， měng de
"什么？！"小弟大吃一惊⁵，猛地

huítóu， yízhèn xiǎngshēng， tā de Yǎmǎhā chuǎngjìnle yì
回头，一阵响声，他的雅马哈闯进了一

jiā shuǐguǒdiàn.
家水果店。

1 知恩图报：return a kindness that one has received
2 白送：give away sth. for free
3 志趣相投：share similar aspirations and interests
e.g.他们夫妻俩志趣相投。
4 共同语言：common language
5 大吃一惊：be astonished at sth. or sb.

This story has been abridged according to Lu Wenfu's short story, 清高 , which was published in the *Prize-Winning Works Collection of the Third Fiction Monthly Baihua Prize* (《小说月报》第三届百花奖获奖作品集), Baihua Literature and Art Publishing House (百花文艺出版社), Tianjin, 2001.

About the author Lu Wenfu (陆文夫):

Lu Wenfu (1928—2005) was the vice-chairman of the China Writers Association, and chairman of the Jiangsu Writers Association. He graduated from Huazhong University, Yancheng City, Jiangsu Province in 1949 (苏北盐城华中大学). He began to publish his works in 1955. His main works include the collections of short stories, 荣誉 (Róngyù), 二遇周泰 (Èr Yù Zhōu Tài) and 小巷深处 (Xiǎo Xiàng Shēnchù). His short stories 小贩世家 (Xiǎofàn Shìjiā) and 围墙 (Wéiqiáng) won the third and fifth National Excellent Short Story Prizes respectively, and his novella 美食家 (Měishíjiā) won the third National Excellent Novella Prize.

思考题：

1. 汪百龄是一个什么样的人？
2. 汪百龄的母亲和两个弟弟想帮他做什么？
3. 汪百龄和第一个姑娘见面后，他的感觉怎么样？
4. 汪百龄和第二个姑娘见面时，为什么感到心里很冷？
5. 汪百龄和第三个姑娘见面时，他是什么样的表情？
6. 谈一谈，汪百龄找对象为什么那么难？

 for E-book

Èr、 Wǒ De Sì Yǒurén

二、我的四友人 [1]

Yuánzhù： Hé Shēn

原著：何申

1 友人：friend

二、我的四友人

Guide to reading:

In each of these four short stories, the narrator "I" talks about the life of one of his four friends, Chen Dazhai (陈大寨), Huang Dage (黄大个), Zhao Xinlang (赵新郎), and He Sangu (何三姑). These four characters are ordinary people who are different from each other and have their own different interests. Their stories reflect the pursuits and interests of ordinary people in China's cities and small towns. Chen Dazhai is an honest and practical man. Because he always speaks truth, he is transferred to many places to do less and less important work. Huang Dage is a man who likes to change jobs frequently. He works as a writer, an official, a businessman, a *qigong* (气功) master, etc. However, he achieves nothing in his life. Zhao Xinlang's life long goal is to marry a beautiful woman. His friends help him meet many beautiful women, and in doing so Zhao experiences a lot and spends a lot of money, but he is happy and never complains. The fourth friend, He Sangu, is a woman from the countryside. She has three desires in her life, the three great wishes of all countryside women before the 1980s. When she realizes all her desires, she gives up them all and begins a new life. She and her husband open a restaurant. The stories of these four friends show the various lives of ordinary people and the changes that occurred in them in China from the 1970s to the 1990s.

故事正文：

Chén Dàzhài
陈 大寨 ¹

Chén Dàzhài shì wǒ de yí gè péngyou . Lǎo Chén yuánlái
陈 大寨是我的一个朋友。老 陈 原来
de míngzi jiào Chén Hànzhāng . "Hànzhāng" shì yí gè hěn
的名字叫 陈 翰章²。"翰 章"是一个很
wényǎ de míngzi , tīng shàngqù xiàng yí gè dúshūrén de
文雅³的名字，听上去像一个读书人的
míngzi . Lǎo Chén yě tèbié xǐhuan zìjǐ de míngzi . Kěshì
名字。老陈也特别喜欢自己的名字。可是
zài "wénhuà dà gémìng" de shíhou , hěn duō rén bǎ
在"文化大革命⁴"的时候，很多人把
míngzi gǎichéng yǔ "wénhuà dà gémìng" yǒu guānxi de
名字改成与"文化大革命"有关系的
míngzi . Yīnwèi dāngshí quánguó rénmín dōu zài xuéxí dàzhài ,
名字。因为当时全国人民都在学习大寨，
Lǎo Chén yòu zài nóngyè xué dàzhài bàngōngshì gōngzuò , dàjiā
老陈又在农业学大寨办公室 工作，大家
dōu xíguàn jiào tā Chén Dàzhài , dànshì tā xīnli bìng bù
都习惯叫他陈大寨，但是他心里并不
xǐhuan zhège míngzi .
喜欢这个名字。

Wǒ shì zài "dì gé wěi" bàngōnglóu nà hēihūhū
我是在"地革委⁵"办公楼那黑糊糊
de lóudào li rènshi tā de . Nà shì yī jiǔ qī liù nián
的楼道⁶里认识他的。那是一九七六年
dōngtiān , wǒ bèi diàodào jīguān gōngzuò . Tā zhèngzài gěi
冬天，我被调到机关⁷工作。他正在给
lǐngdǎo bàngōngshì sòng wénjiàn . Nàge bàngōnglóu shì wǔshí
领导办公室送文件。那个办公楼是五十

1 **大寨**: a village in Xi-yang County（昔阳县）, Shanxi Province（山西省）. In the 1960s and the 1970s, the people of Dazhai（大寨）exerted much effort and went through arduous struggles to greatly increase their village's grain production and make their village a model of the country. In 1964, Mao Zedong issued the call "In Agriculture, Learn from Dazhai"（农业学大寨）, after which the movement to emulate Dazhai spread throughout the country. During the Cultural Revolution, many babies were named after Dazhai.

2 **翰章**: 翰 refers to a writing brush and 章 refers to articles. The name 翰章 implies someone who is capable of writing articles.

3 **文雅**: elegant, refined

4 **文化大革命**: Cultural Revolution (1966—1976)

5 **地革委**: Revolutionary Committee of the Prefecture. The revolutionary committee was the name of the organization at different levels of the government from the 1960s to the 1970s in China.

6 **楼道**: corridor, hallway

7 **机关**: administrative department; office

niándài jiàn de, qiáng hěn hòu, lóudào de liǎng miàn dōu
年代建¹的，墙 很 厚，楼道 的 两 面 都
shì bàngōngshì, mén shang méiyǒu bōli. Wǒ yí jìn zhè
是 办公室，门 上 没有 玻璃。我 一 进 这
lóudào, jiù gǎnjué gēn jìn diànyǐngyuàn chàbuduō, hēihēi
楼道，就 感觉 跟 进 电影院 差不多，黑黑
de, shénme yě kànbújiàn. Kě Lǎo Chén shúxī měi yí gè
的，什么 也 看不见。可 老 陈 熟悉 每 一 个
bàngōngshì, xiǎngyào jìn nǎge bàngōngshì, yì tuī mén zhǔn
办公室，想 要 进 哪个 办公室，一 推 门 准
shì, yìdiǎnr yě bú huì cuò. Tā jìnqù hòu, huì yòng
是，一点儿 也 不 会 错。他 进去 后，会 用
hěn dà de shēngyīn shuō yíhuìr huà, ránhòu, yòu huídào
很 大 的 声音 说 一会儿 话，然后，又 回到
zìjǐ de bùmén —— nóngyè xué dàzhài bàngōngshì. Biéren
自己 的 部门——农业 学 大寨 办公室。别人
gàosu wǒ shuō, tā jiào Chén Dàzhài.
告诉 我 说，他 叫 陈 大寨。

　　Wǒ yíxià jiù jìzhù le. Gāng kāishǐ wǒ bùgǎn jiào
　　我 一下 就 记住 了。刚 开始 我 不敢 叫
tā, pà tā shēngqì. Hòulái wǒ fāxiàn zhěnggè lóu de rén
他，怕 他 生气。后来 我 发现 整个 楼 的 人
quán jiào tā Chén Dàzhài, zhège rén hǎn tā:"Dàzhài,
全 叫 他 陈 大寨，这个 人 喊 他："大寨，
qùnián zhōngyāng fā de nàge wénjiàn zài nǎr?" Nàge
去年 中央²发 的 那个 文件 在 哪儿？"那个
rén hǎn tā:"Dàzhài, bàozhǐ shang xué dàzhài de wénzhāng
人 喊 他："大寨，报纸 上 学 大寨 的 文章
tímù shì shénme?" Chén Dàzhài tīngdào hòu, mǎshàng jiù
题目 是 什么？"陈 大寨 听到 后，马上 就
néng zhǎochū cáiliào, huídá wèntí. Wǒ hěn pèifú tā,
能 找出 材料，回答 问题。我 很 佩服 他，
yě gēnzhe dàjiā yìqǐ jiào tā Dàzhài. Tā zhǐzhe wǒ shuō:
也 跟着 大家 一起 叫 他 大寨。他 指着 我 说：

1 建: build

2 中央: the Central
Committee of the
Communist Party

"你是新来的，我想 让你给我正名¹，没想到你也跟他们一样叫我'大寨'啦。"我说叫大寨挺好的，全国的人都学习大寨。他悄悄地跟我说："那不是说 想学就能学的，要在一九八〇年以前实现农业机械化²，你说实现得了吗？你以前到农村插过队³，你了解农村的实际情况。"

我听完后，心里紧张，嘴里说："一定能 成，还有三年多呢，又有英明领袖⁴……"

陈大寨笑道："三年？ 这是在浪费钱，我看不英明。"

我小声对他说："你不该 说这话。"陈大寨什么都敢说，我真为他担心，这样随便说话，被领导听见会有麻烦的。

陈大寨说："我刚从农村调查

1 正名：clear one's name or reputation
2 机械化：mechanism
3 插队：(of an urban youth) go to live and work in the countryside as a member of a rural production team
4 英明领袖：brilliant leader

huílái , měi rén měi nián de liángshi zuì gāo de sānbǎi duō jǐn ,
回来，每人每年的粮食最高的三百多斤，

rénmen chībùbǎo . Guānjiàn de wèntí shì rénmen yào xiān
人们吃不饱。关键的问题是人们要先

chībǎo dǔzi . "
吃饱肚子。"

Wǒ yìzhí wèi tā gǎndào jǐnzhāng , guǒrán ,
我一直为他感到紧张，果然，

bùjiǔ yǐhòu , Chén Dàzhài bèi diàochū nóngyè xué dàzhài
不久以后，陈大寨被调[1]出农业学大寨

bàngōngshì , qù kān dàmén . Lǐyóu shì tā yǒu cuòwù
办公室，去看大门[2]。理由是他有错误

yánlùn . Běnlái shì yào yánsù chǔlǐ de , kǎolǜ dào tā
言论[3]。本来是要严肃处理的，考虑到他

chūshēn pínnóng , méi niànguo jǐ tiān shū , shísì suì jiù
出身贫农[4]，没念过几天书，十四岁就

dào jīguān , gěi lǐngdǎo dǎ shuǐ sǎo dì , gàn dào sìshí
到机关，给领导打水扫地[5]，干到四十

láisuì hái bú shì gànbù , yě tǐng bù róngyì de , jiù méi
来岁还不是干部[6]，也挺不容易的，就没

chǔlǐ tā .
处理他。

Zài hòulái wǒ líkāile jīguān , jiù hěnshǎo jiàndào tā .
再后来我离开了机关，就很少见到他。

Dàn tīngshuō tā kān dàmén fēicháng rènzhēn , yí dào xiàbān
但听说他看大门非常认真，一到下班

shíjiān jiù bǎ dàmén guān le . Dānwèi diàoláile yí wèi xīn
时间就把大门关了。单位调来了一位新

lǐngdǎo , tā bú rènshi . Yǒu yí cì tā bǎ zhè wèi xīn lǐngdǎo
领导，他不认识。有一次他把这位新领导

guān zài dàmén wàimiàn , tā hái shuō zìjǐ zuò de duì , shéi
关在大门外面，他还说自己做得对，谁

ràng zhè wèi lǐngdǎo bú dài gōngzuòzhèng . Yúshì , Chén Dàzhài
让这位领导不带工作证[7]。于是，陈大寨

---

1 调：transfer
🅔🅖他被调到北京工
作了。
2 看大门：guard a
gate；看：guard；look
after
3 错误言论：wrong
opinions
4 贫农：poor peas-
ant, a peasant who
has little or no land
and possesses few
farming tools.
5 扫地：sweep the
floor
6 干部：official
7 工作证：work pass

yòu bèi diào qù kān zǎotángzi . Kān zǎotángzi tā yě shì nàme
又被调去看澡堂子 [1]。看澡堂子他也是那么

rènzhēn , hái bèi rén mà . Yǒu rén ràng tā zǎodiǎnr kāi zǎotáng
认真，还被人骂。有人让他早点儿开澡堂

de mén , kěshì tā jiùshì bù kāimén , zǎo yì fēnzhōng yě
的门，可是他就是不开门，早一分钟也

bùxíng , zěnme qiú tā yě bùxíng , qì de nǚtóngzhì gùyì
不行，怎么求 [2] 他也不行，气得女同志故意

xǐ dào hěn wǎn cái chūlái , ràng tā hěn wǎn cái néng guānmén .
洗到很晚才出来，让他很晚才能关门。

Tā pà zhèxiē rén gǎnmào , bù rěnxīn guāndiào rèshuǐ , nàixīn
他怕这些人感冒，不忍心 [3] 关掉热水，耐心

děngzhe . Tā shuōméiyǒu wénjiànguīdìng zǎotángzi jǐ diǎnguān
等着。他说没有文件规定澡堂子几点关

guān shuǐ , guānmén wǎn yìdiǎnr méi guānxì , dànshì rúguǒ
关水、关门晚一点儿没关系，但是如果

kāimén kāi zǎole jiù huì yǐngxiǎng gōngzuò .
开门开早了就会影响工作。

　　Jīnnián xiàtiān de yí gè wǎnshang , wǒ yǔ jǐ wèi yǒurén
　　今年夏天的一个晚上，我与几位友人

chīwán fàn qù yí gè xīnjiàn de jǐngdiǎn kàn yèjǐng . Nà jǐngdiǎn
吃完饭去一个新建的景点 [4] 看夜景。那景点

jiàn zài shān shang , gòngzhe kuíxīng shénxiàng . Rénmen shuō
建在山上，供着魁星神像。[5] 人们说

kuíxīng néng bāngzhù xuésheng kǎoshàng dàxué , hěn duō rén dōu
魁星能帮助学生考上大学，很多人都

lái zhèlǐ shāo xiāng . Wǒmen de qìchē kāi dào shān shang ,
来这里烧 香。我们的汽车开到山上，

láidào shānmén kǒu , wǒ yìyǎn jiù kànjiàn Chén Dàzhài zài
来到山门口，我一眼就看见陈大寨在

kānmén . Wǒ shàngqián hǎn : " Dàzhài , nín zài zhèr ? "
看门。我上前喊："大寨，您在这儿？"

Tā yì zhǐ shòupiàochù : " Dào nà biān qù mǎi piào . "
他一指售票处 [6]："到那边去买票。"

---

1 澡堂子：bathhouse
2 求：pray, beg
e.g 我想求你办点儿事。
3 忍心：bear to; have the heart to
4 景点：scenic spot
5 供着魁星神像：statue of Kui Xing（魁星），the god of literature and writing in Chinese mythology, whose star is located at the tip of the bowl of the Big Dipper.
6 售票处：ticket office

Zhè shí, jǐngdiǎn de jīnglǐ zǒu chūlái gēn wǒmen wò
这时，景点的经理走出来跟我们握

shǒu, yòu hǎn Lǎo Chén gǎnkuài kāimén. Chén Dàzhài bǎ
手，又喊老陈赶快开门。陈大寨把

tiěmén¹ lākāi, duì wǒ shuō: "Dàzhài yǐjīng chéngwéi
铁门¹拉开，对我说："大寨已经成为

lìshǐ. Wǒ xiànzài shì zhèlǐ de gùyuán², bùhǎo ràng
历史。我现在是这里的雇员²，不好让

péngyou bù mǎi piào jiù jìnqù. Wǒ yǐjīng gěi shúrén mǎiguo
朋友不买票就进去。我已经给熟人买过

èrshí zhāng piào la!"
二十张 票啦！"

"Nín zěnme shàng zhèr lái le?"
"您怎么上这儿来了？"

"Tuìxiū la, zhǎo gè huó gàn."
"退休啦，找个活干。"

"Nǐ zài zhè dàshān shang gōngzuò, guài³ lèi de ba."
"你在这大山上工作，怪³累的吧。"

"Érzi zài shàng dàxué, wǒmen yòu mǎile fángzi,
"儿子在上大学，我们又买了房子，

zhèxiē dōu xūyào qián, bù chūlái bùxíng."
这些都需要钱，不出来不行。"

"Shì a, yālì bù xiǎo ya."
"是啊，压力不小呀。"

"Yā bù sǐ, fǎnzhèng děi huózhe, hái děi huó de bǐ
"压不死，反正得活着，还得活得比

guòqù hǎo."
过去好。"

"Nǐ érzi kǎoshàngle dàxué, nǐ gěi érzi qiú kuíxīng
"你儿子考上了大学，你给儿子求魁星

le ma?"
了吗？"

"Kuíxīng shénxiàng de ní shì wǒ huó de, kuíxīng
"魁星神像的泥是我和的⁴，魁星

1 铁门: iron gate
2 雇员: employee
3 怪: quite, fairly
4 魁星神像的泥是我和的: The clay for the statue of Kui Xing was mixed by me.

yīnggāi qiú wǒ …… "
应该求我……"

Jīnglǐ hěn shénmì de gàosu wǒmen, zhèlǐ yǒu yí gè
经理很神秘地告诉我们，这里有一个

dàoshì, hěn huì suànguà, tǐng líng de. Péngyoumen hěn
道士[1]，很会算卦[2]，挺灵[3]的。朋友们很

xīngfèn, dōu qù suànguà. Chén Dàzhài kàn jīnglǐ bú zài,
兴奋，都去算卦。陈大寨看经理不在，

xiǎoshēng gēn wǒ shuō: " Nà dàoshì, shì wǒmen nàbiān cūnzi
小声跟我说："那道士，是我们那边村子[4]

li de rén, zìjǐ de lǎopo ràng rén piànzǒu le, jiā li
里的人，自己的老婆[5]让人骗走了，家里

méi rén zuò fàn, jiù dào zhèr lái suànguà le. Nǐ xiǎng tā
没人做饭，就到这儿来算卦了。你想他

suànguà néng líng ma? "
算卦能灵吗？"

Wǒ xiǎng xiào, tā bǎibai shǒu.
我想笑，他摆摆手。

Wǒ shuō yī jiǔ bā língnián kāishǐ tǔdì chéngbāo le.
我说一九八〇年开始土地承包[6]了。

Tā xiàozhe shuō: " Duōkuī le gǎigé kāifàng, xiànzài
他笑着说："多亏了改革开放[7]，现在

dàjiā de shēnghuó dōu hǎo le. "
大家的生活都好了。"

Wǒ shuō guānyú zhège dàoshì de shìr, nín zěnme bù
我说关于这个道士的事儿，您怎么不

shuō chūlái?
说出来？

Chén Dàzhài zhǐzhe shān xià de wànjiādēnghuǒ, shuō:
陈大寨指着山下的万家灯火[8]，说：

" Yǐqián de jīngyàn, zhídé zhùyì a! Xiànzài, jiājiā
"以前的经验，值得注意啊！现在，家家

dōu yǒu rèshuǐqì, yòngbuzháo zhǎo rén kān zǎotángzi le. "
都有热水器[9]，用不着找人看澡堂子了。"

---

1 道士: Taoist priest
2 算卦: tell sb's fortune or make a divination by using the Eight Trigrams
3 灵: effective
4 村子: village
5 老婆: (oral) wife
6 承包: contract with 他把学校的餐厅承包下来了。
7 改革开放: reform and opening-up
8 万家灯火: myriad of twinkling lights
9 热水器: water heater

Wǒ míngbaile tā de huà, tā yàoshi bǎ dàoshì de
我明白了他的话，他要是把道士的

shì shuō chūlái, nà jiù bùhǎo zài zhèr gōngzuò le. Wǒ
事说出来，那就不好在这儿工作了。我

jiàole shēng: "Hànzhāng xiōng … " Wǒ jìde tā yìzhí
叫了声："翰章兄……"我记得他一直

xīwàng rénmen jiào tā "Chén Hànzhāng".
希望人们叫他"陈翰章"。

Huáng Dàgèr
黄 大个儿 [1]

Wǒ yǒu yí gè yǒurén jiào "Huáng Dàgèr". Rénmen
我有一个友人叫"黄大个儿"。人们

jiào tā Huáng Dàgèr, shíjìshang, tā shì xiǎo gèzi,
叫他黄大个儿，实际上，他是小个子，

bú dào yì mǐ liù. Tā de nǎodai dà, liǎn zhǎng de bù
不到一米六。他的脑袋大，脸长得不

chǒu, búguò yě bù yīngjùn. Shuō dào Huáng Dàgèr
丑，不过也不英俊[2]。说到黄大个儿

zhège míngzi hái yǒu yí gè xiǎo gùshi. Huáng de dì-yī gè
这个名字还有一个小故事。黄的第一个

qīzi bǐ tā gāobùshǎo. Tā jiéhūn hòu gēn qīzi huí jiā qù
妻子比他高不少。他结婚后跟妻子回家去

jiàn qīzi de fùmǔqīn. Yí jìn cūnzi, cūnzi li de rén
见妻子的父母亲。一进村子，村子里的人

jiù dōu pǎo guòlái kàn tāmen. Qīzi de mǔqīn wèn nǚ'ér:
就都跑过来看他们。妻子的母亲问女儿：

"Nǐ zhàngfu ne?" Huáng jiù cóng qīzi de gēbo xiàmiàn
"你丈夫呢？" 黄就从妻子的胳膊下面

pǎo chūlái, dàshēngshuō: "Mā! Wǒ zài zhèr!" Qīzi
跑出来，大声说："妈！我在这儿！"妻子

de mǔqīn xiàle yí tiào, shuō: "Hǎo dà de gèzi!"
的母亲吓了一跳，说："好大的个子！"

1 黄大个儿: a nick-name; 黄: family name; 大个儿: big and tall person
2 英俊: handsome

Cóngcǐ, Huáng Dàgèr zhège míngzi jiù chuán kāilái le.
从此，黄 大个儿这个名字就 传 开来了。

Huáng Dàgèr xǐ'ài wénxué, niánqīng shí xiǎng dāng
黄 大个儿喜爱文学，年轻时 想 当

zuòjiā. Wǒ rènshi tā shí, tā shì yì jiā bàozhǐ de yí gè
作家[1]。我认识他时，他是一家报纸的一个

bùmén zhǔrèn. Zài wǒmen yǎn li, nà shì hěn liǎobuqǐ de
部门主任。在我们眼里，那是很了不起的

rénwù. Bàn wénxuébān shí, tā lái jiǎngkè, gěi wǒmen jiǎng
人物。办 文学班时，他来讲课，给我们讲

xiǎoshuō de sān yàosù: shíjiān、dìdiǎn、rénwù. Wǒ
小 说的三要素[2]：时间、地点、人物。我

yìbiān tīng, yìbiān yòng bǐ rènzhēn de jì xiàlái, jìlèile
一边听，一边用笔认真地记下来，记累了

jiù zǎixì kàn tā, fāxiàn tā de shǒuzhǐ shēnbùzhí, kànzhe jiù
就仔细看他，发现他的手指 伸不直，看着就

hěntòngkǔ. Xià kè hòu, tā gàosu wǒ, nà shì yīnwèi dōngtiān
很痛苦。下课后，他告诉我，那是因为冬天

zài nóngcūn gànhuó, zhàn zài bīngshuǐ li, déliǎo fēngshībìng,
在农村 干活，站在冰水里，得了风湿病[3]，

yǐhòu shǒuzhǐ jiù shēnbùzhí le. Tā shuō tā suīrán xiànzài wò
以后手指就伸不直了。他说他虽然现在握[4]

bǐ hěn kùnnan, dàn yídìng yào xiěchū hǎo de wénxué zuòpǐn lái.
笔很 困难，但一定要写出好的文学 作品来。

Wǒ tīngle yǐhòu, hěn pèifú tā, bìngzhù tā chénggōng.
我听了以后，很佩服他，并祝他成 功。

Yī jiǔ bā sān nián, Huáng dāngshàngle fùzǒngbiān
一九八三年，黄 当上了副总编[5]，

tā cóng Běijīng mǎile yì shuāng gāogēnr píxié. Huáng
他从北京买了一 双 高跟儿皮鞋[6]。黄

chuānshàng gāogēnxié, kàn qǐlái bǐ yǐqián gāole hěn duō.
穿 上 高跟鞋，看起来比以前高了很 多。

Wǒ wèn tā xiě xiǎoshuō de qíngkuàng, tā gàosu wǒ tā bù
我问他写小 说的情况，他告诉我他不

1 作家: writer
2 要素: key element
3 风湿病: rheumatism
4 握: hold
5 副总编: associate editor-in-chief
6 高跟儿皮鞋: high-heeled leather shoes

想 写 小 说 了，他 要 从 政 [1]，一 定 得 干 出
点 儿 成 绩 来。果 然，没 过 多 久，他 就
调 到 市 里 机 关 的 一 个 部 门 当 了 领 导。他
经 常 出 现 在 电 视 新 闻 节 目 中。许 多 人
都 知 道 这 座 小 城 市 有 一 位 黄 大 个 儿。

黄 从 政 很 积 极，妻 子 得 了 重 病
他 也 没 时 间 照 顾。不 久 妻 子 就 去 世 了。
黄 很 伤 心，更 加 努 力 工 作 了。在 拍
电 视 新 闻 的 时 候，因 为 他 总 是 在 领 导
面 前 抢 镜 头 [2]，说 话 也 不 把 领 导 放 在 眼
里，就 被 调 到 了 一 个 文 化 单 位。

从 此，黄 又 讨 厌 从 政，开 始 下 海
挣 钱 [3] 了。他 办 了 一 个 文 学 杂 志，红 火
一 时。我 去 见 他，他 指 着 杂 志，说："你
给 我 写 一 篇 小 说，要 凶 杀 [4] 的，越 刺 激 [5]
越 好！" 我 试 了 试，没 写 成。黄 挣 了 钱
很 得 意。他 又 结 婚 了，我 去 向 他 祝 贺。他

1 从政: take up a government post

2 抢镜头: steal the show

3 下海挣钱: go into business to earn money; 下海: quit one's job and go into business for oneself

4 凶杀: murder

5 刺激: stimulate

de lǎopo háishi bǐ tā gāo yì tóu. Huáng de nǎodai xiǎnde
的老婆还是比他高一头。 黄 的脑袋显得

gèng dà， kàn shàngqù bǐ yǐqián lǎo le， hěn xīnkǔ de
更 大， 看上去比以前老了， 很辛苦的

yàngzi. Huáng de zázhì yīnwèi wéifǎn guīdìng bèi qǔxiāo，
样子。 黄 的杂志因为违反规定被取消，

dàpī zázhì méiyǒu mài chūqù， tā qiànle yìbǎi duō
大批杂志没有卖出去，他欠 ¹了一百多

wàn. Xìnghǎo méiyǒu ràng tā péicháng.
万。 幸好没有 让他赔偿。

Huáng shīqùle bàn wénxué zázhì de xìnxīn， yòu
黄 失去了办文学杂志的信心， 又

juédìng dāng gètǐhù. Tā zūle yì jiān fángzi，
决定 当 个体户 ²。他租了一间房子，

zhuāngxiū wán yǐhòu， kāile yì jiā fànguǎn. Kěshì fànguǎn
装修 ³完以后，开了一家饭馆。可是饭馆

de dìdiǎn xuǎn de bù hǎo， tā de fànguǎn ménqián dōu shì
的地点选得不好，他的饭馆门前都是

xiǎo fàn tānr. Yóuyú jīngcháng shòu rén qīfu， tā yòu
小饭摊儿 ⁴。由于经常 受人欺负 ⁵，他又

bú gàn le. Zhè cì tā yòu péile hǎo jǐ wàn kuài qián.
不干了。 这次他又赔了好几万块钱。

Wǒ diào dào bàoshè gōngzuò hòu， yǒu yì tiān tā dào wǒ
我调到报社工作后， 有一天他到我

de bàngōngshì lái liáotiān， shuō zìjǐ de yùnqi bù hǎo. Wǒ
的办公室来聊天， 说自己的运气不好。我

shuō nín de wénxué zuòpǐn xiě de nàme hǎo， yīnggāi chóngxīn
说您的文学作品写得那么好， 应该重新

náqǐ bǐ， jìxù dāng zuòjiā. Dàn guòle jǐ tiān， tā
拿起笔， 继续当作家。但过了几天， 他

gàosu wǒ， gǎo wénxué zhèng qián tài màn， tā hé lǎopo
告诉我， 搞文学 挣 钱太慢， 他和老婆

chūqù dǎ májiàng， yǒu shí yì wǎnshang néng yíng jǐ bǎi
出去打麻将 ⁶，有时一晚上 能 赢几百

1 欠: owe
e.g.公司欠了工人们
两个月的工资。
2 个体户: self-employed individual
3 装修: renovate
4 小饭摊儿: little food stand
5 欺负: bully, insult
6 打麻将: play mahjong

kuài qián . Wǒ shuō nǐ děi xiǎoxīn , bié ràng jǐngchá zhuā le .
块 钱。我 说 你 得 小 心，别 让 警察 抓 了。

Tā shuō méishì , děng yíng duō le , rìzi hǎoguò le , jiù
他 说 没 事，等 赢 多 了，日子 好 过 了，就

jìngxià xīn xiě xiǎoshuō . Kěshì méi guò duōjiǔ , tā lǎopo jiù
静 下 心 写 小 说。可是 没 过 多久，他 老婆 就

bǎ tā dǎ le , yuányīn shì tā zǒngshì shū qián , tā lǎopo
把 他 打 了，原因 是 他 总是 输 钱，他 老婆

gèzi dà , lìqì dà , jīngcháng dǎ tā . Yǒushí shū le ,
个子 大，力气 大，经 常 打 他。有时 输 了，

tā bùgǎn huí jiā , zuìhòu gēn lǎopo shuō tā bù dǎ májiàng le .
他 不敢 回 家，最后 跟 老婆 说 他 不 打 麻将 了。

Hòulái Huáng hái kāiguo yì jiā hūnyīn jièshàosuǒ , hái
后来 黄 还 开过 一家 婚姻 介绍所 [1]，还

zuòguo qítā shìqing , jiéguǒ dōu méi chénggōng . Wǒ quàn
做过 其他 事情，结果 都 没 成 功。我 劝

tā shuō : " Nǐ dōu kuài liùshí suì la , suànle ba . " Tā
他 说："你 都 快 六十 岁 啦，算了 吧。"他

yáoyao tóu , shuō : " Wǒ bù néng zhème suàn le , nǐ qiáozhe
摇摇 头，说："我 不 能 这么 算 了，你 瞧着

ba . " Wǒ bù zhīdào tā yòu yào zhǔnbèi zuò shénme shìqing .
吧。"我 不 知道 他 又 要 准备 做 什么 事情。

Tūrán yǒu yì tiān , tā xīngfèn de gàosu wǒ : " Wǒ
突然 有 一 天，他 兴奋 地 告诉 我："我

lǎopo huì qìgōng , nǐ bǎ huìyìshì jiègěi wǒ yòng yi
老婆 会 气功 [2]，你 把 会议室 借给 我 用 一

yòng , wǒ lǎopo yào yòng qìgōng gěi rén zhìbìng . "
用，我 老婆 要 用 气功 给 人 治病。"

Wǒ hěn chījīng , shuō : " Nǐmen shénme shíhou xué
我 很 吃惊，说："你们 什么 时候 学

qìgōng la ? "
气功 啦？"

Huáng xiàozhe shuō : " Wǒmen tiānxìng hǎo , yì xué
黄 笑着 说："我们 天性 [3] 好，一学

1 婚姻介绍所: marriage agency
2 气功: qigong, a system of deep breathing exercises practiced on a regular basis to keep fit
3 天性: nature

jiù huì ， wǒ lǎopo yǐ dàole dàshī jí le ."
就会，我老婆已到了大师¹级了。"

Wǒ bù xiāngxìn ， qìgōng xūyào xué hěn cháng shíjiān ，
我不相信，气功需要学很长时间，

zěn néng yì xué jiù huì ne 。 Wǒ nà shí nào wèibìng ， wèn
怎能一学就会呢。我那时闹²胃病³，问

tā wǒ de wèibìng néng zhìhǎo ma ？ Tā lǎopo zhènghǎo
他我的胃病能治好吗？他老婆正好

lái le ， shuō zhè hěn róngyì 。 Tā ràng wǒ zhàndìng ，
来了，说这很容易。她让我站定，

bìshàng yǎn ， hǎnle shēng ：" Chūlái ！" Liǎng shǒu jiù
闭上眼，喊了声："出来！"两手就

fānlái-fānqù ， zuǐ li shuō nǐ de wèibìng méiyǒu le ， hǎo
翻来翻去，嘴里说你的胃病没有了，好

la 。 Tā Bǎ wǒ hé zhōuwéi de rén dōu jīngdāi le ， zhè
啦。她把我和周围的人都惊呆³了，这

gōngfu yě tài lìhai le 。 Yíhàn de shì wǒ hái děi zhàocháng
功夫也太厉害了。遗憾的是我还得照常

chī yào ， bù chī jiù téng 。
吃药，不吃就疼。

Hòulái yǒu hěn duō rén qǐng tāmen kànbìng ， dàn fāxiàn
后来有很多人请他们看病，但发现

tāmen shì piànrén de ， yě jiù bú zài lái zhǎo tāmen le 。
他们是骗人的，也就不再来找他们了。

Huáng láidào wǒ de bàngōngshì ， wǒ wèn tā ：" Nǐ wèi
黄来到我的办公室，我问他："你为

shénme yào zuò nàxiē luànqībāzāo de shìr ne ？"
什么要做那些乱七八糟⁵的事儿呢？"

Tā kǔxiàozhe shuō ：" Zǒng děi yào chīfàn ya ， huózhe ，
他苦笑着说："总得要吃饭呀，活着，

jiù děi zhēteng ， zhèyàng shēnghuó cái néng fēngfùduōcǎi
就得折腾⁶，这样生活才能丰富多彩⁷

ma 。 Shénme shíhou bú yòng chīfàn le ， jiù ānjìng le 。"
嘛。什么时候不用吃饭了，就安静了。"

1 大师: master

2 闹: suffer from

3 胃病: stomach trouble

4 惊呆: shocked, stunned

e.g. 看到气功大师的表演，他惊呆了。

5 乱七八糟: in a mess

6 折腾: meddle with continuously

7 丰富多彩: rich and colorful

Zhào Xīnláng
赵 新郎 [1]

Wǒ de péngyou Zhào Xīnláng shì gǎo měishù de, niánqīng
我的朋友赵新郎是搞美术的，年轻
shí gǎo duìxiàng, tiáojiàn zhǐyǒu yí gè, gūniang bìxū
时搞对象 [2]，条件只有一个，姑娘必须
fēicháng fēicháng piàoliang. Bùguǎn tā de jiātíng chūshēn
非常非常漂亮。不管她的家庭出身 [3]
hǎo bu hǎo, bùguǎn tā yǒu méiyǒu hǎiwài guānxì, zhǐyào
好不好，不管她有没有海外关系 [4]，只要
rén piàoliang jiù xíng. Zài nàge shídài, jīngcháng gǎo
人漂亮就行。在那个时代，经常搞
zhèngzhì yùndòng, jiātíng chūshēn bù hǎo de rén huò shì yǒu
政治运动 [5]，家庭出身不好的人或是有
hǎiwài guānxì de rén dōu bèi kànzuò shì zhèngzhì shang yǒu
海外关系的人都被看作是政治上有
wèntí de rén, rénmen zhǎo duìxiàng yìbān dōu bú yuànyì
问题的人，人们找对象一般都不愿意
zhǎo zhèxiē rén. Ér Zhào Xīnláng què bùguǎn zhèngzhì wèntí,
找这些人。而赵新郎却不管政治问题，
tā kànzhòng de jiùshì rén zhǎng de piàoliang bú piàoliang. Tā
他看重的就是人长得漂亮不漂亮。他
de guānniàn zài nàge shíhou shì fēicháng kāifàng de. Kěshì
的观念在那个时候是非常开放的。可是
yào xiǎng zhǎodào fēicháng piàoliang de duìxiàng, yě bú shì yí
要想找到非常漂亮的对象，也不是一
jiàn róngyì de shì. Nà shíhou méiyǒu hūnyīn jièshàosuǒ, yě
件容易的事。那时候没有婚姻介绍所，也
méiyǒu bàozhǐ zhēnghūn, quán kào zìjǐ zhǎo, huò kào
没有报纸征婚 [6]，全靠自己找，或靠
biéren jièshào. Měi cì Zhào Xīnláng jiànle biéren jièshào de
别人介绍。每次赵新郎见了别人介绍的
gūniang zhīhòu, zǒngshì shuō duìfāng bù héshì, bú shì xián
姑娘之后，总是说对方不合适，不是嫌

1 新郎: bridegroom
2 搞对象: look for a spouse
3 家庭出身: family background
4 海外关系: overseas relation
5 政治运动: political movement
6 征婚: marriage-seeking

rén zhǎng de bù bái,　yǎnjing xiǎo,　zuǐ dà,　jiùshì shuō
人 长 得 不 白、眼 睛 小、嘴 大, 就 是 说
rénjia méimao tài cū,　bózi bù hǎokàn děngděng,　fǎnzhèng
人 家 眉 毛 太 粗、脖 子 不 好 看 等 等, 反 正
shì chà yìdiǎnr dōu bùxíng.　Zhào Xīnláng jīngcháng qǐngkè,
是 差 一 点 儿 都 不 行。 赵 新 郎 经 常 请 客,
qǐng biérén bāng tā jièshào piàoliang de duìxiàng.
请 别 人 帮 他 介 绍 漂 亮 的 对 象。

　　Tā zhōngyú zhǎodàole yí gè ràng tā xǐhuan de piàoliang
　　他 终 于 找 到 了 一 个 让 他 喜 欢 的 漂 亮
gūniang.　Zhège gūniang de jiā zài shì li,　tā běnrén zài
姑 娘。 这 个 姑 娘 的 家 在 市 里, 她 本 人 在
xiàn shang gōngzuò,　shì dàxué bìyè hòu bèi fēnpèi qù de.
县 上 工 作, 是 大 学 毕 业 后 被 分 配 去 的。
Zài nàge shíhou,　dàxuéshēng bìyè yǐhòu dōu shì guójiā
在 那 个 时 候, 大 学 生 毕 业 以 后 都 是 国 家
gěi fēnpèi gōngzuò.　Zhào Xīnláng shuō,　zhè gūniang yǒudiǎnr
给 分 配 工 作。 赵 新 郎 说, 这 姑 娘 有 点 儿
xiàng Lín Dàiyù¹,　xiàng yí gè gǔdài měinǚ.　Tā shì zài
像 林 黛 玉 ¹, 像 一 个 古 代 美 女。 他 是 在
jiē shang jiàndào zhège gūniang de,　hòulái jiù zhǎo rén qù
街 上 见 到 这 个 姑 娘 的, 后 来 就 找 人 去
jièshào,　yì dǎtīng zhège gūniang yǐjīng yǒu duìxiàng le,　tā
介 绍, 一 打 听 这 个 姑 娘 已 经 有 对 象 了, 她
de duìxiàng zài shì li gōngzuò.　Zhège gūniang yě xiǎng diàohuí
的 对 象 在 市 里 工 作。 这 个 姑 娘 也 想 调 回
shì li gōngzuò.　Zhào Xīnláng shuō: Tā búshì méi jiéhūn
市 里 工 作。 赵 新 郎 说: 她 不 是 没 结 婚
ma,　rúguǒ zhège gūniang gēn tā hǎo,　tā néng gěi tā
吗, 如 果 这 个 姑 娘 跟 他 好, 他 能 给 她
diàohuí shì li.　Gūniang nàbiān jiù shuō nà jiù chǔ péngyou²
调 回 市 里。 姑 娘 那 边 就 说 那 就 处 朋 友 ²
ba,　děng diàohuí shì li zài shuō.　Zhào Xīnláng lìkè zhǎo
吧, 等 调 回 市 里 再 说。 赵 新 郎 立 刻 找

1 林黛玉: a heroine in *Dream of Red Mansions*

2 处朋友: make friends with

péngyou bāngmáng. Wǒmen dōu xīnténg Zhào Xīnláng, tā de
朋友 帮 忙。我们 都 心疼 [1] 赵 新郎，他 的

suìshu tǐng dà le, hǎo bù róngyì zhǎozháo duìxiàng, dōu
岁数 挺 大 了，好 不 容易 找 着 对象，都

nǔlì bāngzhù tā. Jǐ gè yuè hòu, gūniang zhōngyú diào dào
努力 帮助 他。几 个 月 后，姑娘 终于 调 到

shì li gōngzuò le. Gōngzuò diàochéng le, wǒmen děngzhe
市 里 工作 了。工作 调 成 了，我们 等着

Zhào Xīnláng jiéhūn, děngzhe hē tā de xǐjiǔ. Děng a
赵 新郎 结婚，等着 喝 他 的 喜酒 [2]。等 啊

děng a, děngle hěn jiǔ yě méi hēdào Zhào Xīnláng de xǐjiǔ.
等 啊，等了 很 久 也 没 喝到 赵 新郎 的 喜酒。

Wǒmen wèn tā zěnme hái bù jiéhūn, tā shuō bái bāngmángle
我们 问 他 怎么 还 不 结婚，他 说 白 帮忙了

la, gěi biéren bāngmáng la, nà gūniang hé yuánlái de
啦，给 别人 帮 忙 啦，那 姑娘 和 原来 的

duìxiàng jiéhūn le. Yǒurén shuō tāmen děi péicháng nǐ de
对象 结婚 了。有人 说 他们 得 赔 偿 你 的

sǔnshī ya. Zhào Xīnláng shuō tāmen liǎng yìqǐ lái zhǎo wǒ,
损失 呀。赵 新郎 说 他们 俩 一起 来 找 我，

zài wǒ miànqián yì kū, wǒ xīn jiù ruǎn le. Wǒmen shuō:
在 我 面 前 一 哭，我 心 就 软 了。我们 说：

"Nǐ xīn tài ruǎn, nǐ zhèyàng kě dāngbuchéng xīnláng."
"你 心 太 软，你 这样 可 当 不 成 新郎。"

Zhào Xīnláng shuō: "Yǐhòu wǒ de xīn yào yìng qǐlái, bù gēn
赵 新郎 说："以后 我 的 心 要 硬 起来，不 跟

wǒ jiéhūn, jiù bù gěi tā bànshì." Zhào Xīnláng yòu lái qǐng
我 结婚，就 不 给 她 办事。" 赵 新郎 又 来 请

wǒmen bāng tā jièshào duìxiàng.
我们 帮 他 介绍 对象。

Hòulái Zhào Xīnláng yòu yùjianle jǐ gè piàoliang de
后来 赵 新郎 又 遇见 了 几 个 漂 亮 的

nǚrén, dànshì dōu yǒu tiáojiàn, děi wèi tāmen bànshì.
女人，但是 都 有 条件，得 为 她们 办事。

1 心疼: care for
2 喜酒: wedding wine
e.g. 大家 都 在 问 什么
时候 能 喝 他 的 喜酒。

Wǒmen shuō, Zhào Xīnláng nǐ yào jìzhù shàng yí cì de
我们 说，赵 新郎 你 要 记住 上 一 次 的
jiàoxùn. Tā diǎndiantóushuō:"Méicuò, zhǐyào bù jiéhūn,
教训。他 点点头说："没错，只要 不 结婚，
jiù hái búshì wǒ de lǎopo, wǒ jiù bù gěi tā bànshì."
就 还 不是 我 的 老婆，我 就 不给 她 办事。"
　　Qízhōng yǒu yí gè piàoliang gūniang shì zhēnde xiǎng
　　其中 有 一 个 漂亮 姑娘 是 真的 想
gēn Zhào Xīnláng jiéhūn. Zhè gūniang bǐ Zhào Xīnláng xiǎo
跟 赵 新郎 结婚。这 姑娘 比 赵 新郎 小
shí duō suì, gāo gèzi, dà yǎnjing, gāo bízi, shēncái
十 多 岁，高 个子，大 眼睛，高 鼻子，身材
hěn hǎo, yàngzi yǒudiǎnr xiàng wàiguórén. Tā de lǎojiā¹
很 好，样子 有点儿 像 外国人。她 的 老家¹
zài Hā'ěrbīn², gūjì yǒu Éluósī xuètǒng³. Zhège
在 哈尔滨²，估计 有 俄罗斯 血统³。这个
gūniang de tiáojiàn shì bāng tā diàohuàn yí gè gōngzuò. Zhào
姑娘 的 条件 是 帮 她 调换 一 个 工作。赵
Xīnláng wèn wǒ zěnme yàng, wǒ shuō nǐ shàng cì bāngle nàge
新郎 问 我 怎么 样，我 说 你 上 次 帮了 那个
gūniang, nǐ bèi piàn le, zhè yí cì nǐ hái bāng tā ma?
姑娘，你 被 骗 了，这 一 次 你 还 帮 她 吗?
Zhào Xīnláng shuō, zhè cì gāi bāng zìjǐ le, děng xǐshì⁴
赵 新郎 说，这次 该 帮 自己 了，等 喜事⁴
bànwán, zài bāng tā diàohuàn gōngzuò. Yuánlái zhè gūniang zài
办完，再 帮 她 调换 工作。原来 这 姑娘 在
càidiàn mài cài, xiǎng huàn gè gōngzuò. Zhè huí Zhào Xīnláng
菜店 卖菜，想 换 个 工作。这回 赵 新郎
bǎwò tǐng dà. Tā jiéle hūn, dùle mìyuè⁵, gēn wǒ shuō
把握 挺 大。他 结了 婚，度了 蜜月⁵，跟 我 说
zhè huí chàbuduō le, ránhòu jiù kāishǐ zhǎo rén bāngmáng
这回 差不多 了，然后 就 开始 找 人 帮 忙
bǎ àirén diào dào shāngyèjú, dāng yí gè yèwùyuán⁶.
把 爱人 调 到 商业局，当 一 个 业务员⁶。

1 老家: native place
2 哈尔滨: Harbin, the capital city of Heilongjiang Province（黑龙江省）
3 俄罗斯血统: Russian blood
4 喜事: wedding
e.g.他们准备明年办喜事。
5 度蜜月: spend honeymoon
6 业务员: clerk

hòulái nánfāng jiàn tèqū , tā qīzi pǎo yèwù qùle yí
后来南方建特区 [1]，他妻子跑业务去了一

tàng , huílái gén Zhào Xīnláng shuō , wǒ zhème niánqīng ,
趟，回来跟赵新郎说，我这么年轻，

bù néng zǒng gǎo shūcài , wǒ xiǎng dào nánfāng chuǎng yi
不能总搞蔬菜，我想到南方闯一

chuǎng , děng wǒ bǎ yíqiè dōu ānpái hǎo le , zài bǎ nǐ yě
闯，等我把一切都安排好了，再把你也

jiē guòqù 。 ZhàoXīnláng shuō : Yǒu yuǎnjiàn , nǐ xiān qù ba 。
接过去。赵新郎说：有远见，你先去吧。

Wǒmen gǎnjǐn gàosu tā , zhèyàng zuò hěn wēixiǎn .
我们赶紧告诉他，这样做很危险。

Tā shuō , jiéhūn dōu zhème cháng shíjiān le , zài yìqǐ
他说，结婚都这么长时间了，在一起

shuìle zhème cháng shíjiān , búhuì yǒu wēixiǎn ba ? Rúguǒ
睡了这么长时间，不会有危险吧？如果

zhēn yǒu shénme wēixiǎn , nà rén yǔ rén zhījiān jiù méiyǒu zhēn
真有什么危险，那人与人之间就没有真

gǎnqíng le . Tā zhème yì shuō , wǒmen yě bùhǎo zài shuō
感情了。他这么一说，我们也不好再说

shénme . Jiéguǒ , tā qīzi qùle Hǎinán Dǎo , yì nián
什么。结果，他妻子去了海南岛 [2]，一年

yǐhòu huíláile yí tàng , péizhe yí gè lǎotóur , shuō
以后回来了一趟，陪着一个老头儿 [3]，说

shì tā de zǒngjīnglǐ 。 ZhàoXīnláng wèn shénme shíhou bānjiā ,
是她的总经理。赵新郎问什么时候搬家，

tā qīzi shuō : " Nà biān tài rè , nǐ shìyìng bùliǎo . "
他妻子说："那边太热，你适应不了。"

" Nǐ zǎ shìyìng de ? "
"你咋 [4] 适应的？"

" Nǚrén hǎo shìyìng . "
"女人好适应。"

" Zǒngjīnglǐ duì nǐ búcuò ? "
"总经理对你不错？"

1 特区: special zone
2 海南岛: Hainan Island
3 老头儿: old man
4 咋: how, why

" Mǎmǎhūhū la . "
"马马虎虎¹啦。"

" Nǐ de shēntǐ méi wèntí ba ? "
"你的身体没问题吧?"

" Shēntǐ hái hǎo , méi chū shénme wèntí . "
"身体还好, 没 出 什么问题。"

Zhè shì tóu yí cì huílái , liǎng rén hái shuōle yìdiǎnr
这是头一次回来, 俩人还说了一点儿

qiāoqiāohuà
悄悄话²。

Dì-èr nián huílái , nǚrén jiù gēn zǒngjīnglǐ zhù bīnguǎn
第二年回来,女人就跟总经理住宾馆

le , bìngqiě gàosu Zhào Xīnláng , zìjǐ de shēntǐ yǒu wèntí
了,并且告诉赵新郎,自己的身体有问题

le , hé zǒngjīnglǐ zài yìqǐ liǎng nián le .
了,和总经理在一起两 年了。

Dì-sān nián huílái , tā hé Zhào Xīnláng bànle líhūn shǒuxù .
第三年回来,她和赵 新郎办了离婚手续。

Zhè huí Zhào Xīnláng tòngkǔ de shuō : " Méi xiǎngdào ya ,
这回赵 新郎痛苦地说:"没想到呀,

zhè huí yòu bāng tèqū de máng le … "
这回又 帮特区的 忙了……"

Wǒmen ānwèi tā , guòle hǎo yízhèn , tā de xīnqíng
我们安慰他, 过了好一阵, 他的心情

cái hǎo qǐlái . Bùjiǔ qián , tā zìjǐ tōngguò hūnyīn
才好起来。 不久前, 他自己通过婚姻

jièshào suǒ yòu zhǎole yí gè duìxiàng , shì yí gè gōngchǎng
介绍所又找了一个对象, 是一个工 厂

de nǚgōng . Wǒ wèn tā wèi shénme bù zhǎo yí gè gànbù
的女工。我问他为什么不找一个干部,

Zhào Xīnláng shuō gànbù méiyǒu zhème piàoliang de . Zhège
赵 新郎说干部没有这么漂亮的。这个

zhōngnián nǚgōng , niánlíng yě héshì . Tā shuō tā shēnshang
中 年 女工,年龄也合适。他说她身上

<hr>

1 马马虎虎: not bad and not good; just so-so

e.g. 这个人做事总是马马虎虎。

2 悄悄话: whisper in private

yǒu yì zhǒng xiàndài měi , bú xìn nǐ lái kànkan . Wǒ yí kàn
有一 种 现代美， 不信你来看看。我一看

guǒrán búcuò , zhè nǚde tàngle fà , chuānzhe qípáo ,
果然不错，这女的烫了发[1]， 穿 着 旗袍[2]，

lùzhe liǎng tiáo báibái de dàtuǐ .
露着 两 条白白的大腿。

　　Zhào Xīnláng jiéhūn shí wǒmen dōu qù zhùhè .
　　赵 新郎结婚时我们 都去祝贺。

　　Jiéhūn hòu , ZhàoXīnlángyòuwèi lǎopo máng qǐlái . Wǒ
　　结婚后， 赵 新郎又为老婆 忙 起来。我

yǒu yì tiān zài jiē shang pèngjiàn tā , tā zìxíngchē hòu jiāzhe
有一天在街 上 碰见他，他自行车后夹着

jǐ fú huà , jiù wèn tā mángshá . Tā shuō : " Zhè huí wǒ yòu
几幅画， 就问他忙啥[3]。他说："这回我又

děi bāngzhù xiàgǎng zhígōng le ! Tā de gōngchǎngpòchǎn
得帮助 下岗职工[4] 了！ 她的工 厂破产

la , tā gēn biéren yìqǐ bàn gè xiǎolǚguǎn , wǒ huàle jǐ
啦，她跟别人一起办个小旅馆[5]，我画了几

fú huà , gěi tā de xiǎolǚguǎnzhuāngshì yíxià . "
幅画，给她的小旅馆 装 饰一下。"

　　Wǒshuō : " Tǐng hǎo ya , nǐ tǐng gāoshàng de a . "
　　我说："挺 好呀，你挺 高尚[6]的啊。"

　　ZhàoXīnlángshuō : " Gāoshàng hái zài hòumiàn ne , tā
　　赵 新郎说："高 尚 还在后面呢，她

yǒu liǎng gè háizi zài wàidì niànshū , wǒ děichū xuéfèi . "
有 两个孩子在外地念书，我得出学费[7]。"

　　Wǒ shuō : " Nǐ yòu bāngzhù pínkùn dàxuéshēng le .
　　我说："你又帮助贫困[8]大学生了。

Nǐ zhēnshi yí gè gāoshàng de rén a ! "
你真是一个高 尚 的人啊！"

Hé Sāngū
何三姑

Wǒ de péngyou Hé Sāngū chūshēng zài nóngcūn , tā
我 的 朋 友 何 三 姑 出 生 在 农 村 ， 她
cóngxiǎo yǒu sān gè yuànwàng , dì-yī gè yuànwàng shì xiǎng
从 小 有 三 个 愿 望 ， 第 一 个 愿 望 是 想
chéngwéi chénglirén , dì-èr gè yuànwàng shì jià gěi yí gè
成 为 城 里 人 ， 第 二 个 愿 望 是 嫁 给 一 个
dà jūnguān , dì-sān gè yuànwàng shì dāng dàifu . Tā
大 军 官[1]， 第 三 个 愿 望 是 当 大 夫。 她
xiǎng dāng dàifu shì yīnwèi tā fùqīn shì nóngcūn de chìjiǎo
想 当 大 夫 是 因 为 她 父 亲 是 农 村 的 赤 脚
yīshēng , tā juéde dàifu xiàng shénxiān yíyàng , tā
医 生[2]， 她 觉 得 大 夫 像 神 仙[3] 一 样， 她
xǐhuan bèi rén zūnjìng de gǎnjué .
喜 欢 被 人 尊 敬 的 感 觉。

Hé Sāngū dì-yī gè hé dì-èr gè yuànwàng jīhū
何 三 姑 第 一 个 和 第 二 个 愿 望 几 乎
shì yìqǐ shíxiàn de . Tā jiàgěile yí gè jūnguān , dāng
是 一 起 实 现 的。 她 嫁 给 了 一 个 军 官， 当
jūnguān de zhàngfu shēng wéi tuánzhǎng , bǎ tā cóng xiàn li
军 官 的 丈 夫 升 为 团 长[4]， 把 她 从 县 里
diàodào le shì li . Tā bèi diàodào shì li yí gè dānwèi de
调 到 了 市 里。 她 被 调 到 市 里 一 个 单 位 的
wèishēngsuǒ dāng hùshi , gěi bìngrén dǎzhēn , zhè lí dāng
卫 生 所[5] 当 护 士， 给 病 人 打 针， 这 离 当
dàifu de yuànwàng zhǐ chà yí bù . Zài zhè zhīqián , tā
大 夫 的 愿 望 只 差 一 步。 在 这 之 前， 她
yìzhí zài xiàn li de bǎihuò shāngdiàn dāng shòuhuòyuán . Tā
一 直 在 县 里 的 百 货 商 店 当 售 货 员。 她
xiǎng zìjǐ gàn diǎnr shénme , tā àirén bú ràng .
想 自 己 干 点 儿 什 么， 她 爱 人 不 让。

Tā jìnchéng bùjiǔ , àirén jiù zhuǎnyè le , bèi
她 进 城 不 久， 爱 人 就 转 业[6] 了， 被

1 军官: military officer
2 赤脚医生: 'bare-foot doctor' – someone who acted as a medical practitioner to farmers in the countryside during the Cultural Revolution
3 神仙: fairy
4 团长: regimental commander
5 卫生所: clinic
6 转业: demobilize

ānpái dào xiàn li dāng fùxiànzhǎng . Zhàngfu zài xiàn li
安排到县里当副县长 [1]。丈夫在县里
gōngzuò, tā hé háizi zài shì li zhù . Dàole qiūtiān,
工作，她和孩子在市里住。到了秋天，
háizi kǎo dàxué zǒu le, jiù shèngxià Hé Sāngū yí gè rén zài
孩子考大学走了，就剩下何三姑一个人在
jiā, tā xīn li hěn fán . Yǒu yì tiān, tā duìzhe jìngzi
家，她心里很烦 [2]。有一天，她对着镜子
wèn zìjǐ, zìjǐ sìshí suì, sān gè yuànwàng jīběn dōu
问自己，自己四十岁，三个愿望基本都
shíxiàn le, wǒ zěnme gāoxìng bù qǐlái ne …
实现了，我怎么高兴不起来呢……

Zhàngfu hěn shǎo huí jiā, ǒu'ěr huílái yě shì
丈夫很少回家，偶尔回来也是
wǎnshang, hái jīngcháng hēzuìle cái huílái, měi cì dōu
晚上，还经常喝醉了才回来，每次都
shì ràng sījī fúzhe huílái . Zhàngfu huí jiā yǐhòu chōu
是让司机扶着回来。丈夫回家以后抽
yān、 hē shuǐ, ránhòu tǎngxià jiù shuìjiào . Hé Sāngū měi yuè
烟、喝水，然后躺下就睡觉。何三姑每月
dāngzhōng yǒu nàme jǐ tiān tèbié xiǎng gēn zhàngfu qīnjìn
当中有那么几天特别想跟丈夫亲近 [3]，
dànshì tā bú shì hēzuì le, jiùshì bú zài jiā . Yǒu nǚyǒu
但是他不是喝醉了，就是不在家。有女友
gàosu tā, nánrén bù gēn zìjǐ de lǎopó qīnjìn, jiùshì
告诉她，男人不跟自己的老婆亲近，就是
zài wàimiàn yǒule nǚrén, xiànzài hǎoxiàng dōu zhèyàng . Hé
在外面有了女人，现在好像都这样。何
Sāngū xiǎngle xiǎng zhàngfu shì bu shì zài wàimiàn yě yǒule
三姑想了想丈夫是不是在外面也有了
nǚrén, zhàngfu kěnéng chū wèntí le . Hé Sāngū xiǎng bǎ
女人，丈夫可能出问题了。何三姑想把
zhège wèntí nòng qīngchu . Yǒu yì tiān, xiàzhe dàxuě,
这个问题弄清楚。有一天，下着大雪，

1 副县长: deputy county chief

2 烦: annoyed, irritated

3 亲近: show love to

tā tūrán láidào xiànchéng. Tā jiǎnchále zhàngfu de sùshè,
她突然来到县城。她检查了丈夫的宿舍，

méiyǒu fāxiàn zhàngfu de chuáng shang yǒu nǚrén de tóufa,
没有发现丈夫的床上有女人的头发，

kànlái zhàngfu de biǎoxiàn hái kěyǐ.
看来丈夫的表现还可以。

Tā gōngzuò de wèishēngsuǒ rén duō, zhěngtiān méishì
她工作的卫生所人多，整天没事

gàn, Hé Sāngū tíchūle yí gè gǎigé fāng'àn, kěshì
干，何三姑提出了一个改革方案，可是

dàjiā dōu fǎnduì. Yúshì Hé Sāngū lìkè tíng xīn liú zhí,
大家都反对。于是何三姑立刻停薪留职 1，

bànqǐ gèrén zhěnsuǒ. Tā de lǎo fùqīn yǒu xiē piānfāng,
办起个人诊所 2。她的老父亲有些偏方 3，

tā cóng fùqīn nàlǐ chāolái piānfāng gěi bìngrén kànbìng, duì
她从父亲那里抄来偏方给病人看病，对

bìngrén shuō zhèxiē piānfāng dōu shì zǔchuán mìfāng. Rìzi
病人说这些偏方都是祖传秘方 4。日子

jiǔ le, zhǎo tā kànbìng de rén yuèláiyuè duō. Yǒu yí
久了，找她看病的人越来越多。有一

cì tā gěi bìngrén kāicuòle yào, bìngrén chàdiǎnr sǐ le,
次她给病人开错了药，病人差点儿死了，

Hé Sāngū huāle bùshǎo qián péicháng. Hòulái tā jiù bǎ
何三姑花了不少钱赔偿。后来她就把

zhěnsuǒ guāndiào le. Dànshì tā hái xiǎng zhēteng, hái xiǎng
诊所关掉了。但是她还想折腾，还想

zuò diǎnr shì, zhǐshì bù zhīdào zuò shénme hǎo.
做点儿事，只是不知道做什么好。

Wǒ yě xìng Hé, gēn Hé Sāngū hái yǒudiǎnr qīnqi
我也姓何，跟何三姑还有点儿亲戚

guānxì. Yǒu yì tiān wǒ zài Bìshǔ Shānzhuāng de hú biān
关系。有一天我在避暑山庄 5 的湖边

pèngjiàn tā, tā shuō: "Dàgē, wǒ dāngguo dàifu
碰见她，她说："大哥，我当过大夫

1 停薪留职: retain one's position with one's salary suspended
2 诊所: clinic
3 偏方: folk prescription
4 祖传秘方: secret recipe handed down from one's ancestors
5 避暑山庄: Summer Resort in Chengde, Hebei Province (河北省).

le ， wǒ zuìhòu yí gè yuànwàng yě shíxiàn le . Nǐ shuō wǒ
了，我最后一个愿望也实现了。你说我
jīnhòu gàn shá hǎo ne ？" Wǒ shuō :" Wǒ bù zhīdào . Wǒ
今后干啥好呢？"我说:"我不知道。我
hé tóngshìmen zhèng mángzhe xiàng Liánhéguó Jiàokēwén zǔzhī
和同事们正忙着向联合国教科文组织¹
shēnqǐng ne， wǒmen yào bǎ Bìshǔ Shānzhuāng biànchéng
申请²呢，我们要把避暑山庄变成
Liánhéguó Shìjiè Wénhuà Yíchǎn ." Hé Sāngū shuō :" Shì
联合国世界文化遗产³。"何三姑说:"是
bu shì Bìshǔ Shānzhuāng píngshàng Shìjiè Wénhuà Yíchǎn hǎochù
不是避暑山庄评上⁴世界文化遗产好处
tèbié duō ？"
特别多？"

Wǒ shuō :" Shìjiè Wénhuà Yíchǎn yào shòudào shìjiè
我说:"世界文化遗产要受到世界
gè guó de bǎohù . Jùshuō jíshǐ fāshēng shìjiè dàzhàn ，
各国的保护。据说即使发生世界大战⁵，
fēijī de zhàdàn yě bùxǔ wǎng nàr zhà ."
飞机的炸弹⁶也不许往那儿炸。"
Hé Sāngū lèngle yízhèn ， shuō shēng duōxiè la ，
何三姑愣⁷了一阵，说声多谢啦，
jiù zǒu le .
就走了。
Yí gè yuè yǐhòu ， wǒ jiēdào Hé Sāngū de yāoqǐng ，
一个月以后，我接到何三姑的邀请，
tā de xīn fànguǎn kāiyè ， qǐng wǒ qù . Wǒ yíhuò bùjiě
她的新饭馆开业⁸，请我去。我疑惑不解⁹
ànshí qù le ， kànjiàn xīn fànguǎn jiù kāi zài yuánlái de
按时去了，看见新饭馆就开在原来的
zhěnsuǒ nàlǐ ， yòu kuòdàle bùshǎo . Hé Sāngū hé tā
诊所那里，又扩大了不少。何三姑和她
zhàngfu lǐlǐwàiwài mángzhe ， jiǎnzhí biànchéng lǎobǎn
丈夫里里外外忙着，简直变成老板

1 联合国教科文组织: UNESCO
2 申请: apply for
3 联合国世界文化遗产: United Nations World Cultural Heritage (UNWCH)
4 评上: be on the list after assessment
5 世界大战: World War
6 炸弹: bomb
7 愣: dumbfounded, stupefied
8 开业: start a business
e.g.明天这家饭馆就要开业了。
9 疑惑不解: feel puzzled

和老板娘¹了。吃完饭，我问她这是
咋回事²，她跟我说："多亏你呀，飞机都
不敢扔炸弹的地方，是福地³呀，所以，
我得干点儿实在的、保险的事，就开了这
家饭馆。"

我指她丈夫问："他呢？"

何三姑说："他以前是军人⁴，不懂
地方的事，也不会干地方的工作，一天
到晚总是喝酒，没意思，我不让他当
副县长了，让他跟我一起开饭馆。"

我笑道："现在你没有什么担心的
了吧！"

何三姑笑了，说："我俩整天忙这
饭馆，每天最多睡三小时，都快累死
啦。"

1 老板娘: proprietress
2 咋回事: What happened?
3 福地: a place of happiness
4 军人: soldier

This story has been abridged according to He Shen's short story, 我的四友人 , which was published in the *China Short Story Selection of 1999* (1999 年中国短篇小说精选), edited by the Creation and Study Section of the China Writers Association (中国作协创研部), Changjiang Literature and Art Publishing House (长江文艺出版社), Wuhan, 2000.

About the author He Shen (何申):

He Shen is a celebrated contemporary writer. He is a member of the China Writers Association, the vice chairman of the Hebei Writers Association, and a member of the Ninth National People's Congress. He was born in 1951 in Tianjin, and graduated from the Chinese Department of Hebei Univesity in 1976. He began to publish his works in 1981. His works include the novels 梨花湾的女人 (Líhuā Wān De Nǚrén) and 多彩的乡村 (Duōcǎi De Xiāngcūn), and the novel collections 七品县令和办公室主任 (Qīpǐn Xiànlìng Hé Bàngōngshì Zhǔrèn), 年前年后 (Nián Qián Nián Hòu) and 信访办主任 (Xìnfǎngbàn Zhǔrèn), among others. He won the Zhuangzhong Literature Prize (庄重文学奖) in 1993.

思考题：

1. 陈大寨的名字有什么意义？
2. 从哪些事情上可以看出陈大寨对工作认真负责？
3. 黄大个儿做过什么样的工作？
4. 黄大个儿为什么喜欢折腾？
5. 赵新郎结过几次婚？
6. 赵新郎生活得快乐吗？为什么？
7. 何三姑有哪三个愿望？
8. 后来何三姑为什么在避暑山庄开了饭馆？

Sān、 Wǒmen Wèi Shénme Méiyǒu Hǎo Qiúxīng

三、我们为什么没有好球星 [1]

Yuánzhù: Ā Níng

原著：阿宁

---

1 球星：ball-game star

三、我们为什么没有好球星

Guide to reading:

This is not a story about football stars; it is about a small incident that occurred between two children that started a conflict between their families. In the story, a few schoolboys are playing football on the school playground. One boy, Gong Dafa (龚大发), kicks another boy, Xia Zhiyong (夏志勇), and knocks out Xia's two front teeth. Gong Dafa is the son of Gong Fugui (龚福贵), a wealthy businessman. Xia Zhiyong is the grandson of the former Deputy Mayor Xia (夏副市长). Deputy Mayor Xia asks Gong Fugui to apologize for his son kicking his grandson, but Gong Fugui refuses to do so. The two families, one representing money and the other representing power, begin a round of veiled struggles with each other. They make a fuss over a trifling incident, even going so far as to go to court over it. In the end, the two boys make peace themselves due to their common interest in football. In the story, the innocence of the boys and the craftiness, the corruption, the deception and the snobbery of the sophisticated adults form a sharp contrast to each other.

故事正文：

Yī

一

Jīnqiáo Huāyuán shì shì li zuì háohuá de zhùzhái xiǎoqū .
金桥花园是市里最豪华¹的住宅小区²。
Zhèr zhùzhe liǎng lèi rén : yí lèi shì dàkuǎn , yí lèi shì
这儿住着两类人：一类是大款³，一类是
lǐngdǎo . Zhè kuài dì shì shìwěi de . Fángdìchǎn gōngsī
领导。这块地是市委⁴的。房地产公司⁵
zài zhèlǐ xiūjiàn háohuá zhùzhái xiǎoqū , yīnwèi zhànle
在这里修建⁶豪华住宅小区，因为占了
shìwěi de dì jiù bù néng bù gěi lǐngdǎo fēn yìxiē fángzi ,
市委的地就不能不给领导分一些房子，
zhèyàng dàjiā dōu dédàole hǎochù . Zhù zài Jīnqiáo Huāyuán
这样大家都得到了好处。住在金桥花园
de zhùhù fēnchéngle liǎng bùfen : yí bùfen shì lǐngdǎo ,
的住户⁷分成了两部分：一部分是领导，
zhù zài xībian de lóu li , yí bùfen shì dàkuǎn , zhù zài
住在西边的楼里，一部分是大款，住在
dōngbian hé nánbian de lóu li . Zhèlǐ zhù de lǐngdǎo dàdōu
东边和南边的楼里。这里住的领导大都
shì tuìxiū de lǐngdǎo , nánguài yào bǎ tāmen fēn dào xībian
是退休的领导，难怪要把他们分到西边
de lóufáng li , zhēnshi rìbó-xīshān a !
的楼房里，真是日薄西山⁸啊！
Jīnqiáo Huāyuán zài shìzhōngxīn , zhōuwéi dōu shì lùshù ,
金桥花园在市中心，周围都是绿树，
huánjìng shūshì . Zuì xīyǐnrén de shì zhèlǐ jǐnkàozhe
环境舒适。最吸引人的是这里紧靠着
zhòngdiǎn xiǎoxué , zhòngdiǎn zhōngxué hé zhòngdiǎn
重点小学⁹、重点中学和重点

1 豪华: luxurious
2 住宅小区: residential district
3 大款: moneybags
4 市委: municipal Party committee
5 房地产公司: real estate company
6 修建: build
7 住户: resident, household
8 日薄西山: the sun being about to set; nearing one's end
9 重点小学: key primary school

幼儿园[1]，孩子上学非常方便。因为
这里的地点好，大款们觉得领导们占了
便宜[2]，他们说：只要有好处的事情
领导们没有不占便宜的。可是领导们
觉得这块地是市委的，不该转让[3]给
房地产公司，市委也可以在这里给自己的
单位盖住宅楼房。现在大款们居然把腿脚
伸到了市委这块地来了，肯定有人从中
得到了好处。

现在学校放寒假，金桥花园的
孩子们都跑到中学的操场上踢足球。
在这些孩子中，夏志勇是个孩子王[4]。他
爷爷以前是副市长[5]，他有点儿像他的
爷爷，有领导才能[6]，跟别人玩儿总喜欢
当领导。他看见孩子们在操场上乱
踢，就喊："喂，咱们别乱踢了，我建议
咱们成立一个足球队。对外叫金桥花园

1 幼儿园: kindergarten

2 占便宜: take extra advantage of
e.g. 他总是喜欢占别人的便宜

3 转让: transfer ownership
e.g. 他把这套房子转让给他的同事了。

4 孩子王: leader of a group of children

5 副市长: deputy mayor

6 才能: talent, ability

Bókǎ duì, duìnèi zài fēnchéng liǎng gè duì: yí gè jiào
博卡队，对内再分成两个队：一个叫

Bókǎ yī duì, lìng yí gè jiào Bókǎ èr duì。 Liǎng gè duì
博卡一队，另一个叫博卡二队。两个队

jìnxíng bǐsài。 Nǐmen kàn hǎo bu hǎo?"
进行比赛。你们看好不好？"

Háizimen dōu tóngyì Xià Zhìyǒng de jiànyì, hái xuǎnjǔ tā
孩子们都同意夏志勇的建议，还选举他

dāng Jīnqiáo Huāyuán Bókǎ duì de duìzhǎng。 Xià Zhìyǒng zài xuéxiào
当金桥花园博卡队的队长。夏志勇在学校

jiùshì bāngànbù[1], tā juéde dāng zhège zúqiú duìzhǎng
就是班干部[1]，他觉得当这个足球队长

bùnán, yě méi kèqi jiù dāngle zúqiú duìzhǎng, tóngshí hái
不难，也没客气就当了足球队长，同时还

jiānrèn Bókǎ yī duì de duìzhǎng。 Háizimen zài fēnchéng liǎng
兼任博卡一队的队长。孩子们在分成两

gè duì de shíhou fāshēngle yìxiē bù yúkuài de shìqing。 Měi gè
个队的时候发生了一些不愉快的事情。每个

duì dōu xǐhuan zúqiú tī de hǎo de háizi, qízhōng yǒu gè jiào
队都喜欢足球踢得好的孩子，其中有个叫

Gōng Dàfā de nánháir tīqiú tī de zuì hǎo, Xià Zhìyǒng
龚大发的男孩儿踢球踢得最好，夏志勇

xiǎng bǎ tā liú zài zìjǐ duì li。 Bókǎ èr duì duìzhǎng shuō:
想把他留在自己队里。博卡二队队长说：

"Bùxíng, wǒmen hái xiǎng yào Gōng Dàfā ne。"
"不行，我们还想要龚大发呢。"

Xià Zhìyǒng shuō, yàoburán zánmen zhuājiū[2] hǎo bu
夏志勇说，要不然咱们抓阄[2] 好不

hǎo?
好？

Méi xiǎngdào Gōng Dàfā shuō: "Wǒ yuànyì qù Bókǎ èr
没想到龚大发说："我愿意去博卡二

duì。" Gōng Dàfā yuànyì qù Bókǎ èr duì, shì yīnwèi duì Xià
队。"龚大发愿意去博卡二队，是因为对夏

1 班干部: class leader
（e.g.）在小学期间，她一直是我们班的班干部。

2 抓阄: draw lots
（e.g.）这里有两张音乐会的票，大家来抓阄吧。

Zhìyǒng bù mǎnyì . Tā juéde zìjǐ zúqiú tī de hǎo , yīnggāi
志勇不满意。他觉得自己足球踢得好，应该

dāng duìzhǎng , kě duìzhǎng què ràng Xià Zhìyǒng dāng le .
当 队长，可队长 却 让夏志勇 当 了。

Tā xiǎng , jìrán nǐ Xià Zhìyǒng dāngle duìzhǎng , zěnme
他 想，既然你夏志勇 当了队长，怎么

yě gāi bǎ Bókǎ èr duì de duìzhǎng ràng wǒ dāng ba ? Shéizhī
也该把博卡二队的队长 让我当吧？谁知

zuìhòu què xuǎnle biéren , méiyǒuràng tā dāng . Xià Zhìyǒngméi
最后却选了别人，没有让他当。夏志勇没

ràngGōng Dàfā dāng Bókǎ èr duì de duìzhǎng , shì xiǎng bǎ tā
让 龚大发当博卡二队的队长，是 想把他

liú zài zìjǐ duì li . Gōng Dàfā yě kàn chūlái le Xià Zhìyǒng
留在自己队里。龚大发也看出来了夏志勇

de yìsi . Tā xīnxiǎng , wǒ jiù bú qù nǐ nàge duì . Xià
的意思。他心想，我就不去你那个队。夏

Zhìyǒng méi bànfǎ , zhǐhǎo tóngyì tā qùle Bókǎ èr duì .
志勇 没办法，只好同意他去了博卡二队。

Shàngwǔ tīle yì chǎng , liǎng gè duì bǐfēn sān bǐ
上午踢了一场，两个队比分三比

èr , èr duì yíng le , zhǔyào shì yīnwèi Gōng Dàfā qiú tī
二，二队赢了，主要是因为 龚大发球踢

de hǎo . Xiàwǔ Xià Zhìyǒng qīnzì shàngchǎng dāng hòuwèi¹,
得好。下午夏志勇亲自上 场 当后卫¹，

xià juéxīn yào lánzhù Gōng Dàfā .
下决心要拦住 龚大发。

Xià Zhìyǒng qiú tī de yě búcuò . Tā zài fáng Gōng Dàfā
夏志勇球踢得也不错。他在防 龚大发

de shíhou , Gōng Dàfā láile qíngxù , tī de gèng hǎo le .
的时候， 龚大发来了情绪，踢得更 好了。

Pángbiān kàn qiú de háizi wèi Gōng Dàfā hècǎi , Gōng
旁边 看球的孩子为 龚大发喝彩²，龚

Dàfā zài guānzhòng de hècǎi shēng zhōngyuè tī yuè hǎo , Xià
大发在观 众的喝彩声 中越踢越好，夏

1 后卫: rear guard
2 喝彩: cheer

Zhìyǒng dāngrán nǔlì zǔlán . Zhèshí èr duì hòuwèi yí gè
志勇当然努力阻拦¹。这时二队后卫一个

chángchuán, èr duì qiúyuán bǎ qiú jiēzhù hòu, yì zhuǎnshēn
长传²，二队球员把球接住后，一转身

jiù cháo Gōng Dàfā chuán guòqù . Gōng Dàfā bèi duì qiúmén,
就朝龚大发传过去。龚大发背对球门，

xiǎngyào zhuǎnshēn shèmén , Xià Zhìyǒng yòu jíshí de zài qiánmiàn
想要转身射门³，夏志勇又及时地在前面

dǎngzhe, tā zhǐhǎo bǎ jiǎo cháoshàng tiǎole yíxià .
挡着，他只好把脚朝上挑⁴了一下。

Tā de jiǎo yí luàn , jiù bǎ qiú tiǎogāo le . Tā tūrán
他的脚一乱，就把球挑高了。他突然

xiǎngqǐ Mǎlāduōnà de yí cì jīngcǎi shèmén , yúshì tā
想起马拉多纳⁵的一次精彩射门，于是他

bǎ shēnzi wǎnghòu yì tǎng , xiǎng yòng liǎng jiǎo shèmén , Xià
把身子往后一躺，想用两脚射门，夏

Zhìyǒng míngbai guòlái , Gōng Dàfā shì yào shèmén a !
志勇明白过来，龚大发是要射门啊！

Qiúmén zhème jìn , yào tīshàng kěndìng shì yào jìnqiú
球门这么近，要踢上肯定是要进球

le . Xià Zhìyǒng láibují yòng jiǎo jiù qiú , xiǎng yòng tóu
了。夏志勇来不及用脚救球，想用头

bǎ qiú dǐngkāi . Zhèshí qiú dàoshì dǐngkāi le , Gōng Dàfā
把球顶开。这时球倒是顶开了，龚大发

què tī zài tā de zuǐshang , tā " À " de yì shēngdǎo zài
却踢在他的嘴上，他"啊"地一声倒在

dì shang , děng háizimen pǎo guòlái kàn tā shí , tā yǐjīng
地上，等孩子们跑过来看他时，他已经

mǎn zuǐ shì xuè le .
满嘴是血了。

Dàjiā bǎ Xià Zhìyǒng fú qǐlái , jiàn tā biéde dìfang
大家把夏志勇扶起来，见他别的地方

méiyǒu shòushāng , zhǐshì zuǐ zhǒng le , shēnchū shétou lái ,
没有受伤，只是嘴肿⁶了，伸出舌头来，

1 阻拦: stop, prevent

2 长传: long pass (in ball games)

3 射门: shoot (a goal)

4 挑: kick up; lift up

5 马拉多纳: Diego Maradona, an Argentine football star

6 肿: swollen

e.g.他的脸肿了半边，原来是他的牙发炎了。

shétou yě shì wánhǎo de . Dàjiā gǎnjǐn wèn tā zěnmeyàng .
舌头也是完好的。大家赶紧问他怎么样。

Tā shuō méishìr , shuōhuà hái qīngchu . Zài yí kàn
他说没事儿，说话还清楚。再一看

fāxiàn tā de yá méi le , zuǐ li shǎole liǎng kē ményá
发现他的牙没了，嘴里少了两颗门牙[1]。

Tā dīxià tóu zhǎole zhǎo , méi zhǎodào . hòulái yǒu gè
他低下头找了找，没找到。后来有个

duìyuán bāng tā zhǎodàole yì kē yá , tā jiē zài shǒu li
队员帮他找到了一颗牙，他接在手里，

xīnxiǎng : Zhè shì wǒ wèi zúqiú fùchū de dì-yī gè dàijià
心想：这是我为足球付出的第一个代价[2]。

Tā dǎsuan bǎoliúzhe , jiānglái dāngshàng qiúxīng hòu , zhè kē
他打算保留着，将来当上球星后，这颗

yá huì hěnyǒu jìniàn yìyì
牙会很有纪念意义。

Tā méi wàngle tā shì duìzhǎng . Biéren bǎ tā tìhuàn
他没忘了他是队长。别人把他替换[3]

xiàlái hòu , tā shuō , nǐmen jìxù bǐsài , shuōwán jiù
下来后，他说，你们继续比赛，说完就

jímáng huí jiā le
急忙回家了。

二

Xià Zhìyǒng huídào jiā , tā de yàngzi bǎ tā yéye
夏志勇回到家，他的样子把他爷爷

xiàle yí tiào , yí gè huānbèng-luàntiào de háizi
吓了一跳，一个欢蹦乱跳[4]的孩子，

zěnme chéngle zhèyàngr . " Zěnme nòng de ? " " Tī
怎么成了这样儿。"怎么弄的？""踢

de . " " Shéi tī de ? " " Gōng Dàfā . " " Shì bu shì
的。""谁踢的？""龚大发。""是不是

nàge Gōng Fúguì de érzi ?"
那个龚福贵的儿子？"

1 门牙: front teeth
2 代价: price
3 替换: substitute, replace
e.g.你太累了，我来替换你。
4 欢蹦乱跳: dance and skip with joy

Xià Zhìyǒng shuō: "Jiùshì, tā bàba shì Hóngdá
夏志勇说:"就是,他爸爸是宏达

Jítuán de dǒngshìzhǎng. Yéye, tāmen jiā kě yǒu qián
集团[1]的董事长[2]。爷爷,他们家可有钱

le, jiā li yǒu yí liàng Kǎidílākè ne."
了,家里有一辆凯迪拉克[3]呢。"

Xià fùshìzhǎng shuō: "Yǒu qián zěnme le? Yǒu qián
夏副市长说:"有钱怎么了? 有钱

jiù néng suíbiàn tī rén ma? Wǒ zhè jiù zhǎo tā qù."
就能随便踢人吗? 我这就找他去。"

Xià fùshìzhǎng lìkè lǐngzhe sūnzi qùle Gōng jiā.
夏副市长立刻领着孙子去了龚家。

Gōng Fúguì búzài, jiā li zhǐyǒu Gōng Fúguì de lǎopo
龚福贵不在,家里只有龚福贵的老婆[4]

hé yí gè bǎomǔ. Gōng Fúguì de lǎopo jīnnián èrshíyī
和一个保姆[5]。龚福贵的老婆今年二十一

suì, shì bànnián qián cái gēn Gōng Fúguì jiéhūn de.
岁,是半年前才跟龚福贵结婚的。

Jiéhūn hòu liǎng rén jīngcháng chǎojià. Tā běnlái jiù duì Gōng
结婚后两人经常吵架。她本来就对龚

Fúguì qiánqī suǒ shēng de háizi hěn tǎoyàn, tīngjiàn yǒu
福贵前妻[6]所生的孩子很讨厌,听见有

rén zhǎodào jiā li, hěn bú kèqi de shuō: Tā tīle nǐ
人找到家里,很不客气地说:他踢了你

háizi, nǐ zhǎo tā qù. Zhǎo wǒ gàn shénme?
孩子,你找他去。找我干什么?

Xià fùshìzhǎng shēngqì le, tā shuō: "Tā tīle wǒ
夏副市长生气了,他说:"他踢了我

de háizi, wǒ dāngrán yào zhǎo tā de jiāzhǎng. Nǐ shì tā
的孩子,我当然要找他的家长[7]。你是他

shénme rén?" Gōng Fúguì lǎopo shuō: "Wǒ shénme yě bú
什么人?"龚福贵老婆说:"我什么也不

shì, nǐ zhǎo tā bà ba." Xià fùshìzhǎng wèn: "Tā bà zài
是,你找他爸吧。"夏副市长问:"他爸在

1 宏达集团: Hongda Group
2 董事长: board Chairman
3 凯迪拉克: Cadillac car
4 老婆: (oral) wife
5 保姆: housekeeper, nanny
6 前妻: former wife
7 家长: parent of a child

nǎr　?　”　Gōng Fúguì lǎopo shuō :　“ Wǒ bù zhīdào .　” Xià
哪儿？”　龚 福贵老婆说：“我不知道。”夏
fùshìzhǎng wèn Gōng Fúguì de diànhuà hàomǎ .　Nà nǚrén yě
副市长问 龚 福贵的电话号码。那女人也
shuō bù zhīdào .
说不知道。

　　　Xià fùshìzhǎng jiù zhèyàng zǒuchūle Gōng Fúguì de
　　夏副市长就这样走出了 龚 福贵的
jiā .　Sūnzi gàosu tā shuō,　zhè nǚrén shì Gōng Dàfā de
家。孙子告诉他说，这女人是 龚 大发的
hòumā .　Xià fùshìzhǎng yǐjīng tuìxiū hěn duō nián le ,　duì
后妈[1]。夏副市长已经退休很多年了，对
xiànzài de shèhuì yě bù liǎojiě ,　tā tīngshuō zhège nǚrén shì
现在的社会也不了解，他听说这个女人是
Gōng Fúguì de lǎopo ,　fēicháng chījīng ,　yīnwèi tā rènshi
龚 福贵的老婆，非常吃惊，因为他认识
Gōng Fúguì ,　nà shì gè wǔshí suì de lǎotóuzi .　Zhège
龚 福贵，那是个五十岁的老头子[2]。这个
nǚrén ,　zuò tā de nǚ'ér hái chàbuduō .
女人，做他的女儿还差不多。

　　　Suīrán zhège piàoliang nǚrén hé tā sūnzi de shāng méi
　　虽然这个漂亮女人和他孙子的伤没
shénme guānxì ,　què ràng Xià fùshìzhǎng hěn shēngqì .　Zhège
什么关系，却让夏副市长很生气。这个
nǚrén shuōhuà tài bù lǐmào le .　Tā jǐnjǐn wòzhe shǒu li
女人说话太不礼貌了。他紧紧握[3]着手里
de nà kē yá ,　kànjian Xià Zhìyǒng zuǐ li hái zài liúxuè ,　jiù
的那颗牙，看见夏志勇嘴里还在流血，就
lǐng sūnzi dào shì dì-yī yīyuàn qù le .
领孙子到市第一医院去了。

　　　Zhǎodào Gōng Fúguì bùnán .　Xià fùshìzhǎng cóng xiànrèn
　　找到 龚 福贵不难。夏副市长从 现任
shìzhǎng nàlǐ yàoláile Gōng Fúguì de shǒujī hàomǎ ,
市长那里要来了 龚 福贵的手机号码[4]，

1 后妈: step mother
2 老头子: old man
3 握: grasp, hold
4 手机号码: cell
phone number

gěi Gōng Fúguì dǎle yí gè diànhuà . Gōng Fúguì wèn :
给 龚 福 贵 打 了 一 个 电 话 。 龚 福 贵 问：

"Shéi ya ? "
"谁 呀？"

Xià fùshìzhǎng shuōle zìjǐ de xìngmíng . Gōng Fúguì yí
夏 副 市 长 说 了 自 己 的 姓 名 。 龚 福 贵 一

lèng , zhè yí lèng ràng Xià fùshìzhǎng chǎnshēngle fǎngǎn ,
愣 [1]，这 一 愣 让 夏 副 市 长 产 生 了 反 感 [2]，

Gōng Fúguì xiǎnrán bǎ tā wàng le . Tā yòu shuōle yí biàn
龚 福 贵 显 然 把 他 忘 了 。他 又 说 了 一 遍

xìngmíng , Gōng Fúguì cái xiǎng qǐlái : Shì Xià shìzhǎng ā ,
姓 名， 龚 福 贵 才 想 起 来：是 夏 市 长 啊，

hǎojiǔ méi jiàn le , yǒu shì ma ?
好 久 没 见 了，有 事 吗？

Xià fùshìzhǎng xiǎngqǐ Gōng Fúguì gāng kāishǐ bàn
夏 副 市 长 想 起 龚 福 贵 刚 开 始 办

gōngchǎng de shíhou , yí tàngtàng de zhǎo shìzhèngfǔ , nà
工 厂 的 时 候，一 趟 趟 地 找 市 政 府，那

shí jiànle tā bìgōng-bìjìng de , cái jǐ nián shíjiān jiù
时 见 了 他 毕 恭 毕 敬 [3] 的，才 几 年 时 间 就

jiǎzhuāng xiǎngbuqǐ tā shì shéi le . Tā yǒushénme liǎobuqǐ ,
假 装 [4] 想 不 起 他 是 谁 了。他 有 什 么 了 不 起，

bú jiùshì yīnwèi tā yǒu jǐ gè chòuqián ma ?
不 就 是 因 为 他 有 几 个 臭 钱 [5] 吗？

Tā shuō : " Zhǎo nǐ yǒudiǎnr shì . Nǐ érzi shì bu
他 说："找 你 有 点 儿 事。你 儿 子 是 不

shì jiào Gōng Dàfā ? "
是 叫 龚 大 发？"

Gōng Fúguì shuō : " Zhèng shì . "
龚 福 贵 说："正 是。"

Xià fùshìzhǎng shuō : " Tā bǎ wǒ sūnzi tī le . "
夏 副 市 长 说："他 把 我 孙 子 踢 了。"

" Ò , tāmen dǎjià le , bǎ nǐ bǎobèi sūnzi
"哦，他 们 打 架 [6] 了，把 你 宝 贝 孙 子

1 愣: dumbfounded, stupefied
2 反感: dislike; be disgusted with
e.g.他对她的说话方式很反感。
3 毕恭毕敬: reverent and respectful
4 假装: pretend
e.g.他假装没看见他。
5 臭钱: filthy money
6 打架: fight

tīhuàile méiyǒu？" Gōng Fúguì bùlěng-búrè de wèn.
踢坏了没有？" 龚福贵不冷不热¹地问。

Xià fùshìzhǎng shuō："Tā tī zúqiú bù wǎng qiú shang
夏副市长说："他踢足球不往球上

tī, bǎ wǒ sūnzi de yá tī diàole liǎng kē."
踢，把我孙子的牙踢掉了两颗。"

Gōng Fúguì xiǎngle yíxià, shuō："Wǒ huíqù wènwen
龚福贵想了一下，说："我回去问问

ba, zhè huìr wǒ zhèng gēn wàishāng tánpàn ne."
吧，这会儿我正跟外商谈判²呢。"

Xià fùshìzhǎng zhīdào Gōng Fúguì gēnběn méi gēn
夏副市长知道龚福贵根本没跟

wàishāng tánpàn, tā shuōgēnwàishāng tánpàn zhǐbúguò shì yí
外商谈判，他说跟外商谈判只不过是一

gè jièkǒu. Xià fùshìzhǎng xīnxiǎng, nǐ de érzi tīle wǒ
个借口。夏副市长心想，你的儿子踢了我

de sūnzi, nǐ zěnme zhèyàng bù jiǎng dàolǐ？
的孙子，你怎么这样不讲道理？

Xià fùshìzhǎng juéde zìjǐ qīnzì dǎ diànhuà, yǐjīng
夏副市长觉得自己亲自打电话，已经

gòu diū miànzi le, yàoshi zài yǐqián, Gōng Fúguì zǎo jiù
够丢面子³了，要是在以前，龚福贵早就

pǎo guòlái dàoqiàn le. Búyào shuō shì tīdiàole Xià Zhìyǒng
跑过来道歉了。不要说是踢掉了夏志勇

de ményá, jiùshì pèngle Xià Zhìyǒng de hánmáo, tā yě
的门牙，就是碰了夏志勇的汗毛⁴，他也

huì lǐngzhe Xià Zhìyǒng qù shàngyào de.
会领着夏志勇去上药⁵的。

Xià fùshìzhǎng xiǎng, xiànzài bú jiùshì yīnwèi wǒ
夏副市长想，现在不就是因为我

tuìxiūle ma？Tuìxiūle jiù bú shì fùshìzhǎng le. Wǒ xiànzài
退休了吗？退休了就不是副市长了。我现在

méiyǒu quán, yí gè bàofāhù yě gǎn qīfu wǒ le.
没有权⁶，一个暴发户⁷也敢欺负⁸我了。

1 不冷不热: neither hostile nor friendly
2 跟外商谈判: negotiate with foreign businessmen
3 丢面子: lose face
4 汗毛: fine hair on the human body
5 上药: apply medicine
例他的手破了，妻子赶快给他上药。
6 权: right, power
7 暴发户: upstart; nouveau riche
8 欺负: bully, insult

Wǎnshang Xià fùshìzhǎng yòu gěi Gōng Fúguì dǎ diànhuà.
晚上夏副市长又给龚福贵打电话。

Zhèshí Gōng Fúguì yǐjīng gēn érzi wèn qīngchule shìqing de
这时龚福贵已经跟儿子问清楚了事情的

jīngguò, jiùshì tā érzi shèmén shí, Xià jiā de sūnzi
经过，就是他儿子射门时，夏家的孙子

dǎngle yíxià, tī dào ményá shang le. Gōng Fúguì xīn
挡了一下，踢到门牙上了。龚福贵心

xiǎng: Yòu bú shì gùyì de, zěnme hái méiwánméiliǎo la.
想：又不是故意的，怎么还没完没了啦。

Nǐ yǐwéi nǐ hái shi fùshìzhǎng ne, jiùsuàn nǐ shì fùshìzhǎng,
你以为你还是副市长呢，就算你是副市长，

wǒ yě bú shì yuánlái de Gōng Fúguì le. Wǒ jiùshì bù gěi nǐ
我也不是原来的龚福贵了。我就是不给你

dàoqiàn, nǐ néng bǎ wǒ zěnmeyàng. Xiǎngdào zhèr, tā
道歉，你能把我怎么样。想到这儿，他

gēn Xià fùshìzhǎng shuō: "Xià shìzhǎng, wǒ huílái wènle wǒ
跟夏副市长说："夏市长，我回来问了我

érzi, tā shuō méishìr, jiùshì tī zúqiú bù xiǎoxīn [1]
儿子，他说没事儿，就是踢足球不小心[1]

pèngle yíxià, xiàcì zhùyì ba."
碰了一下，下次注意吧。"

Xià fùshìzhǎng xiǎng, nǐ zhìshǎo yě gāi shuō gè
夏副市长想，你至少也该说个

duìbuqǐ ba. Tā shuō: "Kě bú shì pèngle yíxià, wǒ
对不起吧。他说："可不是碰了一下，我

sūnzi de ményá dōu tīdiào le."
孙子的门牙都踢掉了。"

Gōng Fúguì shuō: "Nà zěnme bàn? Yàobu wǒ bǎ wǒ
龚福贵说："那怎么办？要不我把我

érzi de ményá yě tīdiào liǎng kē?"
儿子的门牙也踢掉两颗？"

Xià fùshìzhǎng shuō: "Zhè shì shénme huà? Nǐ érzi
夏副市长说："这是什么话？你儿子

[1] 不小心: accidentally

踢了我孙子，我找你还不对了？"

龚福贵说："对，你找得对。你是市长，干什么都对。要不我怎么说把我儿子的门牙也踢掉两颗呢？"

夏副市长说："我早就不是市长了。我退休了，现在就是老百姓，你不是说要踢你儿子的门牙吗？那你就踢吧，什么时候踢了通知我一声。"说完就把电话挂断[1]了。

过了几天，夏副市长越想越生气，又给龚福贵打电话，说："龚董事长，你把你儿子的门牙踢掉了没有啊？"

龚福贵的公司跟南方某公司签了一笔合同，没想到把钱给了对方以后，那个公司就消失了，原来那是个皮包公司[2]，他被骗了。龚福贵正因为这事生气，一听夏副市长的话就更加生气。他说："夏市长，你这么逼[3]我，是不是有点儿太

1 挂断: hang up

2 皮包公司: non credit-worthy company

3 逼: force, compel

qīfu rén le ya？"
欺负人了呀？"

Xià fùshìzhǎng shuō："Wǒ zěnme qīfu rén le， nǐ
夏副市长说："我怎么欺负人了，你

zìjǐ shuō yào tī nǐ érzi de ményá， yòu bú shì wǒ ràng
自己说要踢你儿子的门牙，又不是我让

nǐ tī de. Nǐ érzi bǎ wǒ sūnzi tīshāng，nándào jiù
你踢的。你儿子把我孙子踢伤，难道就

méishì le？"
没事了？"

Gōng Fúguì shuō："Āi， jiùshì méishì le. Wǒ
龚福贵说："哎，就是没事了。我

zhè érzi jiùshì tī shìzhǎng jiā de háizi le，nǐ shuō
这儿子就是踢市长家的孩子了，你说

zěnmezhe ba？"
怎么着吧？"

Xià fùshìzhǎng yǒu gāoxuèyā ， yì tīng zhè huà qì de
夏副市长有高血压¹，一听这话气得

shuōbuchū huà， názhe diànhuà "Nǐ， nǐ…" yí jù
说不出话，拿着电话"你，你……"一句

huàméi shuō chūlái， rēngle diànhuà jiù dǎoxià le.
话没说出来，扔了电话就倒下了。

Sān

三

Xià fùshìzhǎng bìngdǎole de xiāoxi， hěn kuài jiù zài
夏副市长病倒了的消息，很快就在

shì li chuánkāi le. Shì li de hěn duō gànbù dōu shì tā
市里传开了。市里的很多干部²都是他

tíbá de. Tīngdào tā bìng le， hěn duō gànbù dōu dào
提拔³的。听到他病了，很多干部都到

jiā li lái kàn tā
家里来看他。

---

1 高血压: high blood pressure
2 干部: official
3 提拔: promote
e.g. 不知道今年他能不能被提拔。

Shì li gànbùmen láile dōu yào wèn shēngbìng de
市里干部们来了都要问生病的
yuányīn, Xià fùshìzhǎng bù xiǎng shuō, kě tā érzi bǎ tā
原因，夏副市长不想说，可他儿子把他
shēngbìng de jīngguò dōu shuō le. Shì li gànbùmen yì tīng
生病的经过都说了。市里干部们一听
dōu huǒ le, shuō: "Xiànzài zhèxiē bàofāhù yě tài bú
都火¹了，说："现在这些暴发户也太不
xiànghuà le, tīle rén hái zhège tàidu, zhè bú jiùshì
像话²了，踢了人还这个态度，这不就是
yīnwèi zìjǐ yǒu qián qīfu rén ma?"
因为自己有钱欺负人吗？"

Xià fùshìzhǎng yáoyao tóu shuō: "Suànle suànle, tā
夏副市长摇摇头说："算了算了，他
jiùshì qīfu nǐ, nǐ yě méi bànfǎ."
就是欺负你，你也没办法。"

Wùjiàjú júzhǎng shuō: "Gào tā qù, zhǎo xiànzài de
物价局局长³说："告他去，找现在的
Jìn shìzhǎng gào tā qù." Jìn shìzhǎng shì xiànrèn shìzhǎng.
靳市长告他去。"靳市长是现任市长。

Xià fùshìzhǎng shuō: "Zhǎole Jìn shìzhǎng yě méiyòng,
夏副市长说："找了靳市长也没用，
Xiǎo Jìn zhège rén nǐmen hái bù liǎojiě? Zuì duō pīpíng Gōng
小靳这个人你们还不了解？最多批评龚
Fúguì jǐ jù, shénme zuòyòng yě qǐbuliǎo."
福贵几句，什么作用也起不了。"

Gànbùmen yì xiǎng, yě shì zhème huí shì, bìjìng zhè
干部们一想，也是这么回事，毕竟这
shì liǎng gè háizi wùshāng, shìzhǎng yòu néng zěnmeyàng?
是两个孩子误伤⁴，市长又能怎么样？
Zhèshí fǎyuàn de fùzhǔrèn shuō: "Wǒ kàn zhǐyǒu yí gè
这时法院的副主任⁵说："我看只有一个
bànfǎ, jiùshì yòng fǎlù jiějué."
办法，就是用法律解决。"

1 火: become angry; be enraged

e.g. 他一看见他们吵架，就火了。

2 不像话: unreasonable, absurd

3 物价局局长: director-general of the Price Bureau

4 误伤: accidentally injure

5 副主任: deputy director

Xià fùshìzhǎng shuō : " Zhème diǎnr xiǎoshì bù zhídé dǎ
夏副市长说："这么点儿小事不值得打
guānsi . Tā érzi yě bú shì yǒuyì de . "
官司¹。他儿子也不是有意²的。"
Fǎyuàn de fùzhǔrèn shuō : " Yǒuyì de jiào gùyì
法院的副主任说："有意的叫故意
shānghài, wúyì de jiào guòshī shānghài . Jiùshì guòshī
伤害，无意³的叫过失伤害⁴。就是过失
shāng rén yě děi péicháng sǔnshī a . "
伤人也得 赔偿损失啊。"
Fǎyuàn fùzhǔrèn gēn Xià fùshìzhǎng de qīzi shì lǎoxiāng,
法院副主任跟夏副市长的妻子是老乡⁵,
shì Xià fùshìzhǎng bǎ tā tíbá wéi shìfǎyuàn bàngōngshì
是夏副市长把他提拔为市法院办公室
fùzhǔrèn de . Yóuyú tā gēn Xià jiā yǒu zhème yì céng
副主任的。 由于他跟夏家有这么一层
guānxì, tā juéde Xià fùshìzhǎng de shì, jiùshì tā de shì .
关系，他觉得夏副市长的事，就是他的事。
Tā shuō : " Xià shìzhǎng, zhè shì nǐ jiù biéguǎn le, jiāogěi
他说："夏市长，这事你就别管了，交给
wǒ hé Démín bàn ba . "
我和德民办吧。"
Démín shì Xià fùshìzhǎng de érzi, Xià Démín . Xià
德民是夏副市长的儿子，夏德民。夏
Démín duì fǎyuàn fùzhǔrèn shuō : " Gōng Dàfā jiùshì yǒuyì
德民对法院副主任说："龚大发就是有意
tī rén, tī zúqiú yǒu wǎng tiān shang tī de ma ? Rúguǒ
踢人，踢足球有往天上踢的吗？如果
bú shì gùyì, zěnme néng tī dào rén liǎn shang ? Tā zhè shì
不是故意，怎么能踢到人脸上？他这是
yīnwèi méi dāng shàng zúqiúduì duìzhǎng, duì wǒ érzi bù
因为没当上足球队队长，对我儿子不
mǎnyì . " Fǎyuàn fùzhǔrèn juéde zhè fēnxī hěn yǒu dàolǐ,
满意。"法院副主任觉得这分析很有道理，

1 打官司: go to court
2 有意: intentionally
e.g.他说他不是有意伤害她的。
3 无意: have no intention; accidentally
e.g.他说这句话是无意的。
4 过失伤害: negligent injury
5 老乡: fellow townsman; fellow villager

jiēzhe tāmen qù zhǎo tī zúqiú de háizi qǔ zhèngmíng.
接着他们去找踢足球的孩子取证明。

Háizimen de zúqiúduì zǎo jiù sàn le, búguò hái
孩子们的足球队早就散 [1] 了，不过还
yǒu yì bāng háizi zài wán. Fǎyuàn fùzhǔrèn yí gè yí gè de
有一帮孩子在玩。法院副主任一个一个地
zhǎo, wèn tāmen shìqing de jīngguò. Hǎo jǐ gè háizi hái
找，问他们事情的经过。好几个孩子还
jìde Gōng Dàfā méi dāngshàng zúqiú duìzhǎng bù gāoxìng,
记得龚大发没当上足球队长不高兴，
hái mà Xià Zhìyǒng gēn tā yéye yíyàng shì gè guānmí.
还骂夏志勇跟他爷爷一样是个官迷 [2]。
Zhìyú tā shì bu shì yǒuyì tī de Xià Zhìyǒng, tāmen yě
至于他是不是有意踢的夏志勇，他们也
bù hǎo shuō. Jīngguò tāmen zuò gōngzuò, liǎng gè háizi
不好说。经过他们做工作，两个孩子
miǎnqiáng xiěle zhèngmíngshū.
勉强 [3] 写了证明书。

Jiē xiàlái shì dào yīyuàn qǔ zhèngmíng. Xià Zhìyǒng
接下来是到医院取证明。夏志勇
gāng bèi tīdiào ményá shí, Xià fùshìzhǎng lǐngzhe tā dào shì
刚被踢掉门牙时，夏副市长领着他到市
dì-yī yīyuàn shàngguo yào, tāmen méi fèishì jiù zhǎodào
第一医院上过药，他们没费事就找到
yuánlái de dàifu, qǔle zhèngmíng. Kǎolǜ dào zhè lèi
原来的大夫，取了证明。考虑到这类
zhèngmíng fǎyī yīyuàn zuì yǒu xiàolì, tāmen yòu dào fǎyī
证明法医医院最有效力，他们又到法医
yīyuàn kāile zhèngmíng. Xià Démín hái ràng érzi gēn fǎyī
医院开了证明。夏德民还让儿子跟法医
shuō zìjǐ zhèxiē tiān zǒngshì tóuténg, yǒudiǎnr qīngwēi
说自己这些天总是头疼，有点儿轻微
nǎozhèndàng. Nàge fǎyī gēn fǎyuàn fùzhǔrèn rènshi,
脑震荡 [4]。那个法医跟法院副主任认识，

1 散: dismiss, dissolve
2 官迷: office seeker
3 勉强: reluctant
e.g. 作业太多了，他写了好几个小时才勉强把作业做完了。
3 轻微脑震荡: mild cerebral concussion

wènle wèn zhèngzhuàng, yě kāichūle qīngwēi nǎozhèndàng
问了问 症状 [1]，也开出了轻微 脑震荡

de zhèngmíng.
的 证明。

Zuìhòu, fǎyuàn fùzhǔrèn shuō: "Ràng háizi xiān
最后，法院副主任说："让孩子先

zhùyuàn guānchá jǐ tiān ba."
住院 观察几天吧。"

Dàifu xiǎngle xiǎng yě tóngyì le. Xià Zhìyǒng jiù
大夫想了 想也同意了。夏志勇就

zhème zhùle yuàn. Tā zhù de shì gāojí fángjiān, yì tiān
这么住了院。他住的是高级房间，一天

chuángwèi fèi wǔshí kuài qián.
床 位费五十块 钱。

Fǎyuàn fùzhǔrèn mángzhe qǔ zhèngmíng shí, Gōng Fúguì
法院副主任忙着取证 明时，龚福贵

zhèng mángzhe zhǔnbèi chūguó, tā yào dào dōngnányà de yí
正 忙着 准备 出国，他要 到 东南亚的一

gè guójiā tán yì bǐ yèwù. Chúle tán yèwù wài, hái yǒu gè
个国家谈一笔业务。除了谈业务外，还 有个

mùdì, jiùshì bǎ shì li yí gè zhǔguǎn bùmén de lǐngdǎo
目的，就是把市里一个主管 部门 [2] 的领导

dàishàng, dào wàimiàn kāikai yǎn. Yīnwèi tā xīn gǎo de
带上，到 外面开开眼 [3]。因为他新搞的

xiàngmù zhèng děngzhe zhè wèi lǐngdǎo shěnpī. Méi xiǎngdào
项目 正 等着 这位领导审批 [4]。没 想到

jiù zài tā zhèngyào chūguó shí, qūfǎyuàn láile chuánpiào,
就在他正要 出国时，区法院 [5] 来了传票 [6]，

tā zǒubuliǎo le. Tā xiǎng, zěnme huì yǒu rén gǎn dào
他走不了了。他想， 怎么会有人敢到

fǎyuàn gào wǒ ne?
法院告我呢?

Gōng Fúguì zài fǎyuàn yě yǒu shúrén, yì dǎting shì
龚 福贵在法院也有熟人 [7]，一打听是

Xià Démín gào de . Diéren gàosu tā shuō nà shì Xià fùshìzhǎng
夏德民告的。别人告诉他说那是夏副市长

de érzi , zhège rén hěn lìhai , kě búshì hǎo rě de .
的儿子，这个人很厉害，可不是好惹¹的。

Tā cái xiǎngqǐ hái yǒu nà liǎng kē yá de shì . Gōng Fúguì
他才想起还有那两颗牙的事。龚福贵

hòuhuǐ le , zǎo zhīdào shìr nào de zhème fùzá , hái
后悔了，早知道事儿闹²得这么复杂，还

bùrú huā jǐ gè qián bǎ Xià fùshìzhǎng hǒng gāoxìng ne .
不如花几个钱把夏副市长哄³高兴了呢。

Kěshì shìqing yǐjīng dàole zhè yí bù , tā jiù bù xiǎng ràngbù
可是事情已经到了这一步，他就不想让步⁴

le . Hǎo , búshì dǎ guānsi ma ? Wǒ jiù péi nǐmen dǎ
了。好，不是打官司吗？我就陪你们打

guānsi . Wǒ zài shì li hùnle zhème xiē nián , nǎge bùmén
官司。我在市里混⁵了这么些年，哪个部门

méiyǒu guānxì ! Tā ràng mìshū liánxì qūfǎyuàn , wèn néng bu
没有关系！他让秘书联系区法院，问能不

néng xiān chūguó , huílái zài dǎ guānsi .
能先出国，回来再打官司。

　　Fǎyuàn shuō nà kě bùxíng , zài dà de shì zài fǎlǜ
　　法院说那可不行，再大的事在法律

miànqián yě bù guǎnyòng . Zhǎole jǐ gè shúrén , yǒu de rén
面前也不管用⁶。找了几个熟人，有的人

shì bù gǎn guǎn zhè jiàn shìr , yǒu de rén shì guǎnbuzháo zhè
是不敢管这件事儿，有的人是管不着这

jiàn shìr .
件事儿。

　　Gōng Fúguì yě yǒu tā de bànfǎ , zhè cì chūguó yào
　　龚福贵也有他的办法，这次出国要

dài shì li yí gè zhǔguǎn bùmén de lǐngdǎo , jiù bǎ zhè shìr
带市里一个主管部门的领导，就把这事儿

jiāogěi tā bàn ba . Tā zhǎodào nà lǐngdǎo shuō : " Zánmen
交给他办吧。他找到那领导说："咱们

---

1 惹: offend, provoke
e.g. 这孩子总是爱惹
麻烦

2 闹: cause trouble;
stir

3 哄: coax

4 让步: make a con-
cession; yield
e.g. 这对夫妻吵架吵
得很厉害，谁也不
肯让步

5 混: drift along;
muddle along

6 管用: work; be ef-
fective

chū bùliǎo guó le . " Nàge lǐngdǎo wèn wèi shénme , tā shuō :
出不了国了。"那个领导问为什么，他说：

" Fǎyuàn yào chuán wǒ chūtíng . " Lǐngdǎo tīngle shìqing de
"法院要传我出庭。"领导听了事情的

jīngguò , yì pāi zhuōzi shuō : " Zhè shì duì wài yèwù , wǒ
经过，一拍桌子说："这是对外业务，我

qù gēn fǎyuàn shuō . "
去跟法院说。"

Guòle liǎngtiān Gōng Fúguì yòu zhǎodào tā , méi xiǎngdào
过了两天 龚福贵又找到他，没想到

tā de tàidu jiù quán biàn le . Nàge lǐngdǎo shuō : " Nǐ
他的态度就全变了。那个领导说："你

zhēn nénggàn , Xià fùshìzhǎng chàdiǎnr méi ràng nǐ gěi qìsǐ .
真能干，夏副市长差点儿没让你给气死。

Jìrán fǎyuàn ràng děngzhe , zánmen jiù děngděng ba . "
既然法院让等着，咱们就等等吧。"

Gōng Fúguì shuō : " Zánmen néng děng , kěshì Xīn、
龚福贵说："咱们能等，可是新、

Mǎ、 Tài nàbiān néng děng ma ? Zàishuō nǐ xià gè yuè
马、泰¹那边能等吗？再说你下个月

shuōbudìng hái yǒu biéde huódòng . " Lǐngdǎo shuō , shízài
说不定还有别的活动。"领导说，实在

bùxíng tā jiù bú qù le .
不行他就不去了。

Yí kàn lǐngdǎo zhè zhǒng tàidu , Gōng Fúguì zhēn
一看领导这种态度，龚福贵真

zháojí le . Tā bǎ gōngsī yèwù de shì dōu fàngxià ,
着急了。他把公司业务的事都放下，

zhuānmén chǔlǐ fǎyuàn de shì . Tā xiànzài jízhe yào bàn
专门处理法院的事。他现在急着要办

de shì hěn duō , tā yào qǐng fǎyuàn tíngzhǎng chīfàn , qǐng
的事很多，他要请法院庭长²吃饭，请

qū fǎyuàn yuànzhǎng dǎ bǎolíngqiú , qǐng qū fǎyuàn fǎguān
区法院院长打保龄球³，请区法院法官⁴

1 新、马、泰: 新加
坡 Singapore, 马来
西亚 Malaysia, 泰国
Thailand
2 庭长: presiding
judge
3 打保龄球: go
bowling
4 法官: judge

chàng kǎ lā , xǐ sāngnáyù , gēn qūfǎyuàn hézuò
唱 卡拉 OK¹、洗 桑拿浴²，跟 区法院 合作

jīngyíng shāngmào dàshà , gěi shìfǎyī yīyuàn mǎi shèbèi
经营 商 贸 大厦³，给 市法医 医院 买 设备

děngděng .
等 等。

　　Zhèxiē shìqing rúguǒ dōu bànchéng , Gōng Fúguì děi huā
这些 事情 如果 都 办成， 龚 福贵 得 花

èrbǎi duō wàn . Cóng zhèxiē qián zhōng náchū yìdiǎndiǎnr
二百 多 万。从 这些 钱 中 拿出 一点点儿

gěi Xià fùshìzhǎng , shìqing yě búzhìyú nòngdào jīntiān zhège
给 夏 副市长， 事情 也 不至于 弄到 今天 这个

yàngzi . Xiǎngdào zhèr tā gèngjiā hòuhuǐ . Búguò tā yòu
样子。 想到 这儿 他 更加 后悔。 不过 他 又

xiǎng , zhè guānxì dào zìjǐ zài shì li de wēixìn . Rúguǒ
想， 这 关系 到 自己 在 市里 的 威信⁴。 如果

zhège guānsī shū le , shéi hái néng kàndeqǐ tā de Hóngdá
这个 官司 输了， 谁 还 能 看得起⁵ 他 的 宏达

Jítuán , shéi hái néng kàndeqǐ tā zhè wèi Hóngdá Jítuán de
集团， 谁 还 能 看得起 他 这位 宏达 集团 的

dǒngshìzhǎng ? Tā jiùshì yào yíng zhège miànzi .
董事长？ 他 就是 要 赢 这个 面子⁶。

　　Wèile bǎ guānsi dǎyíng , tā kāishǐ zhǎo fǎyuàn de
为了 把 官司 打赢， 他 开始 找 法院 的

gè zhǒng guānxì . Dànshì shìqing jìnzhǎn de bìng bú shùnlì .
各 种 关系。 但是 事情 进展 得 并 不 顺利。

yuánlái shì li de yìxiē gànbù dōu xiǎng gēn tā jiēchù ,
原来 市里 的 一些 干部 都 想 跟 他 接触，

xiànzài yě bù jiējìn tā le . Guòqù qūfǎyuàn de yí gè
现在 也 不 接近 他 了。 过去 区法院 的 一个

gōngsī xiǎng chéngbāo shāngmào dàshà , yīnwèi méiyǒu zījīn
公司 想 承包⁷ 商贸 大厦， 因为 没有 资金

xiǎng gēn tā jiēchù , xiànzài tā zhǔdòng tíchū yào chéngbāo
想 跟 他 接触， 现在 他 主动 提出 要 承包

1 卡拉 OK: karaoke
2 桑拿浴: sauna
3 商贸大厦: business and trade building
4 威信: prestige, trust
5 看得起: think highly of
e.g. 要是你看得起我，就跟我交个朋友。
6 面子: face
7 承包: contract

shāngmào dàshà， qūfǎyuàn de gōngsī fǎn'ér shuōyào yánjiū
商贸大厦，区法院的公司反而说要研究

yánjiū． Guòqù tā yào gěi nǎge dānwèi tígōng zànzhù， nà
研究。过去他要给哪个单位提供赞助[1]，那

dānwèi yídìng fēicháng gāoxìng， xiànzài tā shuō yào gěi shì
单位一定非常高兴，现在他说要给市

li de fǎyī yīyuàn mǎi shèbèi， shì li de fǎyī yīyuàn hái
里的法医医院买设备，市里的法医医院还

bùgǎn jiēshòu， hǎoxiàng tā shì yí gè zuìfàn shìde， méi rén
不敢接受，好像他是一个罪犯似的，没人

gǎn jiējìn tā.
敢接近他。

　　　　　Búguò， zài nánbàn de shì dàole Gōng Fúguì shǒu li
　　　　不过，再难办的事到了龚福贵手里

yě néng bànchéng． Gēn qūfǎyuàn shuōbutōng， tā jiù zhǎo
也能办成。跟区法院说不通，他就找

shàngbian． Gěi gèbié lǐngdǎo hǎochù bùxíng， tā jiù gěi
上边。给个别领导好处不行，他就给

suǒyǒu de lǐngdǎo hǎochù． Tā yǐqián dōu shì zhèyàng zuò de.
所有的领导好处。他以前都是这样做的。

　　　　　Yǒu yì tiān wǎnshang， tā gēn qūfǎyuàn Hú yuànzhǎng
　　　　有一天晚上，他跟区法院胡院长

yíkuàir dǎ bǎolíngqiú． Wèile zhè chǎng guānsī， tā yǐjīng
一块儿打保龄球。为了这场官司，他已经

péi qūfǎyuàn de Hú yuànzhǎng dǎle bàn gè duō yuè bǎolíngqiú
陪区法院的胡院长打了半个多月保龄球

le． Kāishǐ Hú yuànzhǎng bú huì dǎ， xiànzài néng yìlián yíng
了。开始胡院长不会打，现在能一连赢

tā sān jú． Hú yuànzhǎng shuō：" Gōng zǒng， nǐ búshì
他三局。胡院长说："龚总，你不是

yǒuyì ràngzhe wǒ ba？ " Gōng Fúguì shuō：" Méiyǒu，
有意让着我吧？" 龚福贵说："没有，

méiyǒu．" Hú yuànzhǎng pāile pāi tā de tuǐ shuō：" Zhème
没有。"胡院长拍了拍他的腿说："这么

1 赞助: sponsor

shuō wǒ dǎ bǎolíngqiú de jìshù hái zhēn tígāo le？"
说我打保龄球的技术还真提高了？"

　　Gōng Fúguì shuō："Nǐ de jìshù díquè tígāo le．"
　　龚福贵说："你的技术的确提高了。"

Hú yuànzhǎng shuō："Gāng lái zhèr de shíhou wǒ hái búhuì
胡院长说："刚来这儿的时候我还不会

dǎ，yí shàng lái jiù shuāidǎo le．" Gōng Fúguì shuō：
打，一上来就摔倒了。" 龚福贵说：

"Nà tiān zhēn bǎ wǒ xiàhuài le．Nǐ wànyī shuāihuài le，
"那天真把我吓坏了。你万一摔坏了，

dào fǎyuàn qǐsù¹ wǒ，wǒ kě zěnme bàn？Nǐ yào yì chū
到法院起诉¹我，我可怎么办？你要一出

shìr，kě jiù bǎ wǒ nòng jìn fǎyuàn le．"
事儿，可就把我弄进法院了。"

　　Hú yuànzhǎng zhīdào tā de yìsi，shuō："Lǎoxiōng
　　胡院长知道他的意思，说："老兄²，

zhè shì nǐ jiù biéguǎn le，wǒ jìnxīn jiù shì le．" Hú
这事你就别管了，我尽心就是了。" 胡

yuànzhǎng bǎ huà shuōdào zhèr，Gōng Fúguì yě bù hǎo zài
院长把话说到这儿，龚福贵也不好再

wèn le．
问了。

　　Dàole pànjué³ nà tiān，Gōng Fúguì tèyì guā⁴ le
　　到了判决³那天，龚福贵特意刮⁴了

húzi⁵，chuānle xīfú⁶，dǎle lǐngdài．Tā lǐngzhe
胡子⁵，穿了西服⁶，打了领带。他领着

Gōng Dàfā zǒujìn fǎtíng shí，juéde hěn yǒu bǎwò dǎ
龚大发走进法庭时，觉得很有把握打

yíng zhè chǎng guānsī．Shēnbiān de érzi yě ràng tā hěn yǒu
赢这场官司。身边的儿子也让他很有

miànzi．Érzi zài fǎguān miànqián yìdiǎnr yě bú hàipà，
面子。儿子在法官面前一点儿也不害怕，

hěn xiàng gè yǒu qián rénjiā de háizi．
很像个有钱人家的孩子。

1 起诉：sue, prosecute
2 老兄：man, buddy
3 判决：court verdict
4 刮：shave
5 胡子：mustache, beard
6 西服：suit

Yuángào nàbiān Xià fùshìzhǎng méi lái , zhǐshì Xià
原告¹那边夏副市长没来，只是夏
Démín hé Xià Zhìyǒng lái le . Liǎng gè rén zuò zài nàlǐ yě
德民和夏志勇来了。 两个人坐在那里也
shì hěn yǒu bǎwò de yàngzi .
是很有把握的样子。

Jīngguò shěnxùn , fǎtíng xuānbù xiūxi . Děng zài
经过审讯²，法庭宣布休息。 等再
kāitíng shí , fǎguān xuānbù pànjué . Pànjuéshū hěn cháng ,
开庭时，法官宣布判决。 判决书很长，
fǎguān dúle hěn duō tiáo fǎlǜ , zuìhòu dàjiā dōu tīng
法官读了很多 条法律，最后大家都听
qīngchu le , jiùshì yí jù huà : Ràng Gōng Fúguì chū qián
清楚了，就是一句话： 让 龚福贵出钱
gěi Xià Zhìyǒng xiāng liǎng kē ményá .
给夏志勇 镶³两颗门牙。

Xià Démín yì tīng jiù shǎ le , zhè jiào shénme pànjué ?
夏德民一听就傻了，这叫什么判决？
Wǒmen qǐsùle zhème cháng shíjiān jiù zhège jiéguǒ a .
我们起诉了这么 长 时间就这个结果啊。
Huídào jiā li gēn Xià fùshìzhǎng yì shuō , Xià fùshìzhǎng yě
回到家里跟夏副市长一说，夏副市长也
lèng le . Tā méi xiǎngdào Gōng Fúguì jìngrán zài shì li yǒu
愣了。他没 想到 龚福贵竟然在市里有
zhème dà běnshì , lián fǎyuàn yě néng cāozòng .
这么大本事⁴，连法院也能 操纵⁵。

Tā zài yí cì gǎndào zhèyàng de jiéguǒ shì yīnwèi tā
他再一次感到这样的结果是因为他
tuìxiū le , shīqù quánlì de yuángù . Zài tā méi tuìxiū de
退休了，失去权力的缘故。在他没退休的
shíhou , jué bú huì shì zhège jiéguǒ . Bùxíng , bù néng jiù
时候，绝不会是这个结果。不行，不能就
zhème suànle , zhèyàng nǎlǐ hái yǒu gōngpíng ?
这么算了，这样哪里还有公平？

1 原告: plaintiff, accuser
2 审讯: interrogation
3 镶: insert (an artificial tooth)
4 本事: ability, capability
e.g.他很有本事，一个人开了两家公司。
5 操纵: handle, manipulate

Xià fùshìzhǎng gēn fǎyuàn yǒudiǎnr tèshū guānxì,
夏副市长跟法院有点儿特殊关系，
shìfǎyuàn de dàduōshù gànbù dōu shì tā tíbá de,
市法院¹的大多数干部都是他提拔的，
xiànzài de Guān yuànzhǎng yě shì tā tíbá de.
现在的关　院长也是他提拔的。

Běnlái, Xià fùshìzhǎng bù xiǎng yòng zhè céng guānxì,
本来，夏副市长不想用这层关系，
kě xiànzài bù yíyàng le. Tā tài qìfèn le, tā gěi Guān
可现在不一样了。他太气愤²了，他给关
yuànzhǎng dǎle diànhuà: "Xiǎo Guān, nǐmen fǎyuàn jiù
院长打了电话："小关，你们法院就
zhèyàng bàn'àn? Zhè jiùshì nǐmen de gōngpíng ma? Zhè
这样办案³？这就是你们的公平吗？这
háishi wǒ dǎ guānsi, yàoshi lǎobǎixìng dǎ guānsi zěnme néng
还是我打官司，要是老百姓打官司怎么能
zài nǐ nàr dédào gōngpíng?"
在你那儿得到公平？"

Yīnwèi zhège ànzi shì qūfǎyuàn pàn de, Guān
因为这个案子⁴是区法院判的，关
yuànzhǎng bìng bù zhīdào xiángxì qíngkuàng, tā tīngzhe Xià
院长并不知道详细情况，他听着夏
fùshìzhǎng de pīpíng, gǎnmáng zuò jiǎntǎo, shuō nǐmen
副市长的批评，赶忙做检讨⁵，说你们
yàoshi duì pànjué bùmǎn, kěyǐ zài dào shìfǎyuàn shàngsù,
要是对判决不满，可以再到市法院上诉⁶
wǒmen yídìng rènzhēn bànlǐ. Xià fùshìzhǎng shuō: "Wǒ
我们一定认真办理。夏副市长说："我
dāngrán yào zài shàngsù, jiù kàn nǐ zěnme pànjué le."
当然要再上诉，就看你怎么判决了。"

Gōng Fúguì tīngle pànjué yě bù mǎnyì. Tā xiǎng,
龚福贵听了判决也不满意。他想，
ràng wǒ gěi Xià Zhìyǒng xiāng liǎng kē ményá, nà bú jiùshì
让我给夏志勇镶两颗门牙，那不就是

1 市法院: Intermediate People's Court
2 气愤: indignant
3 办案: handle a case
4 案子: case
5 检讨: make a self-criticism
6 上诉: appeal to a higher court

děngyú wǒ shūle ma？ Wǒ xiàle zhème dà gōngfu jiù
等于我输了吗？ 我下了这么大工夫就

dédàole zhèyàng de jiéguǒ？ Zǎo zhīdào wǒ bù huā zhème
得到了这样的结果？ 早知道我不花这么

duō qián， nǐmen hái néng bǎ wǒ zěnmeyàng？
多 钱，你们还能把我怎么样？

　　Fǎyuàn de rén zhīdào tā bù mǎnyì， quàn tā shuō：
　　法院的人知道他不满意， 劝他说：

zài zěnme yě shì Gōng Dàfā tīle rénjia de ményá， bú
再怎么也是 龚大发踢了人家的门牙，不

shì rénjia tīle tā de ményá。 Zhèyàng de pànjué yǐjīng shì
是人家踢了他的门牙。 这样的判决已经是

piānxiàng nǐ le。 Jiù zhèyàng rénjiā Xiàjiā hái yào zài shàngsù
偏向¹你了。 就这样人家夏家还要再上诉

ne， nǐ jiù děngzhe ba。
呢，你就等着吧。

Sì
四

　　Dào shì li de zhōngjí fǎyuàn shàngsù， qíngkuàng jiù biàn
　　到市里的中级 法院上诉， 情况就变

le。 Shǒuxiān， Guān yuànzhǎng bǎ suǒyǒu gēn Gōng Fúguì
了。 首先， 关 院长把所有跟 龚福贵

de jīngjì hézuò dōu zàntíng le。 Nǐ búshì xiǎng hézuò
的经济合作都 暂停²了。 你不是想合作

ma？ Nà hǎo， děng ànzi wánle yǐhòu zài tán， xiǎng
吗？ 那好， 等案子完了以后再谈， 想

gěi zànzhù yě xíng， děng ànzi pànwánle yǐhòu zài shuō。
给赞助也行， 等案子判完了以后再说。

Ànzi méi bànwán yǐqián， xiān bǎ nǐ nàxiē qián dōu shōu
案子没办完以前， 先把你那些钱都收

qǐlái。 Wǒmen fǎyuàn shì jūnzǐ ài cái， qǔ zhī yǒudào
起来。 我们法院是君子爱财，取之有道³。

1 偏向: be partial to
2 暂停: suspend
3 君子爱财，取之
有道: A gentleman
loves money, but
makes it by an honor-
able means.

Gōng Fúguì dǎ guānsi kào de jiùshì qián, xiànzài qián
龚福贵打官司靠的就是钱，现在钱
yòngbushàng tā jiù méi bànfǎ le. Tā xiǎng, Gōng Dàfā
用不上，他就没办法了。他想，龚大发
yǐjǐng nián mǎn shíliù suì, wànyī pànjué Gōng Dàfā shì
已经年满十六岁，万一判决龚大发是
gùyì shāng rén zuì, tā érzi méizhǔnr hái děi zài jiānyù¹
故意伤人罪，他儿子没准儿还得在监狱¹
li zhù yi zhù. Zhèshí Gōng Fúguì zhēn yǒu xiē fāchóu le.
里住一住。这时龚福贵真有些发愁²了。

Tā dǎtīng dào Guān yuànzhǎng gēn Xià jiā yǒu guānxì,
他打听到关院长跟夏家有关系，
xīnxiǎng, kànlái zài gēn fǎyuàn lā guānxì shì bùxíng le.
心想，看来再跟法院拉关系是不行了。
Jìrán zhèyàng, hái bùrú sānshíliù jì zǒu wéi shàngjì³.
既然这样，还不如三十六计走为上计³。
Chènzhe shìfǎyuàn zhèngzài diàochá qǔ zhèngmíng de shíhou,
趁着市法院正在调查取证明的时候，
tā dàizhe háizi chūguó le. Zhè yí cì tā bù wánquán
他带着孩子出国了。这一次他不完全
shì wèile zuò shēngyì, érshì yào bǎ háizi sòng dào guówài
是为了做生意，而是要把孩子送到国外
shàngxué. Nǐ jiùshì pàn gè shénme, fǎnzhèng háizi yǐjǐng
上学。你就是判个什么，反正孩子已经
chūqù le, nǐ zǒng bù néng dào guówài zhuā tā ba.
出去了，你总不能到国外抓他吧。

Tā zài guówài yǒu péngyou, zhè diǎnr shì bù nánbàn.
他在国外有朋友，这点儿事不难办。
Tā dǎle gè diànhuà, nàbiān hěn kuài jiù bǎ shǒuxù dōu
他打了个电话，那边很快就把手续都
bànhǎo le. Wèile zhè jiàn shì, tā zài gēn Dōngnán Yà de
办好了。为了这件事，他在跟东南亚的
gōngsī qiān hétong shí zhǐdé zuòle xiē ràngbù, zhēnshi yǎba
公司签合同时只得做了些让步，真是哑巴

1 监狱: prison
2 发愁: be worried
or anxious
e.g.他发愁找不到合
适的工作。
3 三十六计走为上
计: a saying from
Sun Zi's *Art of War*
(孙子兵法), "There
are 36 stratagems,
out of which retreat
is the best."

chī huánglián , yǒu kǔ shuōbuchū .
吃 黄 连 , 有 苦 说 不 出 [1]。

Xià jiā tīngshuō nàge háizi qù guówài le , xīnli yě
夏 家 听 说 那 个 孩 子 去 国 外 了 , 心 里 也

shēngqì . Xià fùshìzhǎng shuō : Shénme dōu xiǎngdào le , jiù
生 气 。 夏 副 市 长 说 : 什 么 都 想 到 了 , 就

méi xiǎngdào tā zhè yì zhāor . Bùguǎn zěnme shuō , rén
没 想 到 他 这 一 招 儿 [2]。 不 管 怎 么 说 , 人

yǐjīng pǎo le , zài dǎ zhège guānsī yě méile yìsi .
已 经 跑 了 , 再 打 这 个 官 司 也 没 了 意 思 。

Zhèyàng , guānsī jiù fàngle xiàlái .
这 样 , 官 司 就 放 了 下 来 。

Gōng Dàfā dàole guówài hòu shēnghuó bù xíguàn ,
龚 大 发 到 了 国 外 后 生 活 不 习 惯 ,

tā Yīngyǔ bùxíng , zài nàr jiù gēn lóngzi , xiāzi
他 英 语 不 行 , 在 那 儿 就 跟 聋 子 [3]、 瞎 子 [4]

shìde . Kāishǐ Gōng Fúguì de péngyou hái qù zhàokàn tā
似 的 。 开 始 龚 福 贵 的 朋 友 还 去 照 看 他

shíjiān yì cháng rénjia yě yǒu zìjǐ de shì , jiù búzài lǐ
时 间 一 长 人 家 也 有 自 己 的 事 , 就 不 再 理 [5]

tā le . Gōng Dàfā gěi tā fùqīn yòu xiěxìn yòu dǎ diànhuà ,
他 了 。 龚 大 发 给 他 父 亲 又 写 信 又 打 电 话 ,

shuō yào huílái . Gōng Fúguì tīng tā bú yuànyì zài nàr
说 要 回 来 。 龚 福 贵 听 他 不 愿 意 在 那 儿

dāi le , yòu qì yòu jí , shuō : " Nǐ huílái gàn shénme ,
待 了 , 又 气 又 急 , 说 : " 你 回 来 干 什 么 ,

huílái rénjia zhènghǎo děngzhe nǐ ne , xiǎng jìn jiānyù a . "
回 来 人 家 正 好 等 着 你 呢 , 想 进 监 狱 啊 。 "

Gōng Dàfā zhīdào tā diē yǒu bànfǎ , jué bú huì ràng
龚 大 发 知 道 他 爹 有 办 法 , 绝 不 会 让

tā jìn jiānyù . Tā shuō : " Wǒ jiùshì xiǎng jìn jiānyù , jìn
他 进 监 狱 。 他 说 : " 我 就 是 想 进 监 狱 , 进

jiānyù yě bǐ zài zhèr qiáng . "
监 狱 也 比 在 这 儿 强 [6]。 "

1 哑巴吃黄连，有 苦说不出: A dumb person eating the bitter herb, he has to suffer in silence.

2 招儿: trick, device e.g. 你这一招儿可真 厉害。

3 聋子: the deaf

4 瞎子: the blind

5 理: pay attention to e.g. 妈妈生气了，不 理他了。

6 强: better

龚福贵气得直拍桌子，说："别人家的孩子想出国都出不了，你倒好啊，千辛万苦[1]把你送出去，你不好好儿待[2]着。不行，要想回来，先把学上完，拿到学历[3]再说。"

龚大发看他爸不让他回来，他还有办法。他又给他爸打电话说，他不想上学了，他已经想了个挣钱的办法，能够自己养活自己。他爸问什么办法。他说他想当人妖[4]，一当上人妖，挣钱不用发愁，能一边玩一边挣钱。

他爸说："你敢？！"

龚大发说："这有什么不敢的？我这是跟你说了，下回我真干了，连跟你说都不说，你在国内能知道什么？"

龚福贵真急了，跟他儿子说："好孩子，咱们可千万不能走那条路，爸爸

1 千辛万苦: through all kinds of hardships
2 待: stay
3 学历: academic certificate
4 人妖: transgender person

jiù nǐ yí gè érzi , zánmen jiā nàme duō de cáichǎn jiù
就 你 一个 儿子 ， 咱们 家 那么 多 的 财产 就

děngzhe nǐ jìchéng ne , nǐ kě bù néng bǎ zìjǐ huǐ
等 着 你 继承 [1] 呢 ， 你 可 不 能 把 自己 毁 [2]

le . Nǐ zài guówài zài jiānchí liǎng nián , děng ànzi de shì
了 。 你 在 国外 再 坚持 两 年 ， 等 案子 的 事

yí guòqù . bàba jiù bǎ nǐ jiē huílái . Dào nà shíhou ,
一 过去 ， 爸爸 就 把 你 接 回来 。 到 那 时候 ，

nǐ de xuélì yě yǒu le , wàiyǔ yě liànhǎo le , huílái
你 的 学历 也 有 了 ， 外语 也 练好 了 ， 回来

zhènghǎo gēnzhe bàba gàn dàshì . Nǐ kě bù néng húlái
正 好 跟着 爸爸 干 大事 。 你 可 不 能 胡来 [3]

ya . Wèi wèi , nǐ tīngjiànle ma ? Wèi ! Wèi ! "
呀 。 喂 喂 ， 你 听见了 吗 ？ 喂 ！ 喂 ！ "

Nàbiān kādā yì shēng , bǎ diànhuà guà le .
那边 咔嗒 一 声 ， 把 电话 挂 了 。

Gōng Fúguì chūle yì shēn dàhàn , tā bù zhīdào zěnme
龚 福贵 出了 一身 大汗 ， 他 不 知道 怎么

bǎ diànhuà fàngxià de , zhǐshì juéde shēn shang qīngpiāopiāo
把 电话 放下 的 ， 只是 觉得 身 上 轻 飘飘

de , gǎnjué yíqiè dōu wán le . Tāmāde , rúguǒ
的 ， 感觉 一切 都 完 了 。 他 妈的 [4] ， 如果

zhège érzi yàoshi huǐ le , tā zhèxiē nián de fèndòu hái yǒu
这个 儿子 要是 毁 了 ， 他 这些 年 的 奋斗 还 有

shénme yìyì , hái bùrú bú gàn le ne .
什么 意义 ， 还 不如 不 干 了 呢 。

Huídào jiā tā gēn xiǎolǎopo yì shuō , tā lǎopo shuō ,
回到 家 他 跟 小 老婆 一 说 ， 他 老婆 说 ，

nǐ xìn tā de huà , tā shì pà nǐ bú ràng tā huílái , xiàhu
你 信 他 的 话 ， 他 是 怕 你 不 让 他 回来 ， 吓唬 [5]

nǐ ne . Gōng Fúguì yě zhīdào zhè shì xiàhu tā , kěshì
你 呢 。 龚 福贵 也 知道 这 是 吓唬 他 ， 可是

zhī zǐ mò ruò fù , Gōng Dàfā de xìnggé tā shì zhīdào
知子莫若父 [6] ， 龚 大发 的 性格 他 是 知道

1 继承: inherit

2 毁: destroy, ruin

3 胡来: misbehave
e.g. 妈妈不准他胡来。

4 他妈的: damn it
(curse)

5 吓唬: frighten

6 知子莫若父: No
one knows a man
better than his own
father.

的。现在他是吓唬你，你要是不买他的

账[1]，他就敢 弄假成真[2]。发愁了一夜，

龚 福贵 最后还是 决定 先把 龚 大发 接

回来，案子的事再想办法。

　　龚大发回来后，一开始龚福贵不

让他出去。可是十六岁的大男孩儿在家里

关不住，慢慢消息就传了出去。

　　夏家本来已经对案子不抱什么希望了，

听说 龚大发回来了，又来了情绪，再一

次催市里的中级 法院抓紧办这个案子。

　　市里的事没有办法保密[3]，市法院到

各处一调查，龚家就知道了。最要命[4]

的是，足球队几个孩子的证明，对龚家

不利[5]。差不多就等于证明了龚大发是

有意踢人。

　　那些日子龚福贵没有心情做生意，

把全部精力都放在儿子身上了。他在

1 不买他的账：be not convinced by him; do not listen to him

2 弄假成真：what was said in fun is fulfilled in earnest

3 保密：keep sth. secret

4 要命：be aggravating

5 对龚家不利：unfavorable to the Gong family

shìfǎyuàn nàbiān yě xiàle gōngfu ， kěshì shìfǎyuàn de
市法院那边也下了工夫 [1]，可是市法院的

Guān yuànzhǎng jiùshì tīng bú jìnqù ， tā de xiǎolǎopo kàn
关院长就是听不进去，他的小老婆看

tā tiāntiān chóuméi-kǔliǎn ， yǒuxiē xīnténg tā ， gěi tā
他天天愁眉苦脸 [2]，有些心疼他，给他

chū zhǔyi ： Shìfǎyuàn de guānxì jìnbúqù ， nǐ búhuì
出主意：市法院的关系进不去，你不会

xiǎngxiang biéde bànfǎ ？
想想别的办法？

　　Gōng Fúguì shuō， bànfǎ dōu xiǎng biàn le ， shénme
　　龚福贵说，办法都想遍了，什么

bànfǎ duì Guān yuànzhǎng dōu méiyǒu yòng.
办法对关院长都没有用。

　　Tā xiǎolǎopo shuō， fǎyuàn zhèbiān shuōbutōng， nǐ
　　他小老婆说，法院这边说不通，你

zhǎozhao shìlǐngdǎo. Gōng Fúguì shuō， Xià fùshìzhǎng shì
找找市领导。龚福贵说，夏副市长是

lǎolǐngdǎo， xiànzài zhèxiē shūjì shìzhǎng dōu zūnjìng tā.
老领导，现在这些书记市长都尊敬他。

Zàishuō zánmen jiā háizi tīle rénjia de sūnzi， díquè
再说咱们家孩子踢了人家的孙子，的确

méiyǒu dàolǐ， shuōbutōng tāmen.
没有道理，说不通他们。

　　Tā lǎopo shuō： Dōu shuō nǐ běnshì dà， xīnyǎnr
　　他老婆说：都说你本事大，心眼儿 [3]

duō， jiéle hūn cái zhīdào， nǐ qíshí shì gè sǐxīnyǎnr
多，结了婚才知道，你其实是个死心眼儿 [4]。

Guān yuànzhǎng shì Xià fùshìzhǎng tíbá de， Xià fùshìzhǎng
关院长是夏副市长提拔的，夏副市长

jiù méi bèi rén tíbáguo ？ Tā yě yǒu tā de shàngjí， nǐ zhǎo
就没被人提拔过？他也有他的上级，你找

Xià fùshìzhǎng de shàngjí bú jiù xíng le.
夏副市长的上级不就行了。

---

1 下了工夫: put effort in

2 愁眉苦脸: worried look

3 心眼儿: heart, mind

4 死心眼儿: stubborn; one-track mind

Zhè yì shuō　tíxǐngle　Gōng Fúguì. Tā tīng rén
这一说 提醒了 龚福贵。他听人
shuō, Xià fùshìzhǎng shì yuánlái de shìwěi Liú shūjì tíbá
说，夏副市长是原来的市委刘书记提拔
de. Yàoshi méiyǒu Liú shūjì de tíbá, kěyǐ shuō Xià shì
的。要是没有刘书记的提拔，可以说夏是
dāngbuliǎo fùshìzhǎng de. Xiǎngdào zhèr, tā yòu yǒule
当不了副市长的。想到这儿，他又有了
xìnxīn.
信心。

Tā gēn Liú shūjì bú rènshi, yào zhǎo Liú shūjì,
他跟刘书记不认识，要找刘书记，
hái děi zhǎo xiànzài de Jìn shìzhǎng. Jìn shìzhǎng shuō: Nǐ
还得找现在的靳市长。靳市长 说：你
gēn Xià shìzhǎng de shì wǒ guǎnbuliǎo, nǐmen jiā háizi bǎ
跟夏市长的事我管不了，你们家孩子把
rénjia de háizi tīchéng nàyàng, hòulái yòu bǎ Xià shìzhǎng qì
人家的孩子踢成那样，后来又把夏市长气
bìng le, wǒ méi bànfǎ tì nǐ shuōhuà.
病了，我没办法替你说话。

Gōng Fúguì shuō: Jìn shìzhǎng, nǐ zhǐ dài wǒ qù
龚福贵说：靳市长，你只带我去
zhǎo Liú shūjì jiù xíng, tīngshuō tā gēn Xià shìzhǎng de guānxì
找刘书记就行，听说他跟夏市长的关系
fēicháng hǎo, zánmen ràng Liú shūjì shuō jù huà, ràng Xià jiā
非常好，咱们让刘书记说句话，让夏家
búzài shàngsù, Xià jiā tí shénme tiáojiàn wǒ dōu dāying.
不再上诉，夏家提什么 条件我都答应。

Jìn shìzhǎng yī kāishǐ bù xiǎng guǎn zhè jiàn shì, kěshì
靳市长一开始不想管这件事，可是
Gōng Fúguì yīnwèi háizi de shì, chībuhǎo, shuìbuhǎo,
龚福贵因为孩子的事，吃不好，睡不好，
gōngsī de shì yě méi jīnglì guǎn, shì li xiǎng ràng tā jiānbìng
公司的事也没精力管，市里想 让他兼并[1]

1 兼并: take over

yí gè kuīsǔn qǐyè , tā yě méi xīnsi .
一个亏损企业 [1]，他也没心思 [2]。

Jìn shìzhǎng juéde zìjǐ zuòwéi shìzhǎng ， yǒu zérèn
靳市长觉得自己作为市长，有责任
bāngzhù zhòngdiǎn qǐyè . Suīrán shuō zhè jiàn shì shì jiàn
帮助重点企业。虽然说这件事是件
gūwùshì ， kěshì gǎobuhǎo yě huì yǐngxiǎng gōngzuò ，
家务事，可是搞不好也会影响工作，
yúshì jiù dāyìng dài tā qù kàn Liú shūjì .
于是就答应带他去看刘书记。

Xià jiā dǎ guānsi de shì ， Liú shūjì zǎo jiù quán dōu
夏家打官司的事，刘书记早就全都
zhīdào le . Tā yě zhù Jīnqiáo Huāyuán xiǎoqū ， nà tiān tī
知道了。他也住金桥花园小区，那天踢
zúqiú de háizi li jiù yǒu tā de wàisūn [3]. Tā gēn Jìn
足球的孩子里就有他的外孙 [3]。他跟靳
shìzhǎng de kànfǎ yíyàng ， bù néng yīnwèi zhè diǎnr shìqing
市长的看法一样，不能因为这点儿事情
yǐngxiǎngle shì li de jīngjì gōngzuò. Dāngrán， yě bù néng
影响了市里的经济工作。当然，也不能
méiyǒu shìfēi [4].
没有是非 [4]。

Gōng Fúguì qù kàn tā shí， dàile hǎoxiē lǐwù， tā
龚福贵去看他时，带了好些礼物，他
duì Gōng Fúguì shuō: " Dōngxi nǐ gěi wǒ názǒu . Nǐ dǎtīng
对龚福贵说:"东西你给我拿走。你打听
dǎtīng wǒ de wéirén . Nǐmen gǎo qǐyè de jiǎngjiū gǎo
打听我的为人。你们搞企业的讲究搞
gōngguān， kěshì gēn wǒ yòng zhèxiē gōngguān shǒuduàn bùxíng .
公关 [5]，可是跟我用这些公关手段 [6]不行。
Nǐ yàoshi liúxià dōngxi ， shìqing wǒ jiù bù guǎn le ."
你要是留下东西，事情我就不管了。"

Gōng Fúguì lǎolǎoshíshí de shuō: " Shì， dōngxi wǒ
龚福贵老老实实地说:"是，东西我

1 亏损企业: enterprise suffering great losses; 企业: enterprise

2 没心思: not in the mood to do sth.
e.g.他的身体不好，没心思做事情。

3 外孙: daughter's son

4 是非: right and wrong

5 公关: establish personal connections

6 手段: method, approach

quán názǒu ．"
全 拿 走。"

　　Liú shūjì yòu shuō：" Ànzi de shì， wǒ yě zànchéng
　　刘书记又 说："案子的事，我也赞成
ràng Lǎo Xià chèsù . Búguò chèsù bù děngyú méiyǒu
让 老夏撤诉¹。不过撤诉不等于没有
shìfēi， gāi dàoqiàn jiù dàoqiàn， gāi péicháng jiù péicháng.
是非，该道歉就道歉，该赔偿就赔偿。
nǐ xiǎngxiang， biéren bǎ nǐ de háizi tīle nǐ yuànyì
你想想，别人把你的孩子踢了你愿意
ma？ Zǒng děi ràng rénjia xīnli guòdeqù cái xíng．"
吗？总得让人家心里过得去才行。"

　　Gōng Fúguì xīnxiǎng， yào zǎo zhīdào zhèyàng， wǒ hái
　　龚福贵心想，要早知道这样，我还
bùrú dāngchū jiù gēn tā dàoqiàn péicháng ne． Búguò shìqing
不如当初就跟他道歉 赔偿呢。不过事情
dàole zhè yí bù， tā yě zhǐnéng tóngyì Liú shūjì de yìjiàn
到了这一步，他也只能同意刘书记的意见
le． Shìqing jiù zhème dìngle xiàlái．
了。事情就这么定了下来。

　　Liú shūjì shì lǎolǐngdǎo， tā zhǐshì bǎ zìjǐ de
　　刘书记是老领导，他只是把自己的
guāndiǎn hé bànfǎ shuō le， jùtǐ zěnme bàn hái ràng Jìn shìzhǎng
观点和办法说了，具体怎么办还让靳市长
gēn Xià jiā shāngliang． Jìn shìzhǎng yòu bǎ zhè shì jiāogěile yí
跟夏家商 量。靳市长又把这事交给了一
gè fùmìshūzhǎng． Fùmìshūzhǎng wǎng Xià jiā pǎole liǎng tàng，
个副秘书长。副秘书长 往夏家跑了两 趟，
zuìhòu náchūle gè fāng'àn： Xià jiā chèsù． Gōng jiā gěi Xià
最后拿出了个方案²：夏家撤诉，龚家给夏
jiā péilǐ dàoqiàn， bìng jǐyǔ yídìng de péicháng． Jùtǐ
家赔礼道歉³，并给予⁴一定的赔 偿。具体
péicháng duōshao， tā ràng Gōng Fúguì xiān ná gè yìjiàn．
赔偿多少，他让 龚福贵先拿个意见。

1 撤诉: withdraw a lawsuit
2 方案: plan
3 赔礼道歉: apologize
4 给予: give, offer

Gōng Fúguì xiǎngle xiǎng shuō, yì kē yá yíwàn,
龚 福贵 想了想 说，一颗牙一万，

wǒ péi tā liǎngwàn ba. Zhǐshì bié ràng wǒmen péilǐ dàoqiàn
我赔他两万吧。只是别让我们赔礼道歉

le. Zhè shì běnlái jiùshì háizimen zhījiān de shì, fēiyào
了。这事本来就是孩子们之间的事，非要

péilǐ dàoqiàn dehuà, ràng liǎng gè háizi hùxiāng shuō yì
赔礼道歉的话，让两个孩子互相说一

shēngsuàn le.
声 算了。

Fùmìshūzhǎng dào Xià jiā yì shuō, Xià fùshìzhǎng bù
副秘书长到夏家一说，夏副市长不

tóngyì, shuō: Péi liǎngwàn tài duō le, wǒmen yòu bú
同意，说：赔两万太多了，我们又不

kàozhe liǎng kē yá fācái. Wǒmenyào de shì gōngpíng. Tā
靠着两颗牙发财[1]。我们要的是公平。他

búyào yǐwéi yǒule qián jiù kěyǐ wéisuǒyùwéi. Wǒ dǎ
不要以为有了钱就可以为所欲为[2]。我打

guānsi jiùshì yào gàosu tā zhège dàolǐ. Tā bìxū péilǐ
官司就是要告诉他这个道理。他必须赔礼

dàoqiàn. Tī diào liǎng kē yá shì háizi de shì, gēn wǒ
道歉。踢掉 两颗牙是孩子的事，跟我

mánbùjiǎnglǐ de què shì tā, tā děi gěi wǒ péilǐdàoqiàn.
蛮不讲理[3]的却是他，他得给我赔礼道歉。

Fùmìshūzhǎng shuō: Xià shìzhǎng, nín shuōdeduì.
副秘书长说：夏市长，您说得对。

Búguò, Gōng Fúguì bìjìng shì gè zhīmíng de qǐyèjiā,
不过，龚福贵毕竟是个知名的企业家[4]，

zài shì li yǒu yídìng yǐngxiǎng. Ràng tā duō huā xiē qián kěyǐ
在市里有一定影响。让他多花些钱可以

ràng tā chūmiàn péilǐ dàoqiàn, tā jiù bù hǎoyìsi le.
让他出面赔礼道歉，他就不好意思了。

Zàishuō tā yuànyì duō ná qián, zánmen yě búbì kèqi.
再说他愿意多拿钱，咱们也不必客气[5]。

1 发财: get rich
2 为所欲为: do as one pleases
3 蛮不讲理: be savage and unreasonable
4 企业家: entrepreneur
5 客气: polite

Wǒ lǐjiě duō ná qián jiùshì péilǐ dàoqiàn de yìsi. Shì li
我理解多拿钱就是赔礼道歉的意思。市里
de rénmen yě huì zhème lǐjiě. Wǒ kàn shì bu shì jiù búyào
的人们也会这么理解。我看是不是就不要
ràng tā chūmiàn péilǐ dàoqiàn le. Zhè shì wǒ yǐjīng gēn Liú
让他出面赔礼道歉了。这事我已经跟刘
shūjì huìbàoguo le. Liú shūjì yě shì zhège yìsi.
书记汇报过了。刘书记也是这个意思。

Xià fùshìzhǎng yì tīng Liú shūjì tóngyì le, yě bùhǎo
夏副市长一听刘书记同意了，也不好
zài shuō shénme. Zuìhòu jiù dìng le, ràng Gōng Dàfā gěi
再说什么。最后就定了，让龚大发给
Xià Zhìyǒng péilǐ dàoqiàn jiù suàn liǎojié le.
夏志勇赔礼道歉就算了结了。

wǔ
五

Gōng Dàfā cóng guówài huílái hòu, Gōng Fúguì
龚大发从国外回来后，龚福贵
bùxǔ tā dào wàimiàn wánr, tā zhǐhǎo tiāntiān zài jiā li
不许他到外面玩儿，他只好天天在家里
kàn diànshì. Nàxiē rìzi zhènghǎo shì Shìjièbēi¹ Zúqiú
看电视。那些日子正好是世界杯¹足球
Bǐsài. Yī jiǔ jiǔ bā nián de Shìjièbēi Zúqiúsài shì zài Fǎguó
比赛。1998年的世界杯足球赛是在法国
jǔbàn de. Tā tiāntiān zài jiā li kàn zúqiú, kànzhe kànzhe
举办的。他天天在家里看足球，看着看着
jiǎo dǐxià jiù yǎngyang le, jiù xiǎng dào wàimiàn tī jǐ xià.
脚底下就痒痒²了，就想到外面踢几下。

Nà tiān tā bàozhe zúqiú láidào xuéxiào cāochǎng,
那天他抱着足球来到学校操场，
kànjiàn Xià Zhìyǒng hé jǐ gè háizi yě zài cāochǎng shang.
看见夏志勇和几个孩子也在操场上。

1 世界杯: World Cup
2 痒痒: itch, tickle

Tāmen dōu shì lái tīqiú de, kěshì tāmen méiyǒu zúqiú.
他们都是来踢球的，可是他们没有足球。

Shuō shì yǒu yí gè háizi néng cóng xuéxiào jièchū zúqiú lái,
说是有一个孩子能从学校借出足球来，

kěshì nàge háizi méiyǒu lái. Yúshì jǐ gè háizi jiù dōu
可是那个孩子没有来。于是几个孩子就都

zài cāochǎng shang děngzhe.
在操场上等着。

Zhèshí Gōng Dàfā bàozhe zúqiú zǒule guòlái. Xià
这时龚大发抱着足球走了过来。夏

Zhìyǒng kànjiàn tā, jiǎzhuāng méi kànjiàn, niǔguò tóu gēn
志勇看见他，假装没看见，扭[1]过头跟

biéde háizi shuōhuà.
别的孩子说话。

Tāmen zhèngzài liáotiān, liáo Shìjièbēi de shì. Zhèxiē
他们正在聊天，聊世界杯的事。这些

háizi dàbùfen dōu shì Bāxīduì de qiúmí, tāmen wèi
孩子大部分都是巴西队的球迷[2]，他们为

Bāxīduì méiyǒu nádào guànjūn ér yíhàn. Kěshì Xià Zhìyǒng
巴西队没有拿到冠军[3]而遗憾。可是夏志勇

bú nàme kàn, tā juéde píng shílì Fǎguóduì jiùshì
不那么看，他觉得凭实力[4]法国队就是

bǐ Bāxīduì qiáng. Rúguǒ Bāxīduì de Luónà'ěrduō
比巴西队强。如果巴西队的罗纳尔多[5]

tīqiú méi tī hǎo, quán duì shílì jiù dà shòu yǐngxiǎng.
踢球没踢好，全队实力就大受影响。

Kěshì Fǎguóduì gè gè dōu tī de hěn bàng, duì li dōu shì
可是法国队个个都踢得很棒[6]，队里都是

hǎo qiúxīng. Tèbié shì Fǎguó de nàge Qídánèi, shì
好球星。特别是法国的那个齐达内[7]，是

gè liǎobuqǐ de qiúxīng, bǐ Luónà'ěrduō hái chūsè.
个了不起的球星，比罗纳尔多还出色。

Zhèshí Gōng Dàfā zài pángbiān chāhuà, tā shuō:
这时龚大发在旁边插话[8]，他说：

1 扭: turn round
2 巴西队的球迷:
fan of the Brazilian
football team
3 冠军: champion
4 实力: strength
5 罗纳尔多: Ronal-
do, a Brazilian foot-
ball star
6 棒: excellent, good
e.g. 罗纳尔多足球踢
得真棒。
7 齐达内: Zidane, a
French football star
8 插话: interrupt

"Wǒmen wèi shénme méiyǒu hǎo qiúxīng？"
"我们为什么没有好球星？"

Tā zhè yí wèn， huàtí jiù zhuǎn le。 Dàjiā kāishǐ
他这一问，话题就转了。大家开始

tǎolùn Zhōngguó zúqiúduì de qiántú， tāmen cóng nánzú
讨论中国足球队的前途，他们从男足

shuōdào nǚzú， yòu cóng nǚzú shuōdào nánzú。 Cóng Fàn
说到女足，又从女足说到男足。从范

Zhìyì shuōdào Lǐ Jīnyǔ， yòu cóng Lǐ Jīnyǔ shuōdào Hǎo
志毅[1]说到李金羽[2]，又从李金羽说到郝

Hǎidōng。 Shuōzhe shuōzhe kànjianle Gōng Dàfā huái li de
海东[3]。说着说着看见了龚大发怀里的

zúqiú， yì bāng háizi jiù tīle qǐlái。
足球，一帮孩子就踢了起来。

Wǎnshang qī diǎn Xià Zhìyǒng huídào jiā， tā yéye gēn
晚上七点夏志勇回到家，他爷爷跟

tā shuōle dǎ guānsi de shì。 Xià fùshìzhǎng shuō， zánmen gēn
他说了打官司的事。夏副市长说，咱们跟

Gōng jiā de guānsī xiànzài yǒule jiéguǒ。 Gōng jiā shuō yào
龚家的官司现在有了结果，龚家说要

péicháng， tā jiā de háizi hái yào gěi nǐ péilǐ dàoqiàn， nǐ
赔偿，他家的孩子还要给你赔礼道歉，你

yào yǒu gè jīngshén zhǔnbèi。 Zǒng de yuánzé shì， jì yào jiānchí
要有个精神准备。总的原则是，既要坚持

fēnqīng shìfēi， yòu yào yuánliàng tā。 Tīng míngbai le ma？"
分清是非，又要原谅他。听明白了吗？"

Xià Zhìyǒng："Tā zǎo gěi wǒ péilǐ dàoqiàn le。"
夏志勇："他早给我赔礼道歉了。"

Xià fùshìzhǎng wèn："Shénme shíhou？"
夏副市长问："什么时候？"

Xià Zhìyǒng shuō："Jiùshì jīntiān xiàwǔ， wǒmen zài
夏志勇说："就是今天下午，我们在

yíkuài tīle yì chǎng zúqiú。"
一块踢了一场足球。"

1 范志毅: Fan Zhi-yi, a Chinese football player
2 李金羽: Li Jinyu, a Chinese football player
3 郝海东: Hao Hai-dong, a Chinese football player

This story has been abridged according to Ah Ning's short story, 我们为什么没有好球星, which was published in the *China Short Story Selection of 1999* (1999 年中国短篇小说精选), edited by the Creation and Study Section of the China Writers Association (中国作协创研部), and published by Changjiang Literature and Art Publishing House (长江文艺出版社), Wuhan, 2000.

About the author Ah Ning (阿宁):

Ah Ning is a member of the China Writers Association and the Hebei Writers Association. His original name is Cui Jing (崔靖), and he was born in 1959. He graduated from the writers' class of the Chinese Department of Hebei University and has published a novella and the short story collections, 校园里有一对情人 (Xiàoyuán Li Yǒu Yí Duì Qíngrén), 坚硬的柔软 (Jiānyìng De Róuruǎn), and 米粒儿的城市 (Mǐlìr De Chéngshì). His novels include 天平谣 (Tiānpíng Yáo), 爱情病 (Àiqíng Bìng), and 城市季节 (Chéngshì Jìjié). His novel, 无根令 (Wú Gēn Lìng), won the People's Literature Excellent Novella and Short Story Prize in 1999, and the ninth Excellent Novella and Short Story Baihua Prize. He has also won many other literature prizes.

思考题：

1. 夏志勇和龚大发在踢足球的时候发生了什么事情？
2. 夏志勇的爷爷是怎么看这件事的？
3. 龚福贵是怎么对待夏副市长的？
4. 夏副市长和龚福贵是怎么解决问题的？
5. 最后这个问题是怎么解决的？
6. 这个故事讲述了什么道理？

Sì , Nuòyán

四、诺言 [1]

Yuánzhù : Yī Xiàngdōng

原著：衣向东

1 诺言: promise
e.g. 他向妈妈许下一个诺言，秋天要带妈妈去北京旅游。

四、诺言

Ding Tie（丁铁）and Wang Xiao（王晓）are life-long friends and new soldiers in the People's Armed Police Force of China. Ding Tie is honest with everyone and always keeps his promises. In the army, he behaves bravely throughout his military training and has consistently excellent training records. After serving in the army for three years, he returns home where he unfortunately learns that he has a brain tumor. Wang Xiao, his comrade-in-arms, reports this to Ding's former army unit who pays for all of Ding Tie's medical fees. Ding Tie, who is extremely grateful for Wang Xiao's help, has a successful operation to remove his brain tumor. When Wang Xiao returns home for the Spring Festival, Ding Tie visits him and sincerely invites Wang Xiao to visit his home. Wang Xiao promises to go. Ding Tie looks forward to Wang Xiao's visit all winter and the following summer but Wang does not come. When Wang Xiao finally remembers his promise to visit Ding Tie and goes to Ding's home, he is told that Ding Tie has died. This story vividly describes the honesty and honor of being a man, the life of Chinese soldiers, and the friendship that exists among comrades-in-arms.

故事正文：

Xiànzài shì dōngtiān， tiānqì hánlěng， xīnbīngmen
现在是冬天，天气寒冷，新兵们
zuòzhe qìchē láidào bīngyíng。 Xīnbīng xùnliàn de bīngyíng shì
坐着汽车来到兵营[1]。新兵训练的兵营是
yòng wéiqiáng wéizhe de。 Dàole wéiqiáng li yǐhòu， jiù
用 围墙[2]围着的。到了围墙里以后，就
bù zhīdào zhè shì shénme dìfang， yě fēnbuqīng dōng-xī-nán-běi
不知道这是什么地方，也分不清东西南北
le。 Xīnbīngmen de xùnliàn shēnghuó hěn jiānkǔ， tāmen
了。新兵们的训练生活很艰苦，他们
tèbié xiǎng jiā。 Tāmen de měihǎo xīwàng hǎoxiàng dōu bèi wéi
特别想家。他们的美好希望好像 都被围
zài gāogāo de wéiqiáng lǐmiàn le。 Wéiqiáng wàimiàn shì dà
在高高的围墙里面了。围墙外面是大
piàn de zhuāngjiadì。 Zhè shì dōngtiān， dì li yǐjīng méiyǒu
片的庄稼地[3]。这是冬天，地里已经没有
zhuāngjia le。 Móngmín zǎo yǐ bǎ zhuāngjia bānhuí jiā le。
庄稼了。农民早已把庄稼搬回家了。
Wáng Xiǎo zài wǔjǐng bīngyíng li jiēshòu xùnliàn hái
王 晓在武警[4]兵营里接受训练还
bú dào yí gè yuè， yīnwèi xùnliàn shēnghuó jiānkǔ， tā
不到一个月，因为训练生活艰苦，他
xiǎng táopǎo。 Bīngyíng zhōuwéi shì sān mǐ gāo de wéiqiáng，
想逃跑[5]。兵营周围是三米高的围墙，
dàménkǒu báitiān hé yèli dōu yǒu shìbīng zhàngǎng， xiǎng
大门口白天和夜里都有士兵站岗[6]， 想
táochū xīnbīng xùnliàn de bīngyíng shì hěnnán de。 Dànshì Wáng
逃出新兵训练的兵营是很难的。但是王
Xiǎo què zhǎodàole táopǎo de lùxiàn。 Tā shēncái hěn shòu，
晓却找到了逃跑的路线[7]。他身材很瘦，

1 兵营: military camp
2 围墙: enclosing wall
3 庄稼地: crop fields
4 武警: armed police
5 逃跑: escape
6 站岗: stand guard
7 路线: route
e.g.他们正在讨论旅
行路线。

dànshì nǎodai tǐng cōngming . Tā méiyǒu kǎoshàng dàxué ,
但是脑袋挺聪明。他没有考上大学,

fùqīn shuō nǐ dāngbīng qù ba , tīngshuō bùduì de
父亲说你当兵¹去吧, 听说部队²的

jūnxiào róngyì kǎo . Wáng Xiǎo shuō : " Nǐ zhǐ tīngshuō
军校³容易考。 王 晓 说:"你只听说

jūnxiào hǎo kǎo , méi tīngshuō xīnbīng xùnliàn yǒu duō kǔ ? "
军校好考, 没听说新兵训练有多苦?"

Wáng Xiǎo bù xiǎngdāngbīng zhǐhǎo zài jiā dàiyè , zhěngtiān
王 晓不想当兵只好在家待业⁴, 整天

méiyǒu shìqing zuò . Fùqīn kànzhe tā zài jiā méiyǒu gōngzuò ,
没有事情做。父亲看着他在家没有工作,

zǒng juéde bú shùnyǎn , shuō tā yìtiāndàowǎn shénme yě bú
总觉得不顺眼⁵, 说他一天到晚什么也不

gàn , shuō tā bù xiǎng jìnbù , bùtíng de ràng tā gànhuó .
干, 说他不想进步, 不停地让他干活。

Wáng Xiǎo xīnli xiǎng , nǐ kàn wǒ bú shùnyǎn wǒ kàn nǐ yě
王 晓心里想, 你看我不顺眼我看你也

bú shùnyǎn , yúshì yì shēngqì jiù dāngbīng qù le .
不顺眼, 于是一生气就当兵去了。

Suīrán tā zǎo jiù zuòhǎole chīkǔ de zhǔnbèi ,
虽然他早就做好了吃苦⁶的准备,

kěshì méi xiǎngdào guāng chīkǔ hái bùxíng . Měi cì xùnliàn
可是没想到 光 吃苦还不行。 每次训练

tā dōu hěn nǔlì , dàn bùzhī wèi shénme zǒngshì jǐnzhāng ,
他都很努力, 但不知为什么总是紧张,

dòngzuò gēnbushàng , jiàoliàn bānzhǎng hěn xiōng de kànzhe
动作跟不上, 教练 班长⁷很凶⁸地看着

tā , ràng tā yí gè rénzhàn chūlái , zài yí gè bān de xīnbīng
他, 让他一个人站出来, 在一个班的新兵

miànqián dāndú xùnliàn . Tā jǐnzhāng de liǎng tiáo tuǐ fādǒu ,
面前单独训练。他紧张得两 条腿发抖⁹,

bānzhǎng mìnglìng tā : " Xiàng yòu — zhuàn ! "
班长 命令他:"向 右——转!"

1 当兵: be a soldier; serve in the army
e.g.他儿子去年就当兵去了。
2 部队: army; armed forces
3 军校: military academy
4 待业: wait for employment
5 顺眼: pleasing to the eye
e.g.他在家待业, 心情不好, 看什么都不顺眼。
6 吃苦: bear hardships
e.g.他非常能吃苦。
7 班长: monitor
8 凶: fierce, ferocious
9 发抖: tremble

Tā xiàng zuǒzhuàn le，　shìbīngmen dīshēng de xiào tā．
他 向 左 转 了，士 兵 们 低 声 地 笑 他。

Bānzhǎng yòu mìnglìng tā：" Xiàng zuǒ —— zhuàn！"
班 长 又 命 令 他:" 向 左——转!"

Tā bàntiān cái fǎnyìng guòlái，　bānzhǎng shuō tā　de
他 半 天 才 反 应 过 来，班 长 说 他 的

dòngzuò tài màn．Hòulái tā　jiù zhuàn hútu　le，　fēnbuqīng
动 作 太 慢。后 来 他 就 转 糊 涂 了，分 不 清

zuǒ-yòu．Bānzhǎngshuō：Nǐ shì yí gè gāozhōngshēng lián
左 右。班 长 说:你 是 一 个 高 中 生¹ 连

zuǒyòu dōu fēnbùqīng，báishàngle shíjǐ nián de xué．Hòulái
左 右 都 分 不 清，白 上 了 十 几 年 的 学。后 来

bānzhǎng jiù cóng　dì shang jiǎnqǐ yí kuài shítou，fàng zài
班 长 就 从 地 上 捡 起 一 块 石 头，放 在

WángXiǎo de yòushǒu li，　shuō："Jìzhù，　wǒ shítou de shì
王 晓 的 右 手 里，说:"记 住，握 石 头 的 是

yòu shǒu．"
右 手。"

Dànshì，zhuànlái-zhuànqù，WángXiǎoyòuzhuàncuò le，
但 是，转 来 转 去，王 晓 又 转 错 了,

bānzhǎng shuō：nǐ gāngcái hái hǎohāo de zěnme yòu hútu
班 长 说:你 刚 才 还 好 好 的 怎 么 又 糊 涂

le？Wáng Xiǎo lǎoshi de shuō，zìjǐ shǒu li de shítou diū
了? 王 晓 老 实 地 说，自 己 手 里 的 石 头 丢

le．Bānzhǎng shēngqì de shuō："Nǐ yì biān zhànzhe qù！"
了。班 长 生 气 地 说:"你 一 边 站 着 去!"

Xùnliàn jiéshù hòu，　bānzhǎng kāishǐ jiǎngpíng²，bǎ
训 练 结 束 后，班 长 开 始 讲 评²，把

xīnbīngmen yí gè yí gè de jìnxíng biǎoyáng，shuō zhège
新 兵 们 一 个 一 个 地 进 行 表 扬，说 这 个

xīnbīng duì zìjǐ yāoqiú yángé，nàge xīnbīng jìnbù kuài．
新 兵 对 自 己 要 求 严 格，那 个 新 兵 进 步 快。

Děngdào jiǎngpíng tā de shíhou，bānzhǎng shénme yě méi
等 到 讲 评 他 的 时 候，班 长 什 么 也 没

1 高中生: senior high
school student
2 讲评: comment on
老师每次上课都
要讲评我们的作业。

说，就讲评他旁边的新兵了。

　　王晓在班里显得很孤独¹，总是低着
头走路，觉得这日子太难受了。所以他就
想逃跑。

　　王晓在逃跑之前，觉得应该告诉丁
铁。丁铁和他是老乡²，比他大三岁，他们
一起当兵来到这里。丁铁在当兵之前
当了三年木匠³，年年在外面做木匠活⁴，
能讲许多粗野⁵的笑话。丁铁个子不高，
但身体很粗壮⁶，很结实，两只胳膊肌肉⁷
发达，还会一点儿武功⁸。他想当武警
的目的是想学些功夫，但到了新兵连后，
发现班长的功夫还不如自己那点功夫，
就后悔了，说整天向左转向右
转的，不学功夫算什么武警。

　　那天晚上，王晓趁⁹着去厕所的
机会，偷偷地¹⁰对丁铁说了自己想逃跑

1 孤独: lonely
2 老乡: fellow towns-
man; fellow villager
3 木匠: carpenter
4 木匠活: carpentry
5 粗野: rude, rough
6 粗壮: thick and
sturdy
7 肌肉: muscle
8 武功: martial art
9 趁: take the oppor-
tunity to
10 偷偷地: furtive-
ly; in secret

de shì, wèn tā pǎo bù pǎo, yào pǎo xiànzài jiù pǎo. Dīng
的事，问他跑不跑，要跑现在就跑。丁

Tiě chījīng de wèndào：" Nǐ xiǎng cóng nǎr táopǎo？"
铁吃惊地问道："你想 从哪儿逃跑？"

Wáng Xiǎo zhǐle zhǐ cèsuǒ. Cèsuǒ hòumiàn de qiáng
王 晓指了指厕所。厕所后面的墙

jiùshì wéiqiáng, zhuāzhù cèsuǒ wūdǐng shang de mùliáng[1],
就是围墙，抓住厕所屋顶上的木梁[1]，

jiù néngcóng cèsuǒ wūdǐng tiào chūqù. Dīng Tiě tīng Wáng Xiǎo
就能从厕所屋顶跳出去。丁铁听王 晓

shuōwán, yì pāi nǎodai, shuō：" Duì ya, wǒ zěnme méi
说完，一拍脑袋，说："对呀，我怎么没

xiǎngdào ne？" Wáng Xiǎo shuō：zánliǎng xiànzài jiù zǒu,
想到呢？" 王 晓说：咱俩现在就走，

bùduì fāgěi zánmen de bèizi wǒmen huángěi tāmen, zán
部队发给咱们的被子我们还给他们，咱

bù dāngbīng le, yě bú yào tāmen de bèizi, suīrán nà
不当兵了，也不要他们的被子，虽然那

bèizi hái zhēn búcuò.
被子还真不错。

Dīng Tiě kànzhe Wáng Xiǎo, xiǎngle bàntiān, tūrán
丁铁看着王 晓，想了半天，突然

shuō：" Zhè bùxíng, zánmen pǎo huíqù hěn diūliǎn[2], huì bèi
说："这不行，咱们 跑回去很丢脸[2]，会被

jiēfang línjū xiàohua de, zán sǐ yě děi sǐ zài zhèlǐ."
街坊邻居[3]笑话的，咱死也得死在这里。"

Wáng Xiǎo shuō：" Nà hǎo ba, nǐ bù zǒu wǒ zǒu,
王 晓 说："那好吧，你不走我走，

wǒ cái bù sǐ zài zhèr ne." Dīng Tiě zhuāzhù yào pǎo de
我才不死在这儿呢。"丁铁抓住要跑的

Wáng Xiǎo, shuō：" Nǐ yě bù néng pǎo, nǐ wèi shénme
王 晓，说："你也不能跑，你为什么

yídìng yào pǎo ne？" Wáng Xiǎo shuō：" Nǐ fàngkāi wǒ,
一定要跑呢？" 王 晓说："你放开我，

1 木梁: beam
2 丢脸: lose face; feel ashamed
e.g 他把问题回答错了，感到很丢脸。
3 街坊邻居: neighbors

wǒ bù xiǎng zài kàn bānzhǎng nà zhāng yánsù de liǎn le ．"
我不想再看班长那张严肃的脸了。"

Dīng Tiě shuō : " Nǐ búyào pà ， yǒu wǒ zài ne ．"
丁铁说:"你不要怕,有我在呢。"

Dīng Tiě de huà hěn jiāndìng ， Wáng Xiǎo bèi tā liúzhù
丁铁的话很坚定¹,王晓被他留住

le ， tā méiyǒu pǎo.
了,他没有跑。

Bānzhǎng jīngcháng shuō ， " Bīng yì pī bùrú yì
班长经常说,"兵一批²不如一

pī " ， xīnbīng ràng shàngjí lǐngdǎo jiāoguàn huài le ， guāfēng
批",新兵让上级领导娇惯³坏了,刮风

xiàyǔ de rìzi jiù bú xùnliàn le ， chīkǔ nénglì yuèláiyuè
下雨的日子就不训练了,吃苦能力越来越

chà. Bānzhǎng xǐhuan jiǎng tā dāng xīnbīng shí xùnliàn de
差。班长喜欢讲他当新兵时训练的

gùshi ， shuō tāmen jīngcháng zài yǔxuě de tiānqì li xùnliàn ，
故事,说他们经常在雨雪的天气里训练,

yí zhàn jiùshì liǎng gè xiǎoshí ， yǒushí hái yào wò zài dì
一站就是两个小时,有时还要卧在地

shang. Nà tiān bānzhǎng jiǎngwán zhīhòu ， zhǐzhe xùnliànchǎng
上。那天班长讲完之后,指着训练场

pángbiān de yí gè ní shuǐkēng shuōdào : " Rúguǒ wǒ xiànzài
旁边的一个泥水坑⁴说道:"如果我现在

xià mìnglìng ， nǐmen shéi gǎn tiào xiàng shuǐ li ？ "
下命令,你们谁敢跳向水里?"

Dāngshí zhèngshì dōngtiān zuì hánlěng de tiānqì ，
当时正是冬天最寒冷的天气,

xīnbīngmen dōu zuò zài cāochǎng shang xiūxi ， shéi dōu méiyǒu
新兵们都坐在操场上休息,谁都没有

rènzhēn tīng bānzhǎng shuō de huà ， dàn Dīng Tiě què tūrán zhàn
认真听班长说的话,但丁铁却突然站

qǐlái cháo ní shuǐkēng zǒuqù. Bānzhǎng fēicháng chījīng ，
起来朝泥水坑走去。班长非常吃惊,

1 坚定: firm
2 一批: a group of; a batch of
3 娇惯: spoil
他们太娇惯自己的孩子了。
4 泥水坑: mud pit

láibují　shuō shénme，　Dīng Tiě　yí　tiào，　jiù　tiàojìnle
来不及 说 什么， 丁 铁一 跳， 就 跳 进了
ní shuǐkēng li，　ránhòu cóng shuǐ li pá qǐlái，　zǒu dào
泥水 坑里， 然后 从 水里爬起来， 走到
bānzhǎngmiànqián，wèn："Bānzhǎng，háiwǎng nǎlǐ tiào？"
班 长 面 前， 问："班 长， 还往 哪里 跳？"
Bānzhǎng　lèngle　yíxià，　ránhòu lāzhù Dīng Tiě jiù
班 长 愣[1]了一下， 然后 拉住 丁 铁 就
cháo sùshè pǎo，　qīnzì bāng tā tuōle　yīfu，　zài huǒlú
朝 宿舍 跑， 亲自 帮 他 脱了 衣服， 在 火炉[2]
pángbiān hōngkǎo。　Hòulái　fùzé　xīnbīng xùnliàn de shǒuzhǎng
旁 边 烘烤[3]。后来 负责 新兵 训练 的 首长[4]
zhīdào zhè jiàn shì yǐhòu，　bānzhǎng shòudàole yánlì　de
知道 这件 事 以后， 班 长 受到 了 严厉[5]的
pīpíng。　Bānzhǎng suīrán hěn bù gāoxìng，dàn duì Dīng Tiě de
批评。 班 长 虽然 很不 高兴， 但 对 丁铁 的
tàidu què cóngcǐ hǎo le qǐlái。
态度 却 从此 好了 起来。
Dīng Tiě　yīnwèi　tuǐ zhǎng de bù zhí，　zài xùnliàn
丁 铁 因为 腿 长 得不 直， 在 训练
qíbùzǒu　de shíhou zǒngshì zǒubúdào yì tiáo zhíxiàn shang。
齐步走[6]的 时候 总是 走不到 一 条 直线 上。
Suīrán bānzhǎng méiyǒu pīpíng tā，　tā què xiǎnde hěnzhǔdòng，
虽然 班长 没有 批评 他， 他 却 显得 很 主动，
měi tiān wǎnshang shuìjiàozhīqián，　tā dū huì kǔn　zhùshuāng
每 天 晚上 睡觉之前， 他 都会 捆[7]住 双
tuǐ。　Kǔnle yí gè yuèhòu，　liǎngjiǎo zǒulù háishi zǒubudào
腿。 捆了 一个 月后， 两脚 走路 还是 走不到
yì tiáo zhíxiàn shang，　tā duì bānzhǎngshuō："Nǐ kàn wǒ zhè
一条 直线 上， 他 对 班 长 说："你 看 我 这
tuǐ，　bù néng zhí le，　dōu shì wǒ mā shēng de bù hǎo，zhēn
腿， 不能 直 了， 都是 我 妈 生 得 不 好， 真
duìbuqǐ bānzhǎng le。"
对不起 班 长 了。"

1 愣: dumbfounded, stupefied (e.g.)听了他说的话，她愣住了。
2 火炉: stove
3 烘烤: dry
4 首长: senior officer
5 严厉: severe, stern
6 齐步走: Quick march! (military command)
7 捆: tie up; bundle

Bānzhǎng kànkan tā de tuǐ, liánmáng shuō:"Méi
班长看看他的腿，连忙说："没
guānxì, méi guānxì."
关系、没关系。"

Xīnbīnglián de xùnliàn jiéshù hòu, Wáng Xiǎo diào dào
新兵连的训练结束后，王晓调到
zhōngduì, dāngle wénshū, Dīng Tiě fēn zài qíndíbān,
中队[1]，当了文书[2]，丁铁分在擒敌班[3]，
hěn kuài chéngwéi qíndí jìshù biāobīng.
很快成为擒敌技术标兵[4]。

Wáng Xiǎo dāng wénshū, xiǎngshòu dānrén sùshè.
王晓当文书，享受单人[5]宿舍。
Wǎnshang Dīng Tiě chángcháng qù zhǎo tā, yǒushí zài bān li
晚上丁铁常常去找他，有时在班里
xiě jiāxìn bù fāngbiàn, yě qù Wáng Xiǎo sùshè xiě. Hòulái
写家信不方便，也去王晓宿舍写。后来
Dīng Tiě zài qíndí jìshù bǐsài zhōng déle dì-yī míng,
丁铁在擒敌技术比赛中得了第一名，
Wáng Xiǎo shuō:"Nǐ xíng ya, tīngshuō shàngjí yí wèi
王晓说："你行呀，听说上级一位
shǒuzhǎng hái tèyì kuāle nǐ ne."
首长还特意[6]夸了你呢。"

Dīng Tiě shuō:"Zhè suàn shénme gōngfu, huā jiàzi."
丁铁说："这算什么功夫，花架子[7]。"

Dīng Tiě bùjǐn xiànmù Wáng Xiǎo xiǎngshòu de dānrén
丁铁不仅羡慕王晓享受的单人
sùshè, hái xiànmù tā de yì shǒu hǎo zì, jīngcháng ràng
宿舍，还羡慕他的一手好字，经常让
tā gěi zìjǐ xiě xìnfēng. Yǒukòng de shíhou, Wáng Xiǎo
他给自己写信封。有空的时候，王晓
xǐhuan tīng Dīng Tiě jiǎng xiàohua, tīng Dīng Tiě jiǎng dāng
喜欢听丁铁讲笑话，听丁铁讲当
xiǎo mùjiàng shí yìxiē yǒuqù de shìqing. Jiǎngqǐ zhè duàn
小木匠时一些有趣的事情。讲起这段

1 中队: squadron
2 文书: copy clerk
3 擒敌班: squad in charge of capturing enemies
4 标兵: model soldier
5 单人: single
6 特意: specially
7 花架子: postures that are showy but of little practical value

shēnghuó， Dīng Tiě jiù xiǎnde hěn déyì ， shuō zìjǐ wúlùn
生活，丁铁就显得很得意，说自己无论

qù shéi jiā zuòhuó， dōu yǒu hǎo cài hǎo jiǔ chīzhe， hēzhe，
去谁家做活，都有好菜好酒吃着，喝着，

rénmen shì xīwàng tā bǎ huó zuò de yòu kuài yòu hǎo．
人们是希望他把活做得又快又好。

Dīng Tiě shuō："Wǒ dāngwán sān nián bīng hái yào huíqù
　丁铁说："我当完三年兵还要回去

dāng mùjiàng．"
当木匠。"

Dīng Tiě xǐhuan kāi wánxiào，dàn bù kāi wánxiào de shíhou，
　丁铁喜欢开玩笑，但不开玩笑的时候，

shuōhuà hěn rènzhēn． Yóuyú zuòguo mùjiànghuó， tā de gēbo
说话很认真。由于做过木匠活，他的胳膊

hěn yǒu lìliàng， zài zhōngduì li shéi de lìqi dōu bǐ bú guò tā．
很有力量，在中队里谁的力气都比不过他。

Yǒu yí cì tā zuòle bāshí gè fǔwòchēng ， shìbīngmen dōu zài
有一次他做了八十个俯卧撑[1]，士兵们都在

zàntàn de shíhou， yí gè yòu shòu yòu ruò de bīng què tūrán
赞叹[2]的时候，一个又瘦又弱的兵却突然

shuō zìjǐ néng zuò yìbǎi gè． Shìbīngmen yízhèn hōngxiào．
说自己能做一百个。士兵们一阵哄笑[3]。

Dīng Tiě rènwéi zhège shòuruò de bīng shì duì zìjǐ bùmǎn， gùyì
丁铁认为这个瘦弱的兵是对自己不满，故意

biǎndī tā， yúshì zhuāzhùshòuruòbīng de gēbo， yònglì yí
贬低[4]他，于是抓住瘦弱兵的胳膊，用力一

wò， shòuruòbīng jiù jiàohuànle yì shēng， Dīng Tiě xiàozhe shuō：
握[5]，瘦弱兵就叫唤了一声，丁铁笑着说：

"Nǐ néng zuò yìbǎi gè fǔwòchēng?"
"你能做一百个俯卧撑?"

Shòuruò bīng shuō："Néng yòu zěnmeyàng? Nǐ gěi wǒ
　瘦弱兵说："能又怎么样？你给我

kētóu ya?"
磕头[6]呀?"

1 俯卧撑: push up
2 赞叹: highly praise
3 哄笑: guffaw
4 贬低: underestimate
5 握: hold
6 磕头: kowtow

丁铁说："行，你做不到呢？"

瘦弱兵说："我给你磕头。你还不放开我的胳膊，疼死我了。"

丁铁放开了他的胳膊，他就趴[1]在地板上开始做俯卧撑。士兵们看着汗水从他的脸上流下来，低声数着一二三。士兵们认为他做不到五十个就会倒在地上。

瘦弱兵的胳膊虽然细长，却很有韧性[2]，一个又一个地做下去，不慌不忙。做到五十个的时候，旁边的士兵们都看着丁铁，看到丁铁脸上的表情有些僵硬[3]。后来就有一个士兵小声说："这不算吧？做得太慢了。"

士兵们和丁铁都没说话，因为没有规定速度的快慢。士兵们停止了报数[4]，沉默地看着趴在地上的瘦弱兵。瘦弱

1 趴：lie face down
2 韧性：tenacity
3 僵硬：stiff
4 报数：count off

bīng zhōngyú zài zuò dào   dì-bāshíqī   gè shí pādǎo le .
兵 终 于 在 做 到 第 八 十 七 个 时 趴 倒 了。

Shìbīngmen dōu sōngle yì kǒu qì   ,   duìzhe shòuruò bīng shuō :
士兵们 都 松 了 一 口 气 [1]，对 着 瘦 弱 兵 说：

" Kuài kētóu ba ."
"快 磕 头 吧。"

Shòuruò bīng cóng dì shang pá qǐlái , bù fúqì
瘦 弱 兵 从 地 上 爬 起 来，不 服 气 [2]

de shuō : " Shì tā niǔshāngle wǒ de gēbo , bùrán wǒ jiù
地 说："是 他 扭 伤 [3] 了 我 的 胳 膊，不 然 我 就

néng zuò dào yìbǎi gè ."
能 做 到 一 百 个。"

Dīng Tiě hóngzhe liǎnshuōdào : " Nǐ yíng le . Qíshí nǐ
丁 铁 红 着 脸 说 道："你 赢 了。其 实 你

zuòdào bāshí gè jiù yíng le . wǒ gěi nǐ kētóu ." Shuōzhe,
做 到 八 十 个 就 赢 了，我 给 你 磕 头。"说 着，

zhēnde guì zài shòuruò bīng de jiǎoxià , jiùyào kētóu , xià
真 的 跪 [4] 在 瘦 弱 兵 的 脚 下，就 要 磕 头，吓

de shòuruò bīng zhuāzhù Dīng Tiě de gēbo , shuō : " Shuōzhe
得 瘦 弱 兵 抓 住 丁 铁 的 胳 膊，说："说 着

wánr de me , bù néng dàngzhēn ."
玩 儿 的 嘛，不 能 当 真 [5]。"

Dīng Tiě wèn : " Rúguǒ shì nǐ shū le , nǐ bù gěi wǒ
丁 铁 问："如 果 是 你 输 了，你 不 给 我

kētóu ? "
磕 头？"

Shòuruò bīng shuō : " Wǒ kē , wǒ kē , shì wǒ shū
瘦 弱 兵 说："我 磕、我 磕，是 我 输

le ."
了。"

Dīng Tiě jiānchí shuō : " Shì wǒ shū le ."
丁 铁 坚 持 说："是 我 输 了。"

Shìbīngmen lánbuzhù tā , kànzhe tā gěi shòuruò bīng
士兵们 拦 不 住 他，看 着 他 给 瘦 弱 兵

1 松了一口气: relax after an intense moment
2 服气: convinced
3 扭伤: wrench
4 跪: kneel down
5 当真: take seriously

kēle liǎng gè tóu。 Dīng Tiě cóng dì shang pá qǐlái， shuō：
磕了 两个头。 丁铁 从 地 上 爬 起来， 说：

"Shuōhuà bú suànshù， nà suàn shénme dōngxi？"
"说话 不算数 [1]，那算 什么 东西？"

Dīng Tiě méishì de shíhou， jiù xiū yìxiē sǔnhuài de
丁铁 没事 的 时候， 就 修 一些 损坏 的

yǐzi hé dèngzi。 Tā yí kàndào huài yǐzi hé mùliào，
椅子 和 凳子 [2]。他 一 看到 坏 椅子 和 木料 [3]，

jiù jízhe xiǎng xiūlǐ。 Hòulái nàxiē sǔnhuài de yǐzi dōu
就 急着 想 修理。 后来 那些 损坏 的 椅子 都

xiūlǐ hǎo le， mùliào zuòchéngle xiǎo dèngzi， tā de
修理 [4] 好 了， 木料 做成了 小 凳子， 他的

mùjiàng shǒuyì jiù xiǎnlù chūlái。 Zhōngduìzhǎng bú ràng
木匠 手艺 [5] 就 显露 [6] 出来。 中 队 长 不 让

tā zhàngǎng le， ràng tā dào zhōngduì gōngzuò。 Shàngjí yě
他 站 岗 了， 让 他 到 中队 工作。 上级 也

hěn kànzhòng tā de mùjiàng shǒuyì， jīngcháng ràng tā qù gěi
很 看重 [7] 他 的 木匠 手艺， 经常 让 他 去 给

bùduì de jùlèbù huòcgěi yìxiē shǒuzhǎng zuò jiājù。
部队 的 俱乐部 [8] 或给 一些 首 长 做家具。

Yúshì tā wàichū de jīhuì duō le， tā jiù qù fùjìn
于是 他 外出 的 机会 多 了， 他 就 去 附近

de yì suǒ wǔshù xuéxiào xuéxí wǔshù。 Tā zhuānmén xué sān
的 一所 武术 学校 学习 武术。 他 专 门 学 三

jiébiān， tā de wǔgōng jìnbù hěn kuài。 Zài yí gè yǒu
节鞭 [9]，他 的 武功 进步 很 快。 在 一个 有

yuèliang de yèwǎn， tā bǎ WángXiǎo dàichū bīngyíng， gěi
月亮 的 夜晚， 他 把 王 晓 带出 兵营， 给

WángXiǎo biǎoyǎnle tā de sānjiébiān de wǔgōng， WángXiǎo
王 晓 表演了 他 的 三节鞭 的 武功， 王 晓

bùtíng hǎnzhe："Wǒ de mā a， wǒ de mā a。" Wáng Xiǎo
不停 喊着："我 的 妈啊， 我 的 妈啊。" 王 晓

yuè hǎn shēngyīn yuè dà。 Dīng Tiě xīnli yě tǐng shūfu， jiù
越 喊 声音 越 大。 丁铁 心里 也 挺 舒服， 就

1 说话不算数：break one's word

2 凳子：stool

3 木料：wood, timber

4 修理：repair, fix

5 手艺：craftsmanship

6 显露：show, reveal

7 看重：value; regard as important
e.g.他很看重感情。

8 俱乐部：club

9 三节鞭：three section whip, a kind of chain whip used in martial arts

juéde zhè bīng méiyǒu bái dāng, suīrán bǐ dāng xiǎomùjiàng
觉得这 兵 没有白 当， 虽然比当 小木匠

zhèng qián shǎo, què dádàole xué wǔgōng de mùdì.
挣 钱 少， 却达到了学 武功的目的。

　　Dàole dì-sān nián de shíhou, Dīng Tiě de jiā li gěi tā
　　到了第三 年的时候， 丁 铁的家里给他

jièshàole duìxiàng, shì gè xiǎoxué jiàoshī. Tā bǎ zhàopiàn
介绍了对象，是个小学教师¹。他把照 片

ná gěi Wáng Xiǎo kàn, shuō gūniangkànzhòngle tā de pǐndé
拿给 王 晓 看，说 姑娘看中了他的品德²。

Wáng Xiǎo xiào le, shuō nǐ yǒu shénme pǐndé zhème zhídé
王 晓笑 了， 说你有什么品德这么值得

gūniang qù ài. Dīng Tiě tūrán hěn rènzhēn de shuō: " Wǒ
姑娘去爱。丁 铁突然很认真地说:"我

chéngshí a, wǒ jiǎng xìnyòng a."
诚实³啊，我讲 信用⁴啊。"

　　Dīng Tiě shuō tā méi jiànguo gūniang, ér gūniang què
　　丁 铁说他没见过姑娘， 而姑娘却

jiànguo tā. Tā zài gūniang de cūnzi li zuòguo mùjiàng
见过他。他在姑娘的村子里做过木 匠

huó, bìng liúxiàle hǎo míngshēng. Yǒu yì jiā de nǚ'ér yào
活， 并留下了好 名声⁵。有一家的女儿要

jiéhūn, dānxīn jiājù zuò bù chūlái, hěn zháojí, jiù qǐng
结婚， 担心家具做不出来， 很着急， 就请

Dīng Tiě xīnkǔ yìdiǎnr, bǎ jiéhūn de jiājù gǎn chūlái.
丁 铁辛苦一点儿， 把结婚的家具赶出来。

Rúguǒ shì biéde mùjiàng, jiù huì chèn zhège jǐhuì duō yào
如果是别的木匠， 就会趁这个机会多要

qián, fǒuzé jiù bú zuò, huòzhě móyánggōng, huòzhě
钱， 否则就不做， 或者磨洋工⁶， 或者

bú rènzhēn. Dàn Dīng Tiě méiyǒu, tā sìhū bǐ duìfāng hái
不认真。但丁 铁没有， 他似乎比对方还

zháojí, zhōngwǔ bù xiūxi, wǎnshang jiābān, érqiě
着急， 中午不休息， 晚上加班， 而且

1 教师: teacher
2 品德: moral char-
acter; virtue
3 诚实: honest
4 讲信用: keep
one's word
🅔🅖他是一个很讲信
用的人。
5 名声: reputation
6 磨洋工: linger
over one's job

家具做得很细致[1]。终于，在姑娘出嫁[2]
前，他把家具都做好了。村里人都说
像这样的小木匠真是太少了。

　　丁铁对王晓说："你看吧，诚实人
占便宜[3]了。从那时候这个小学教师就
偷偷地爱上了我。"

　　小学教师有文化，来信写得又酸又
甜，把夜里梦见他的情景写得很动人[4]。
这些内容是不应该给王晓看的，但丁
铁却拿给王晓看了，说："咱俩谁跟
谁呀，你看完，帮我写回信，我不会
说话，别让她笑话。"

　　没过多久，那个小学教师特别想他，
就到部队见他。那姑娘叫莲[5]，典型的
山东[6]女人，丰满[7]结实，一脸的淳朴[8]
和温顺[9]，个子比丁铁还高一点。她话
不多，喜欢笑，不管跟她说什么话，她

1 细致: careful
2 出嫁: (of a woman) get married
3 占便宜: gain an extra advantage unfairly
e.g.这个人总是喜欢占别人的便宜。
4 动人: moving, touching
5 莲: lotus; water lily (often used as girl's name)
6 山东: Shandong Province
7 丰满: plump
8 纯朴: honest, simple
9 温顺: docile

总是 微笑一下才回答。

王 晓去兵营的家属房[1]看望莲，丁 铁显得快活[2]和满足，愉快地对 王 晓 说 道："还行吧？我 说过 长 得挺好，不骗你。"

然后他又对莲 说："这是我的好 兄弟，我给你说过他很好，不骗你。"

丁 铁当了三年兵，就要复员[3]了， 王 晓也考上了警校[4]。两个人分手的 时候，丁 铁说："我回家当木匠去， 身边带几个小徒弟[5]，教他们一些武功， 然后带着他们去 闯 世界，多痛快！"

警校管理很严格，训练也很艰苦， 王 晓灰心丧气[6]，于是就说："我也不 想 在警校待了，那里比新兵连还辛苦。"

丁铁想起在新兵连时 王 晓要逃跑的 事情，就严肃地说 道："告诉你，别乱 想，别做丢脸的事。你要是不好好训练

Sidebar notes:

1 家属房: rooms lived by family members of soldiers
2 快活: cheerful
3 复员: demobilize
4 警校: police academy
5 徒弟: apprentice
6 灰心丧气: become disheartened; lose heart
e.g. 考试考得不好，他有点儿灰心丧气。

hé xuéxí dehuà， yǐhòu bié ràng wǒ kàndào nǐ， kàndào nǐ
和学习的话，以后别让我看到你，看到你
jiù dǎduàn nǐ de tuǐ．"
就打断你的腿。"

　　Dīng Tiě shuōwán jiù zǒu le． Rán'ér bú dào yí gè yuè
　　丁铁说完就走了。然而不到一个月
de shíjiān， Wáng Xiǎo shōudào yì fēng diànbào： Dīng Tiě de
的时间，王晓收到一封电报：丁铁的
fùqīn yī yuè èr rì qù Jīng，qǐng jiē zhàn．
父亲1月2日去京，请接站。

　　Wáng Xiǎo gǎnjǐn qù Běijīng Huǒchēzhàn jiēle Dīng Tiě
　　王晓赶紧去北京火车站接了丁铁
de fùqīn． Lǎorén yí jiàndào Wáng Xiǎo， bàozhù tā jiù kū
的父亲。老人一见到王晓，抱住他就哭，
shuō Dīng Tiě gāng huí jiā shí tiān jiù bèi fāxiàn déle nǎoliú[1]，
说丁铁刚回家十天就被发现得了脑瘤[1]，
zài yīyuàn zhǔnbèi dòng shǒushù． Yīshēng shuō shǒushù hěn nán
在医院准备动手术。医生说手术很难
chénggōng， jíshǐ bǎozhù shēngmìng， yě yào shuāngmù
成功，即使保住生命，也要双目
shīmíng[2] huòzhě tānhuàn[3]， bùzhī bùduì guǎn[4] bù guǎn．
失明[2]或者瘫痪[3]，不知部队管[4]不管。
Lǎorén cāzhe yǎnlèi shuō："Wǒ de tiě'ér shuō， tā zài
老人擦着眼泪说："我的铁儿说，他在
bùduì yǒu nǐ zhème gè hǎo xiōngdì[5]， ràng wǒ zhǎo nǐ jiù yǒu
部队有你这么个好兄弟[5]，让我找你就有
bànfǎ le．"
办法了。"

　　Wáng Xiǎo dāngshí zhēn xiǎng kū， dàn kàndào lǎorén shāngxīn
　　王晓当时真想哭，但看到老人伤心
de yàngzi， tā rěnzhù yǎnlèi ānwèi lǎorén， ràng lǎorén bié
的样子，他忍住眼泪安慰老人，让老人别
zháojí， shuō bùduì yídìng huì guǎn de． Wáng Xiǎo gēn bùduì
着急，说部队一定会管的。王晓跟部队

1 脑瘤: brain tumor
2 双目失明: become blind
3 瘫痪: paralyzed
4 管: take care of
5 兄弟: brother

jiǎngle Dīng Tiě de qíngkuàng, ànzhào yǒuguān guīdìng, rúguǒ
讲了 丁 铁的 情 况 , 按照 有关 规定 , 如果
shìbīng fùyuán bàn nián nèi jiǎnchá chū yánzhòng de bìng, réngrán
士兵 复员 半 年 内检查出 严 重 的病 , 仍然
yóu bùduì fùzé. Shàngjí pàile liǎng míng jūnyī qù Dīng Tiě zhù
由部队 负责。 上级 派了 两 名 军医 去 丁 铁住
de yīyuàn jìnxíng diàochá, quèrèn Dīng Tiě shì zài bùduì qījiān dé
的 医院 进行 调查 , 确认 丁 铁 是 在 部队 期间 得
de bìng, bùduì fùzé zuò shǒushù de quánbù fèiyòng.
的病 , 部队 负责 做 手术的 全部 费用。

Dīng Tiě de shǒushù hěn chénggōng, bùjǐn bǎozhùle
　　丁 铁的 手术 很 成 功 , 不仅 保住了
shēngmìng, méiyǒu shīmíng, érqiě yě méiyǒu tānhuàn,
生 命 , 没有 失明 , 而且 也 没有 瘫痪 ,
yīshēng dōu juéde jīngqí. Dàn yīshēng shuō tā dé de
医 生 都 觉得 惊奇 [1]。 但 医 生 说 他 得的
nǎoliú hěn róngyì fùfā, rúguǒ zài fùfā jiù hěn wēixiǎn.
脑瘤 很 容易 复发 [2] , 如果 再 复发 就 很 危险。
Búguò Dīng Tiě de jiārén kàndào tā yǎnqián zhège yàngzi, jiù
不过 丁 铁 的 家人 看到 他 眼前 这个 样子 , 就
yǐjīng hěn gāoxìng le, Dīng Tiě ràng Lián gěi Wáng Xiǎo xiěle
已经 很 高兴 了 , 丁 铁 让 莲 给 王 晓 写了
yì fēng gǎnxièxìn, bǎ Wáng Xiǎo dāngchéng dà ēnrén.
一封 感谢信 , 把 王 晓 当 成 大 恩人 [3]。

Dīng Tiě chūyuàn hòu, Lián jiù gēn Dīng Tiě jiéhūn le.
　　丁 铁 出院 后 , 莲 就 跟 丁 铁 结婚 了。
Gēnjù tā de bìngqíng, bùduì bùjǐn měi nián gěi tā yì bǐ
根据 他 的 病情 , 部队 不仅 每 年 给 他 一 笔
fǔxùjīn, hái gěi Lián hùlǐfèi, tāmen de shēnghuó
抚恤金 [4] , 还给 莲 护理费 [5] , 他们 的 生 活
jīběn yǒule bǎozhàng.
基本 有了 保障 [6]。

Zài hòulái, Wáng Xiǎo jiù yìzhí méiyǒu tīngdào Dīng
　　再 后来 , 王 晓 就 一直 没有 听到 丁

---

1 惊奇: be surprised; wonder
e.g. 他惊奇地发现他的实验成功了。
2 复发: recur, relapse
3 恩人: benefactor, lifesaver
4 抚恤金: pension for the disabled or the deceased
5 护理费: nursing expense
6 保障: guarantee

Tiě de xiāoxi .
铁的消息。

Jǐngxiào fàng hánjià , Wáng Xiǎo huíjiā guò Chūn Jié .
警校放寒假，王晓回家过春节。

Nián sānshí wǎnshang luòle yì cháng xuě , Wáng Xiǎo yuán
年三十晚上落了一场雪，王晓原

zhǔnbèi chū-yī qù kànwàng zhōngxué de yí wèi lǎoshī , dàn
准备初一¹去看望中学的一位老师，但

chū-yī zǎochen zhàn zài yuànzi li yí kàndào shān shang de
初一早晨站在院子里一看到山上的

báixuě , jiù zhīdào shānlù yǐjīng bèi dàxuě fēng le ,
白雪，就知道山路已经被大雪封²了，

yúshì jiù huí wū li shuìjiào .
于是就回屋里睡觉。

Kuài dào zhōngwǔ de shíhou , Wáng Xiǎo tīngdào yí gè
快到中午的时候，王晓听到一个

rén jìnle yuànzi , zhèng yǔ fùqīn shuōhuà , fùqīn jiù hǎn :
人进了院子，正与父亲说话，父亲就喊：

" Wáng Xiǎo , nǐ zhànyǒu zhǎo nǐ . "
"王晓，你战友³找你。"

Cóng chuāngkǒu kànqù , Wáng Xiǎo kàndào yí gè
从窗口看去，王晓看到一个

dàizhe miánmàozi de rén zhèng jíchōngchōng de cháo wū li
戴着棉帽子⁴的人正急冲冲地朝屋里

zǒu guòlái , bù děng tā chuānhǎo yīfu , nà rén yǐjīng
走过来，不等他穿好衣服，那人已经

jìnle wū , zhāixià màozi gāoshēng jiào dào : " Lǎodì ,
进了屋，摘下帽子高声叫道："老弟，

lǎodì ya — "
老弟呀——"

Shì Dīng Tiě . Wáng Xiǎo cóng chuáng shang tiào xiàqù ,
是丁铁。王晓从床上跳下去，

tāmen yōngbào zài yìqǐ . Wáng Xiǎo shuō : " Āiyōyō ,
他们拥抱在一起。王晓说："哎哟哟，

1 初一: the 1st day of the Lunar New Year, the Spring Festival
2 封: seal, block
3 战友: comrade-in-arms
4 棉帽子: cotton hat

Dīng Tiě, āiyōyō shì nǐ ya ——"
丁铁，哎哟哟是你呀——"

Liǎng gè rén yōngbàole hǎo bàntiān cái fēnkāi, ránhòu
两个人拥抱了好半天才分开，然后

nǐ kàn wǒ, wǒ kàn nǐ. Wáng Xiǎo shuō Dīng Tiě pàng le,
你看我，我看你。王晓说丁铁胖了，

Dīng Tiě shuō Wáng Xiǎo shòu le, shuōzhe liǎng gè rén jiù
丁铁说王晓瘦了，说着两个人就

yìqǐ kūle qǐlái, sìhū shì jīngguòle shēngsǐ zhīhòu yòu
一起哭了起来，似乎是经过了生死之后又

chóngxīn jiànmiàn.
重新见面。

Wáng Xiǎo fāxiàn Dīng Tiě de xiézi yǐjīng shī le, tā
王晓发现丁铁的鞋子已经湿了，他

zǒule èrshí duō li de xuě lù. Wáng Xiǎo duì tā shuō:
走了二十多里的雪路。王晓对他说：

"Zhème dà de xuě, nǐ zěnme hái lái ya?"
"这么大的雪，你怎么还来呀？"

Dīng Tiě shuō: "Zhème dà de xuě, wǒ gūjì nǐ
丁铁说："这么大的雪，我估计你

búhuì chūmén, jiù lái le."
不会出门，就来了。"

Dīng Tiě de shēntǐ háishi tǐng jiēshi de, réngrán
丁铁的身体还是挺结实的，仍然

shì yí fù lèguān de yàngzi. Tā wènle xǔduō bīngyíng de
是一副乐观的样子。他问了许多兵营的

shìqing, tánhuà zhōng biǎoxiàn chū duì bùduì shēnghuó de
事情，谈话中表现出对部队生活的

juànliàn.
眷恋[1]。

Wǔfàn shí, Wáng Xiǎo shuō: "Wǒ jīntiān yào hē
午饭时，王晓说："我今天要喝

diǎnr jiǔ, jīntiān gāoxìng, nǐ hē chá péi wǒ ba."
点儿酒，今天高兴，你喝茶陪我吧。"

1 眷恋: be sentimentally attached to (a person or a place)

丁铁却拿起一个酒杯，说："不，我也喝酒，我今天也高兴。"

王晓不答应，说你的头不能喝酒，我要对你的身体负责。丁铁笑了，说："我现在活着就是活一天赚一天，说不准哪天病一复发，就见不到你了，见你一次不容易呀。"最后王晓还是让丁铁喝了一杯啤酒。

下午四点，丁铁叹[1]了口气，说要回去了，那恋恋不舍[2]的样子，让王晓很感动。王晓要留他住一晚上，他说已经答应了莲今晚要回去，不回去她要担心的。

王晓一直把他送到山路上，他就不让送了，拉着王晓的手说："我想求你件事，你能答应吗？"

王晓说："你尽管说，我能做到

1 叹: sigh
2 恋恋不舍: be reluctant to part from
e.g. 这里的风景太美了，人们离开时都恋恋不舍。

yídìng zuò . "
一定做。"

Dīng Tiě shuō : " Nǐ néng qù wǒ jiā zhù jǐ tiān ma ?　Wǒ
丁铁说:"你能去我家住几天吗?　我

fùqīn hé nǐ sǎozi　dōu hěn xiǎng nǐ . "
父亲和你嫂子[1]都很想你。"

Wáng Xiǎo lìkè　jiù dāying le ,　shuō wǒ yídìng qù kàn
王晓立刻就答应了,说我一定去看

nǐ hé sǎozi . Jiù zhèyàng ,　WángXiǎo duì Dīng Tiě　xǔxiàle
你和嫂子。就这样,王晓对丁铁许下了

nuòyán .
诺言。

Dīng Tiě cóng Wáng Xiǎo jiā zǒu huíqù ,　tiānsè　yǐjīng hěn
丁铁从王晓家走回去,天色已经很

wǎn le ,　Lián zhàn zài cūntóu děngle hěn jiǔ . Zhège chéngshí
晚了,莲站在村头等了很久。这个诚实

de rén búgù Lián de mányuàn ,　xīngfèn de shuō : " Wǒ de hǎo
的人不顾莲的埋怨[2],兴奋地说:"我的好

xiōngdì yào lái zán jiā le ,　nǐ bǎ jiā shōushi gānjìng . "
兄弟要来咱家了,你把家收拾干净。"

Zhīhòu ,　tā yòu bǎ zhège　xiāoxi　gàosule　fùqīn ,
之后,他又把这个消息告诉了父亲,

nàge hé tā yíyàng chéngshí de lǎorén yě jǐdòng le ,　bǎ
那个和他一样诚实的老人也激动了,把

guònián de　yìxiē hǎo yú hǎoròu liú xiàlái ,　zhǔnbèi zhāodài
过年的一些好鱼好肉留下来,准备招待[3]

WángXiǎo . Zài hòulái ne ,　Dīng Tiě zuò zài jiē shang yǔ　línjū
王晓。再后来呢,丁铁坐在街上与邻居

liáotiān ,　yòu jiāng xiāoxi gàosule línjū ,　yúshì zhǐ jǐ
聊天,又将消息告诉了邻居,于是只几

tiān de gōngfu ,　yì tiáo jiē de rén dōu zhīdào Dīng Tiě de yí
天的工夫,一条街的人都知道丁铁的一

gè zhànyǒu yào lái kànwàng tā ,　zhè wèi zhànyǒu yǔ Dīng Tiě
个战友要来看望他,这位战友与丁铁

1 嫂子: elder brother's wife
2 埋怨: complain, blame
e.g.自己的事情没做好,不要埋怨别人。
3 招待: entertain

xiàng qīnxiōngdì yíyàng, shì Dīng Tiě jiā de ēnrén. Cūn li
像 亲 兄弟 一样，是 丁 铁 家 的 恩人。村 里
de rénmen shuō Dīng Tiě de zhànyǒu hěn yǒu běnshì, bǎ tā
的 人们 说 丁 铁 的 战友 很 有 本事[1]，把 他
hé Lián de hùkǒu dōu nòngchéng chī gōngliáng de le; zhè wèi
和 莲 的 户口 都 弄 成 吃 公粮[2] 的 了；这 位
zhànyǒu yǐjīng shàngle jūnxiào, jiānglái huì dà yǒu chūxi
战友 已经 上 了 军校[3]，将来 会 大 有 出息[4]。
Zhèyàng, línjū jiànle Dīng Tiě de fùqīn, dōu xiànmù de
这样，邻居 见了 丁 铁 的 父亲，都 羡慕 地
wèndào: "Tīngshuō nǐ jiā Dīng Tiě de zhànyǒu yào lái kàn tā?"
问道："听 说 你 家 丁 铁 的 战友 要 来 看 他？"

　　Lǎorén de liǎn shang lìjí chūxiàn xìngfú de wēixiào,
　　老人 的 脸 上 立即 出现 幸福 的 微笑，
fǎngfú yào lái de zhège rén jiùshi zìjǐ de érzi, yǒuxiē
仿佛 要 来 的 这个 人 就是 自己 的 儿子，有些
zìháo de shuō: "Shì ya, tā gēn wǒ de Tiě'ér bǐ
自豪 地 说："是 呀，他 跟 我 的 铁 儿 比
qīnxiōngdì hái qīn."
亲兄弟 还 亲。"

　　Lián tèyì shōushile yì jiān wūzi, pūhǎole
　　莲 特意 收拾 了 一 间 屋子，铺[5] 好了
gānjìng de bèizi děng Wáng Xiǎo lái zhù. Dīng Tiě kànzhe
干净 的 被子 等 王 晓 来 住。丁 铁 看着
Lián mánghu de yàngzi, jiù kāi wánxiào de shuō: "Nǐ yào
莲 忙乎 的 样子，就 开 玩笑 地 说："你 要
huànshàng yí jiàn xīn yīfu, wǒ xiōngdì shì lái kàn nǐ de."
换 上 一 件 新 衣服，我 兄弟 是 来 看 你 的。"

　　Lián xiàozhe huànshàngle yí jiàn piàoliang yīfu. Quánjiā
　　莲 笑着 换 上 了 一 件 漂亮 衣服。全家
rén děngle yì tiān yòu yì tiān, què bújiàn Wáng Xiǎo de yǐngzi
人 等 了 一 天 又 一 天，却 不见 王 晓 的 影子。
Hòulái Dīng Tiě de fùqīn kàndào yúròu yǐjīng chòu le, jiù
后来 丁 铁 的 父亲 看到 鱼肉 已经 臭 了，就

1 **本事**: ability, capability
他很有本事，自己开了一个很大的公司。
2 **吃公粮**: hold public office
3 **军校**: military academy
4 **出息**: prospects
5 **铺**: make a bed

qiāoqiāo de rēngdiào le . Lián yě qiāoqiāo de huànxiàle nà jiàn
悄 悄 地 ¹ 扔掉了 。 莲也悄 悄 地 换下了那件

xīn yīfu .   Dīng Tiě chángcháng   zìyán-zìyǔ   de shuō : " Tā
新 衣服。 丁铁常 常 自言自语地说:"他

dāying yídìng yào lái de ya ! "
答应一定要来的呀!"

　　Rán'ér , měi tiān dōu yǒu qīnqi hé tóngxué qù jiā li ,
然而,每天都有亲戚和同学去家里,

WángXiǎo máng yú jiēdài ,   zhídào yào huí bùduì de shíhou ,
王 晓 忙 于接待,直到要回部队的时候,

cái xiǎngqǐ méi qù Dīng Tiě jiā , zhǐhǎo liúxià   yì fēng xìn ràng
才想起没去丁铁家,只好留下一封信让

rén dài gěi Dīng Tiě ,   shuō děngdào fàng shǔjià   huílái zài
人带给丁铁,说 等到 放暑假 ² 回来再

qù kàn tā .
去看他。

　　WángXiǎo de xìn sòngdào Dīng Tiě shǒu li , Dīng Tiě jiù
王 晓 的信送到丁铁手里,丁铁就

sōngle yìkǒuqì , duì Lián jiěshì shuō : " Tā liǎng nián méi
松了一口气,对莲解释说:"他两 年 没

huí jiā ,   huílái yí cì shìqing duō zhene ,   qīnqi tóngxué
回家,回来一次事情多 着呢,亲戚同学

dōu qù kàn tā , qǐng tā chīfàn ,   nǎlǐ néng zǒu chūlái .
都去看他,请他吃饭,哪里能走出来。

Tā búxiàng zán yí gè lǎobǎixing ,   shuō qù nǎr jiù qù
他不像咱一个老百姓,说去 哪儿 就去

nǎr ,   shíjiān zìjǐ shuōlesuàn , tā méi zìyóu le . "
哪儿,时间自己说了算,他没自由了。"

　　Dīng Tiě duì Lián zhème jiěshì ,   yě shì zhème duì línjū
丁铁对莲这么解释,也是这么对邻居

jiěshì de ,   dàjiā dōu juéde hěn héhūqínglǐ .   Yúshì Dīng
解释的,大家都觉得很合乎情理 ³。于是丁

Tiě jiù pànwàngzhe shǔjià , pànwàngzhe Wáng Xiǎo de dàolái .
铁就盼望着暑假,盼望着 王 晓 的到来。

1 悄悄地: silently

2 暑假: summer vacation

3 合乎情理: reasonable

但是到了暑假，王晓被几个同学
拉去桂林[1]旅游了，连家都没有回。王
晓也就没有实现他的诺言。

丁铁一次次打听王晓暑假回来没有，
直到秋风凉了的时候，王晓也没露面[2]。
这一次他对莲没有再解释什么，只是疑惑[3]
地说道："他答应过我要来的……"

沉默了几天，他便给王晓写信，一
封短信写了几天才写完。

王晓第二年才回家探亲[4]，时间是
五月。他想起了自己的诺言，他应该去丁
铁家里看看，于是就在一个温暖的上午
去了。

莲见到他的时候，非常激动和吃惊。
莲比以前稍微胖了一些，但身材仍然
保持得很好。她很平静地告诉王晓丁
铁死去的消息，她没有哭，也没有故意

1 桂林: Guilin, a scenic city in Guangxi （广西）
2 露面: show up
3 疑惑: have doubts; puzzled
e.g.他没有收到回信，感到很疑惑。
4 探亲: go home to see one's family

biǎoxiànchū shāngxīn de yàngzi .　Sǐqù de yǐjīng sǐqù le ,
表现出 伤心的样子。死去的已经死去了，

ér huózhe de hái yǒu hěn cháng de lù yào zǒu .
而活着的还有很 长 的路要走。

　　Lián bǎ Dīng Tiě méiyǒu　jìchū de xìn bǎocún xiàlái ,
莲把丁铁没有寄出的信保存下来，

yúshì Wáng Xiǎo kàndàole xiàmiàn de nèiróng :
于是王 晓看到了下面的内容：

Wáng Xiǎo lǎodì :
王 晓老弟：

　　Nǐ hǎo .　Zhèxiē rìzi ,　wǒ jīngcháng gǎnjué tóuténg ,
你好。这些日子，我经常感觉头疼，

kǒngpà zhè bìng yào fùfā le . Wǒ xīwàng shǔjià néng jiàndào
恐怕这 病要复发了。我希望暑假能见到

nǐ , méi xiǎngdào nǐ méi huílái . Bùzhī hái néng bu néng
你，没想到你没回来。不知还能不能

jiàndào nǐ le . Nǐ xiàcì shénme shíjiān tànqīn ? Zuìhǎo
见到你了。你下次什么时间探亲？最好

tíqián lái xìn gàosu wǒ . Nǐ sǎozi shōushile yì jiān wūzi ,
提前来信告诉我。你嫂子收拾了一间屋子，

děng nǐ lái zhù jǐ tiān . Wǒ yǒu xǔduō huà yào gàosu nǐ ,
等你来住几天。我有许多话要告诉你，

yídìng yào lái ya , nǐ zhège chòu lǎodì , shuōhuà yào
一定要来呀，你这个臭老弟，说话要

suànshù de .
算数的。

Dàgē : Dīng Tiě
大哥：丁铁

jiǔ yuè èrshíbā rì
9 月 2 8 日

丁铁就是这年的冬天死去的。王晓不知道丁铁有什么话要对自己讲，他对莲说："你带我去看他的坟¹吧。"

丁铁的坟上已经长了很多草，周围是大片的麦田²，在五月的阳光下，散发出一阵阵芳香³。王晓感到惊奇，还不到一年的时间，丁铁坟上的草竟然如此茂盛⁴。丁铁壮实⁵的身体变成了泥土⁶，也是肥沃⁷的。

王晓跪在丁铁的坟前，把头深深地埋⁸进草中，想离丁铁更近一些。他突然想到，自己有一天也要变为泥土，在阳光下开放成野花⁹或是长成草，岁岁枯荣¹⁰。

于是王晓的两只手抓起温热的泥土，轻轻地撒在丁铁的坟上，温热的泥土使他感到无比亲切。

1 坟: tomb
2 麦田: wheat fields
3 芳香: fragrance
4 茂盛: thriving, flourishing
5 壮实: strong, sturdy
6 泥土: soil
7 肥沃: fertile
8 埋: cover up; bury
9 野花: wild flower
10 岁岁枯荣: thrive and wither year after year

Tā líkāi féndì de shíhou, Lián shuō tā yòu zhǎole
他离开坟地的时候，莲说她又找了

gè nánren, zhǔnbèi ràng zhège nánren zuò shàngmén nǚxù,
个男人，准备让这个男人做上门女婿[1]，

zhèyàng kěyǐ zhàogù Dīng Tiě de fùmǔ, tā réngrán zài cūn
这样可以照顾丁铁的父母，她仍然在村

li de xiǎoxué jiāoshū.
里的小学教书。

Wáng Xiǎo wèn dào: "Shénme shíhou jiéhūn ne?"
王晓问道："什么时候结婚呢？"

Lián shuō: "Yào děngdào qiūtiān yǐhòu le."
莲说："要等到秋天以后了。"

Liǎng gè rén sìhū wú huà kě shuō le, tāmen zhàn zài
两个人似乎无话可说了，他们站在

shānjiān xiǎolù shang. Wáng Xiǎo zhè shíhou xiǎngqǐle Lián qù
山间小路上。王晓这时候想起了莲去

bùduì de qíngjǐng, xiǎngqǐle Dīng Tiě kànzhe Lián de shíhou
部队的情景，想起了丁铁看着莲的时候

nà zhǒng mǎnzú de yàngzi, Wáng Xiǎo de yǎnlèi liúle
那种满足的样子，王晓的眼泪流了

chūlái.
出来。

Tā kànzhe yuǎnyuǎnjìnjìn de shāngǔ shuō dào: "Qǐ
他看着远远近近的山谷[2]说道："起

fēng le."
风了。"

Lián jiù shùnzhe tā de mùguāng kàn qù, zhēnde gǎnjué
莲就顺着他的目光看去，真的感觉

dào yǒu yí zhèn fēng chuīlái, yǎn qián de màitián fānqǐ yí
到有一阵风吹来，眼前的麦田翻起一

zhènzhèn bōlàng.
阵阵波浪。

1 上门女婿: live-in
son-in-law
2 山谷: valley

This story has been abridged according to Yi Xiangdong's short story 诺言, which was published in the *China Short Story Selection of 1999* (1999 年中国短篇小说精选), edited by the Creation and Study Section of the China Writers Association (中国作协创研部), and published by Changjiang Literature and Art Publishing House (长江文艺出版社), Wuhan (武汉), 2000.

About the author Yi Xiangdong (衣向东):

Yi Xiangdong was born in 1964 in Qixia (栖霞), Shandong Province (山东省). He joined the People's Liberation Army in 1982, and graduated from the Academy of Arts of the P.L.A. He is a member of the China Writers Association. He has published the novels, 一路兵歌 (Yí Lù Bīng Gē), 在阳光下晾晒 (Zài Yángguāng Xià Liàngshài), and 牟氏庄园 (Móu Shì Zhuāngyuán); the novel collections, 我是一个兵 (Wǒ Shì Yí Gè Bīng), 老营盘 (Lǎo Yíngpán), 吹满风的山谷 (Chuīmǎn Fēng De Shāngǔ), 过滤的阳光 (Guòlǜ De Yángguāng), 跟着阳光走 (Gēnzhe Yángguāng Zǒu), 就告诉你一个人 (Jiù Gàosu Nǐ Yí Gè Rén), and 爱情西街 (Àiqíng Xījiē), among others. His works have won the second Lu Xun Literature Prize, the third Lao She Literature Prize, the ninth Art Prize of P.L.A., the eighth Jindun Literature Prize, and the tenth, eleventh, and twelfth Baihua Prize of *Fiction Monthly*.

思考题：

1. 丁铁和王晓在新兵连训练中表现得怎么样？
2. 丁铁是什么样的性格？
3. 丁铁来到王晓的家看望王晓，王晓许下了什么诺言？
4. 丁铁是怎么对待王晓的诺言的？
5. 莲为什么爱丁铁？

Wǔ , Lǎn De Líhūn

五、懒得离婚

Yuánzhù: Chén Róng

原著：谌 容

五、懒得离婚

Guide to reading:

Fang Fang (方芳) is a young newspaper journalist. She is beautiful and ambitious, but inexperienced. She often feels sad that she cannot write about important issues and publish influential reports. After doing some investigation, she chooses a topic to write about; her topic is why it is difficult to divorce. However, Fang Fang's proposal is rejected by her editor, because more and more people are divorcing. Her editor suggests she write about harmonious family life instead, so Fang Fang changes her topic to 'Research on a Harmonious Family'. Fang Fang decides to interview an ordinary family that is regarded as an example of a harmonious family in the neighborhood. However, when she interviews Liu Shuhuai (刘述怀) and his wife, Zhang Fenglan (张凤兰), she finds herself facing complications. Liu Shuhuai tells her what his ideal marriage and family would be like, making it obvious that he is not contented with his family life. However, he is reluctant to divorce his wife. Fang Fang knows that Liu Shuhuai has a secret girlfriend called Meng Yaping (孟雅平). Fang Fang visits Meng Yaping and soon regrets greatly that she went to see her. She realizes that there are many different kinds of families in society, and some people can have both an ideal lover outside of their marriage and a happy marriage at the same time. However, some more complex phenomena of family life are difficult for Fang Fang to explain. Traditionally, families who do not quarrel or divorce are regarded as happy and harmonious ones, but in reality every family has its problems and secrets. Some married couples only need a house to live in, and it does not matter if there are great differences between them. One of the serious problems between married couples is that some of them do not realize the potential problems that can occur in marriages before they get married. Between some husbands and wives, there exists no mutual understanding and they do not know how to communicate with each other in order to deepen the love and affection in their marriage. Liu Shuhuai does not love his wife, and his wife does not know how to communicate with him, but they are both reluctant to get divorced. The divorced Li Suoling (李索玲), Fang Fang's roommate, has an intimate knowledge of married life. She divorces and finally remarries, which makes Fang Fang confused as to what kind of family can be considered a truly harmonious and ideal family. The fact that Liu Shuhuai is reluctant to divorce, and that Li Suoling remarries shows that no one can clearly define what kind of family is ideal and harmonious, and that perhaps for many people a home is all that is required in life.

In the end, Fang Fang gives up writing about 'Research on
A Harmonious Family'. This story reflects the problems of
divorce, the subtle emotional needs of a marriage, and shows
that even a harmonious family may quarrel and have family
secrets.

故事正文：

Yī
一

Fāng Fāng shì yì míng niánqīng de nǚ jìzhě, zài yì jiā
方 芳 是 一 名 年 轻 的 女记者， 在 一 家

bàoshè gōngzuò. Xīngqī yī shì bàoshè jìzhě kāi lìhuì de
报社¹ 工作。 星期一 是 报社 记者 开 例会² 的

rìzi, píngshí jìzhěmen dōu yǒu zìjǐ de rènwù, dàjiā pǎo
日子， 平时 记者们 都 有 自己 的 任务， 大家 跑

jīguān, pǎogōngchǎng, pǎonóngcūn, pǎo gè zhǒng dìfang,
机关³, 跑工厂， 跑农村， 跑 各 种 地方，

hěn nán jiànmiàn. Zài xīngqī yī de jìzhě lìhuì shang, lǎo、
很 难 见面。 在 星期一 的 记者 例会 上 ， 老、

zhōng、 qīng jìzhěmen zuò zài yìqǐ, tīngting lǐngdǎo de
中 、 青 记者们 坐 在 一起， 听听 领导 的

kànfǎ, jiāoliú gè fāngmiàn de xìnxī, jiāoliú sīxiǎng, yìqǐ
看法， 交流 各 方面 的 信息， 交流 思想， 一起

shāngliang zhòngyào de xuǎntí. Zài lìhuì shang, dàjiā hái
商 量 重要 的 选题⁴。 在 例会 上 ， 大家 还

kěyǐ tīngdào yìxiē xiǎodào xiāoxī, gè zhǒng míngxīng de
可以 听到 一些 小道 消息⁵， 各 种 明星 的

xīnwén、 báicài duōshao qián yì jīn děngděng. Jìzhěmen suíbiàn
新闻、 白菜 多少 钱 一斤 等 等。 记者们 随便

liáotiān, měi zhōuyī de lìhuì xiǎnde qīngsōng érqiě yúkuài.
聊天， 每 周一 的 例会 显得 轻 松 而且 愉快。

Xiànzài jìzhěmen zhèngzài kāi lìhuì, huì shang
现在 记者们 正在 开 例会， 会 上

rèrènàonào. Yǒu de jìzhě huìbào qíngkuàng, yǒu de
热热闹闹。 有 的 记者 汇报⁶ 情况， 有的

jìzhě jiǎng yìxiē xiǎodào xiāoxī, yǒu de jìzhě shuō xiē
记者 讲 一些 小道 消息， 有 的 记者 说 些

1 报社: newspaper office; newspaper publisher

2 例会: regular meeting

3 机关: office, organ

4 选题: topic

5 小道消息: byway news; hearsay

6 汇报: report

有趣的事，大家在一起开玩笑，哈哈大
笑一顿。大家都在表现自己的聪明、
深刻、幽默和各种各样的思想。

　　方芳是一个小记者，但她是人们
最喜欢的女记者。方芳的样子很可爱，
大家都愿意跟她说话。有人对方芳说：
"方芳，该说说你的新闻了！"

　　方芳说了一条新闻，可是她说的
新闻都不能在报纸上发表，只是让大家
参考一下：

　　"根据调查：现在的女青年择偶[1]
标准有了变化。在被调查的一百名
女大学生中，讨厌奶油小生[2]的占[3]
７５％；认为英俊小生[4]内心空虚[5]
的占６８％；而喜欢西部小生[6]的
占８１％。"

　　"什么叫西部小生呀？"

1 择偶: choose one's spouse
2 奶油小生: effeminate young man
3 占: take up
4 英俊小生: handsome young man
5 内心空虚: spiritually empty
6 西部小生: young man from the Western part of China

"西部小生呀——"方芳一笑说，

"西部小生的特点是小眼睛，厚嘴唇[1]，大高个儿，黑脸，黑胳膊，黑腿，穿一件旧的布衣服，两条裤脚一个高一个低。"

大家听了哈哈大笑。

有的人大声说："这不是美男子！"

方芳马上说："专家们认为，女大学生们追求质朴、纯真、粗犷、豪迈[2]，表现了女性新的审美观[3]。"

"你呢，方芳？这也是你的审美观，这也是你的择偶标准吗？"

对这样不礼貌的问题，方芳笑了一下，不回答。开玩笑嘛，何必认真。她不是一个小气的姑娘。

年轻的姑娘就是有魅力[4]，谁都愿意接近她。虽然她长得不像画上的美人，但是她的皮肤很白，身材苗条，

1 嘴唇: lip
2 质朴、纯真、粗犷、豪迈: simple, pure, straightforward and uninhibited; bold and generous
3 审美观: aesthetic standards
4 魅力: charm

móyàng qīngxiù . Tā hé dàjiā de guānxì dōu hěn búcuò .
模样清秀¹。她和大家的关系都很不错。

Bù shào nánjìzhě xǐhuan gēn tā kāi wánxiào , zài wǔhuì shang
不少男记者喜欢跟她开玩笑，在舞会上

dōu yuànyì gēn tā tiàowǔ . Dǎnr xiǎo de nánjìzhě zhǐshì
都愿意跟她跳舞。胆儿小²的男记者只是

kànzhe tā , bùgǎn hé tā tiàowǔ . Fāng Fāng shēnghuó de
看着她，不敢和她跳舞。方芳生活得

hěn kuàilè : Zài bàoshè , biéren yòng chē yào zhǔrèn qiānzì ,
很快乐：在报社，别人用车要主任签字，

tā xūyào yòng chē , jiù búyòng zhǔrèn qiānzì ; dào cāntīng
她需要用车，就不用主任签字；到餐厅

chīfàn , shīfu gěi tā de cài bǐ gěi biéren de duō , gěi tā
吃饭，师傅给她的菜比给别人的多，给她

de ròu shì shòu de , gěi tā de jīdàn shì dà de , fàncài
的肉是瘦的，给她的鸡蛋是大的，饭菜

lěng le hái gěi tā rè . Nánrénmen zài yìqǐ shí , jiào tā
冷了还给她热。男人们在一起时，叫她

" jìzhě zhī huā " .
"记者之花"。

Rán'ér , zài lìhuì shang zhuǎnrù tǎolùn xuǎntí de
然而，在例会上转入讨论选题的

shíhou , nà jiùshì dà jìzhěmen de shìr le . Dà tímù
时候，那就是大记者们的事儿了。大题目

dōu fēnpèi gěi dà jìzhě . Gāojí jìzhě , zhǔrèn jìzhě yào
都分配给大记者。高级记者、主任记者要

dānrèn xiě zhòngyào wénzhāng de rènwù . Dà tímù dōu shì
担任写重要文章的任务。大题目都是

zhòngyào de tímù , bǎ zhèxiē tímù fēn gěi dà jìzhě qù
重要的题目，把这些题目分给大记者去

xiě , shì dāngrán de shì . Fāng Fāng shì yí gè xiǎo jìzhě ,
写，是当然的事。方芳是一个小记者，

bú huì fēndào dà tímù . Zài fēnpèi tímù de shíhou , bèi
不会分到大题目。在分配题目的时候，被

1 清秀: pretty and
graceful
2 胆儿小: timid

chēngwéi " jìzhě zhī huā " de Fāng Fāng jiù méiyǒu shuōhuà
称为 "记者之花" 的 方 芳 就没有说话
de jīhuì le . Zhè shíhou zhǔrèn ràng tā zuò jìlù , bǎ dà
的机会了。这时候主任让她做记录，把大
jìzhěmen de tímù jì xiàlái , ránhòu jiāo gěi biānwěihuì .
记者们的题目记下来，然后交给编委会 [1]。

Yí dào zhè shíhou , Fāng Fāng jiù xiǎng kū . Niánqīng yǒu
一到这时候，方 芳就想哭。年轻有
shénme yòng? Zhǎng de měilì yǒu shénme yòng? Yǒu rén péizhe
什么用？长 得美丽有什么 用？有人陪着
tiàowǔ yǒu shénme yòng? Gēn dàjiā kāi wánxiào , dòu dàjiā
跳舞有什么用？跟大家开玩笑，逗大家
kāixīn yǒu shénme yòng? Tā shènzhì hòuhuǐ xuǎnzéle xīnwén
开心 [2] 有什么用？她甚至后悔选择了新闻
zhège zhuānyè! Dà jìzhěmen jīntiān yì piān tōngxùn , míngtiān
这个专业！大记者们今天一篇通讯 [3]，明天
yì piān tèxiě . Ér tā ne? Gānggāng jìnrù xīnwén
一篇特写 [4]。而她呢？刚 刚进入新闻
hángyè , dǎnr xiǎo , bú zìxìn , xiěbuchū dà jìzhě
行业，胆儿小，不自信，写不出大记者
nàyàng de zhòngyào wénzhāng .
那样的重要 文章。

Hǎoxiàng dàjiā xǐhuan tā shì yīnwèi tā shì gè ràng rén
好 像大家喜欢她是因为她是个让人
xǐhuan de nǚrén , yí gè niánqīng de nǚrén . Dànshì méiyǒu
喜欢的女人，一个年轻的女人。但是没有
rén bǎ tā dàngzuò yì míng zhēnzhèng de jìzhě . Méiyǒu rén
人把她当作一名真正的记者。没有人
gěi tā fēnpèi tímù , méiyǒu rén píngjià tā de zuòpǐn . Tā
给她分配题目，没有人评价她的作品。她
de jiàzhí hǎoxiàng jiùshì tā shì yí gè nǚrén . Xiǎngdào
的价值好 像就是她是一个女人。想到
zhèxiē , tā zhēn xiǎng kū .
这些，她真想哭。

1 编委会: editorial committee
2 开心: happy, rejoicing
e.g. 希望大家生活愉快，天天开心！
3 通讯: news report
4 特写: feature

Zuòpǐn , zuòpǐn , zuòpǐn shì tā de yí kuài xīnbìng .
作品，作品，作品是她的一块心病[1]。
biéren bù bǎ tā de zuòpǐn fàng zài yǎn li , bú zhòngshì tā
别人不把她的作品放在眼里，不重视她
de zuòpǐn , xiǎng qǐlái jiù ràng tā shāngxīn .
的作品，想起来就让她伤心。

Gōngzuò dì-yī nián shì jiànxíqī . Zài jiànxíqī ,
工作第一年是见习期[2]。在见习期，
yǒu yí cì tā dédào yí cì cǎifǎng jīhuì , xiěle yì tiáo
有一次她得到一次采访机会，写了一条
wǔbǎi zì de xiāoxi , hěn jīngliàn . Kěshì , dì-èr tiān
五百字的消息，很精练[3]。可是，第二天
jiànbào , jiù zhǐ shèngxià sānshísì gè zì le .
见报[4]，就只剩下三十四个字了。

Jiànxíqī mǎnle yǐhòu , tā chéngwéi zhèngshì jìzhě ,
见习期满了以后，她成为正式记者，
xiěle hěnduō zuòpǐn , kěshì jiànbào de hái shi xiē xiǎo gǎozi
写了很多作品，可是见报的还是些小稿子[5]。
Tā yě shìzhe xiěle liǎng piān dà tōngxùn , yǒu liù-qīqiān
她也试着写了两篇大通讯，有六七千
zì . Qízhōng yì piān , zhǔrèn kàn zhīhòu shuō " yǒu
字。其中一篇，主任看之后说"有
jīchǔ ", tíle bā tiáo yìjiàn . Tā gāoxìng de xiūgǎi le ,
基础"，提了八条意见。她高兴地修改了，
jiāo shàngqù , kěshì yìzhí méiyǒu xiāoxi . Guòle bàn gè
交上去，可是一直没有消息。过了半个
yuè , tā qù wèn zhǔrèn . Zhǔrèn shuō " Xiānfàng yi fàng ",
月，她去问主任。主任说"先放一放"，
yǐhòu jiù zài yě méiyǒu xiāoxi le .
以后就再也没有消息了。

Dà gǎozi xiěbuliǎo , zhǐhǎo xiě xiǎo gǎozi .
大稿子写不了，只好写小稿子。
Dà jìzhěmen duì tā shuō " xiě xiǎo gǎozi shì yì mén
大记者们对她说"写小稿子是一门

1 心病: worry, anxiety
2 见习期: internship
3 精练: concise
4 见报: be printed in newspapers
5 稿子: draft, manuscript

dàxuéwèn　".　Kěshì　tā　xiělái-xiěqù　,　yě méi jiàn xuéle
大学问"。可是她写来写去，也没见学了

duōshao xuéwèn，bìngqiě bǎ xuéxiàoxué de nà　diǎnr xuéwèn yě
多少学问，并且把学校学的那点儿学问也

wàng de chàbuduō le.
忘得差不多了。

　　Tā yào　jìnbù，tā xiǎng　zǎodiǎnr　zuòchū chéngjì，
　　她要进步，她想早点儿做出成绩，

ràng nàxiē dà　jìzhěmen bùgǎn qīngshì tā！
让那些大记者们不敢轻视她！

　　Xiǎngdào zhèr，Fāng Fāng tíngzhǐle　jìlù，tā yě
　　想到这儿，方芳停止了记录，她也

xiǎng tántan tā de xuǎntí.　Tā shuō dào:
想谈谈她的选题。她说道：

　　"Zuìjìn wǒ diàochále yíxià　líhūn de wèntí，zhǔnbèi
　　"最近我调查了一下离婚的问题，准备

xiě yì piān tàntǎo　líhūn　wèntí de tōngxùn.　Xiànzài líhūn
写一篇探讨[1]离婚问题的通讯。现在离婚

nán shì yí gè shèhuì wèntí.　Gēnjù tǒngjì，zài yìbǎi
难是一个社会问题。根据统计[2]，在一百

duì tíchū　líhūn de　fūqī　zhōng，yì nián nèi bànchéng
对提出离婚的夫妻[3]中，一年内办成

líhūn　shǒuxù de zhǐ zhàn bǎi fēn zhī èr；liǎng nián huò sān nián
离婚手续的只占 2 %；两年或三年

bànchéng de zhàn bǎi fēn zhī bā；sān nián huò wǔ nián bànchéng
办成的占 8 %；三年或五年办成

de zhàn bǎi fēn zhī shí'èr，shí nián hái méi bànchéng de zhàn
的占 1 2 %，十年还没办成的占

bǎi fēn zhī liùshí.　Qízhōng yǒu yí wèi gōngchéngshī，èrshíwǔ
6 0 %。其中有一位工程师，二十五

suì shí tíchū　líhūn，xiànzài yǐjīng wǔshí suì le，hái
岁时提出离婚，现在已经五十岁了，还

méiyǒu bànchéng líhūn shǒuxù.　Tā shuō…　"
没有办成离婚手续。他说……"

1 探讨: discuss
2 统计: statistics
3 夫妻: husband and
wife

"Wǒ kàn zhège tímù bùxíng."Zhǔrèn biǎotài le，
"我看这个题目不行。"主任表态¹了，

"Xiànzài líhūn de rén yì nián bǐ yì nián duō，niánqīngrén shuō
"现在离婚的人一年比一年多，年轻人说

lí jiù lí，zhè hái xíng? Dào shāngdiàn mǎi shuāng xié，
离就离，这还行? 到商店买双鞋，

bù héshì，yào xiǎng tuìhuàn，hái děi fèi kǒushé ne．
不合适，要想退换²，还得费口舌³呢。

Líhūn néng bú fèi shíjiān ma? Wǒ kàn，bàozhǐ xuānchuán
离婚能不费时间吗? 我看，报纸宣传

yào jǐnshèn，búyào gǎn shímáo."
要谨慎，不要赶时髦。"

Zhǔrèn shì quánwēi，tā shuō bùxíng jiù bùxíng。Fāng
主任是权威⁴，他说不行就不行。方

Fāng xīn xiǎng，zhège xuǎntí yǒu gēnjù，yǒu cáiliào，yǒu
芳心想，这个选题有根据，有材料，有

lìzi，yòu shì shèhuì pǔbiàn guānxīn de wèntí，zhè bú
例子⁵，又是社会普遍关心的问题，这不

shì yí gè hǎo xuǎntí ma?
是一个好选题吗?

Zhǔrèn xiǎng gǔlì Fāng Fāng yíxià，duì Fāng Fāng shuō：
主任想鼓励方芳一下，对方芳说：

"Zhèyàng ba，Fāng Fāng，jìrán nǐ yǐjīng diàochále zhè
"这样吧，方芳，既然你已经调查了这

fāngmiàn de wèntí，háishi jìxù zuò xiàqù。Tímù ma，
方面的问题，还是继续做下去。题目嘛，

wǒ zhǔzhāng háishi cóng jījí fāngmiàn kǎolǜ。Xiě líhūn
我主张还是从积极方面考虑。写离婚

nán，bùrú xiě bù líhūn de kěguì。Fūqī ma，yīnggāi
难，不如写不离婚的可贵⁶。夫妻嘛，应该

hùjìng-hùài，tónggān-gòngkǔ。Duō biǎoyáng hémù de
互敬互爱，同甘共苦⁷。多表扬和睦⁸的

jiātíng，kěyǐ cùjìn shèhuì de āndìng tuánjié，yǒulìyú
家庭，可以促进社会的安定团结⁹，有利于

1 表态: air one's opinions

2 退换: return or exchange a purchase
e.g.他买了一件衣服，不合适，准备明天去商店退换。

3 费口舌: waste words; 口舌: talking

4 权威: authority

5 例子: example

6 可贵: valuable, worthy

7 互敬互爱，同甘共苦: show mutual respect and love, share happiness and sufferings

8 和睦: harmonious
e.g.每个人都希望有一个和睦的家庭。

9 安定团结: stability and unity

shèhuì zhǔyì jīngshén wénmíng de jiànshè . "
社会主义精神文明 [1] 的建设。"

Èr
二

Zhōngguó zài èrshí shìjì bāshí niándài yǐqián , líhūn
中国在 20 世纪 80 年代以前，离婚

díquè hěn nán . Yǒu yí gè rén xiǎng líhūn , zìcóng tā
的确很难。有一个人想离婚，自从他

tíchū líhūn yǐhòu , jiā li jiù méiyǒu ānjìngguo .
提出离婚以后，家里就没有安静过。

Shǒuxiān shì línjūmen lái quàn tā búyào líhūn .
首先是邻居们来劝他不要离婚。

" Zhè shì zěnme yìhuíshì a ? Shíjǐ nián de fūqī ,
"这是怎么一回事啊？十几年的夫妻，

zěnme shuō lí jiù lí ya ! " Xī wū de Zhào dàshěn lái le .
怎么说离就离呀！"西屋的赵大婶 [2] 来了。

Qīzi hánzhe yǎnlèi gěi Zhào dàshěn qī chá . Qīzi
妻子含着眼泪给赵 大婶沏茶 [3]。妻子

zài yí gè xiǎo bōlibēi li fàngle yí dà bǎ cháyè , zhè
在一个小玻璃杯 [4] 里放了一大把茶叶 [5]，这

bǎ cháyè gòu qī yì hú chá de . Mòlìhuāchá wǔ kuài
把茶叶够沏一壶茶的。茉莉花茶 [6] 五块

qián yì liǎng , qiántiān cái mǎi de èr liǎng cháyè , hěnkuài jiù
钱一两，前天才买的二两茶叶，很快就

hēwán le .
喝完了。

" Tā qīfu rén ! " Qīzi kū le .
"他欺负 [7] 人！"妻子哭了。

" Āi , dàmèizi a , fūqī tiāntiān zài yìqǐ , yì
"唉，大妹子啊，夫妻天天在一起，一

nián sānbǎi liùshíwǔ tiān , nǎ yǒu bù chǎojià de ? Nǐmen liǎng
年 3 6 5 天，哪有不吵架的？你们两

1 社会主义精神文
明: socialist spiritual
civilization
2 赵大婶: Aunty
Zhao; 大婶: form of
address for a woman
about one's mother's
age
3 沏茶: make tea
4 玻璃杯: glass
5 一大把茶叶: a
handful of tea leaves
6 茉莉花茶: jasmine
tea
7 欺负: bully, insult

gè rén dōu shǎo shuō yí jù ，　bú jiù xíng le ！”
个人 都 少 说 一句，不就行了！”

" Tā tài　qīfu rén le　…　" Qīzi kūzhe，　fǎnfù
“他太欺负人了……”妻子哭着，反复

shuōzhe zhè jù huà.
说着这句话。

Dōng wū de Lǐ dàmā yě lái le . Qīzi cāzhe
东屋的李大妈也来了。妻子擦着

yǎnlèi，　gǎnjǐn ràng zuò，　yòu gěi Lǐ dàmā qī chá. Zhè
眼泪，赶紧让座，又给李大妈沏茶。这

huí，　yòu fàngle yí dà bǎ cháyè！Tā jiù zhèyàng làngfèile
回，又放了一大把茶叶！她就这样浪费了

hǎoduō cháyè.
好多茶叶。

" Lǐ dàmā，　wǒ zhèr zhèng quàn ne，　fūqī dōu
“李大妈，我这儿正劝呢，夫妻都

ràngzhe diǎnr，　yě jiù méishì le ."
让着点儿，也就没事了。”

" Kě bú shì　ma ！ Wǒ zhàngfu，　píqi bùhǎo，
“可不是[1]吗！我丈夫，脾气不好，

zǒngshì ràng wǒ shēngqì. Wǒ niánqīng de shíhou tā hái dǎguo
总是让我生气。我年轻的时候他还打过

wǒ ne，　wǒ dōu rěnzhe. Zhème duō nián yě guòlái le ."
我呢，我都忍[2]着。这么多年也过来了。”

" Tā tài　qīfu rén le　…　"
“他太欺负人了……”

" Āiyō，　dàmèizi，　nǐ zěnme lǎo zhème shuō a ！
“哎哟，大妹子，你怎么老这么说啊！

Liǎngkǒuzi jiù xiàng yí gè rén shìde，　dǎ shì téng，　mà shì
两口子就像一个人似的，打是疼，骂是

ài，　shénme qīfu bù qīfu de，　kàn nǐ shuō nǎr qù
爱，什么欺负不欺负的，看你说哪儿去

le. Zhè jiùshì nǐ búduì le ！Lǐ dàmā，　nǐ shuō wǒ
了。这就是你不对了！李大妈，你说我

1 可不是: exactly
(expressing agreement)
e.g. 您有七十岁了
吧? 可不是, 今年
五月就七十了。
2 忍: endure, tolerate
e.g. 老板批评了她,
她忍着没有哭。

shuō de huà duì bu duì？"
说 的 话 对 不 对？"

" Nǐ shuō de hěn duì！ Wǒ zhàngfu de píqi yě bùhǎo，
"你 说 得 很 对！ 我 丈夫 的 脾气 也 不好，

měi tiān dàojiā jiù shuō wǒ zhè yě búduì， nà yě búduì， hái
每 天 到家 就 说 我 这 也 不对， 那 也 不对， 还

fā píqi。 Wǒ ne， tā jí wǒ bù jí， jiào tā nào¹。
发 脾气。 我 呢， 他 急 我 不 急， 叫 他 闹¹。

Nánrén ma， jiù zhèyàng， nàowánle jiù méi shì le。 Āi，
男人 嘛， 就 这样， 闹完了 就 没 事 了。 唉，

shéi jiào zánmen shì nǚrén ne， zánmen jiù děi rěnzhe diǎnr。"
谁 叫 咱们 是 女人 呢， 咱们 就 得 忍着 点儿。"

Nán wū kuài bāshí suì de Wāng nǎinai yě lái le，
南 屋 快 八十 岁 的 汪 奶奶 也 来 了，

dàjiā dōumángzhe ràng zuò。 Wǎng nǎr zuò？ Yǐzi quán
大家 都忙着 让 座。 往 哪儿 坐？ 椅子 全

zuòmǎn le。 Zhàngfu zhǐhǎo zhàn qǐlái， yòu bùgǎn chūqù，
坐满 了。 丈夫 只好 站 起来， 又 不敢 出去，

jiù zuò dào chuáng biānshang。 Tā yàoshi zǒu le， dàjiā
就 坐 到 床 边 上。 他 要是 走 了， 大家

gèngyào shuō tā bú shì gè dōngxi² le。
更要 说 他 不 是 个 东西² 了。

" Zhè shì zěnme le？ Jīntiān zǎochen wǒ cái tīngshuō，
"这 是 怎么 了？ 今天 早晨 我 才 听说，

nǐmen xiǎoliǎngkǒu³ yào líhūn！ Wǒmen zuò línjū zhème xiē
你们 小两口³ 要 离婚！ 我们 做 邻居 这么 些

nián， wǒ kě děi shuō nǐmen liǎng jù。 Háizi a， zhè kě
年， 我 可 得 说 你们 两 句。 孩子 啊， 这 可

bùxíng a！" Wāng nǎinai zháojí de quànzhe。
不行 啊！" 汪 奶奶 着急 地 劝着。

Qīzi yòu qī chá， yòushì yí dà bǎ cháyè！
妻子 又 沏 茶， 又是 一 大 把 茶叶！

Wāng nǎinai zuòxià， jiù kāishǐ jiǎngqǐ tā zìjǐ de
汪 奶奶 坐下， 就 开始 讲起 她 自己 的

---

1 闹: quarrel; fall out with sb.

2 不是个东西: be not a good person; 东西: creature, thing

3 小两口: young couple

shēnghuó jīnglì：
生活经历：

"Shísì suì wǒ jiù jìnle Wāng jiā ménr. Làyuè chū
"十四岁我就进了汪家门儿。腊月初

bā bài tiāndì，chū jiǔ jiù kāishǐ zuò fàn，zuò yì jiā shí
八拜天地¹，初九就开始做饭，做一家十

kǒu rén de fàn. Dàxuě de tiānqì，dì shang de xuě hòuhòu
口人的饭。大雪的天气，地上的雪厚厚

de，wǒ duānzhe rè mántou wǎng wū li sòng. Wǒ shuāidǎo
的，我端着热馒头往屋里送。我摔倒

le，mántou sǎle yí dì. Wǒ nà zhàngfu kànjiàn le，
了，馒头撒²了一地。我那丈夫看见了，

bù fú wǒ，hái tī wǒ. Wǒ hái bú shì rěnzhe yǎnlèi…"
不扶我，还踢我。我还不是忍着眼泪……"

Wāng nǎinai jiǎngzhe tā guòqù de shìqing，Zhào
汪奶奶讲着她过去的事情，赵

dàshěn，Lǐ dàmā rènzhēn de tīngzhe，qīzi de yǎnlèi yě
大婶、李大妈认真地听着，妻子的眼泪也

wàngle liú le.
忘了流了。

Zhàngfu tīngzhe，gǎndào hěn wúliáo.
丈夫听着，感到很无聊。

Hòuyuàn de Sūn jiě lái le. Tā wèi qīzi dǎbàobùpíng
后院的孙姐来了。她为妻子打抱不平³。

Qīzi de yǎnlèi yòu kāishǐ liú le. Qīzi gěi Sūn jiě qī chá
妻子的眼泪又开始流了。妻子给孙姐沏茶

yòu fàngle yí dà bǎ mòlìhuāchá.
又放了一大把茉莉花茶。

"Tā qīfu rén a…" Qīzi hái zài shuō zhè jù huà.
"他欺负人啊……"妻子还在说这句话。

Zhàngfu xīn li xiǎng，wǒ nǎr qīfu nǐ le，nǐ
丈夫心里想，我哪儿欺负你了，你

dàoshì shuō ya！
倒是说呀！

1 腊月初八拜天地：
hold a wedding cere-
mony on the 8th day
of the 12th month of
the Lunar Year；拜天
地：(of a bride and
groom) tradition-
al ceremony, bowing
to Heaven and Earth,
parents and parents-
in-law, etc.
2 撒：scatter
3 打抱不平：speak
up for the interest of
the oppressed

1 社会主义: social-
ism
2 居委会主任: head
of the neighborhood
committee
3 小子: young man
(address used by el-
ders to young men)
4 仁义: kindness,
benevolence
5 电线杆子: wire
pole
6 弹弓: slingshot
7 得罪: offend, dis-
please
e.g. 他脾气不好,
经常得罪人。
8 管: teach, govern
9 支部委员 branch
committee member
10 人事干部: officer
in charge of person-
nel affairs
11 女工委员: female
workers' committee
member

" Bù néngràng tā   qīfu   rén !   Nǐ gēn wǒ shuō tā zěnme
"不 能 让 他 欺 负 人! 你 跟 我 说 他 怎 么

qīfu   nǐ le ?   Shèhuì zhǔyì   de fùnǚ néng jiào nánrén
欺 负 你 了? 社 会 主 义 [1] 的 妇 女 能 叫 男 人

qīfu   ma ?   Xiànzài shì bāshí niándài le ,   fùnǚ yě yào
欺 负 吗? 现 在 是 80 年 代 了, 妇 女 也 要

shuōhuà ! Kuài shuō ! "
说 话! 快 说! "

Jiù zhèyàng Zhào dàshěn 、   Lǐ dàmā 、   Wāng nǎinai 、
就 这 样 赵 大 婶、李 大 妈、 汪 奶 奶、

Sūn jiě quàn zhè duì niánqīngrén búyào líhūn . Tāmen gāng zǒu ,
孙 姐 劝 这 对 年 轻 人 不 要 离 婚。她 们 刚 走,

jūwěihuì zhǔrèn Mǎ dàyé yòu lái le .   Qīzi yòu qī chá ,
居 委 会 主 任 [2] 马 大 爷 又 来 了。妻 子 又 沏 茶,

yòu zài   bōlibēi li fàngle yí dà bǎ cháyè . Mǎ dàyé mà zhè
又 在 玻 璃 杯 里 放 了 一 大 把 茶 叶。马 大 爷 骂 这

wèi zhàngfu : " Nǐ xiǎozi   cóng xiǎo jiù kàn nǐ bù rényì
位 丈 夫: "你 小 子 [3], 从 小 就 看 你 不 仁 义 [4],

zài hútòng li ,   nǐ dàizhe háizimen pá diànxiàngānzi ,   ná
在 胡 同 里, 你 带 着 孩 子 们 爬 电 线 杆 子 [5], 拿

dàngōng dǎ chuānghu bōli , nǐ dézuì   de rén hái shǎo ma ?
弹 弓 [6] 打 窗 户 玻 璃, 你 得 罪 [7] 的 人 还 少 吗?

Bié yǐwéi nǐ zhǎngdà le ,   gōngzuò le ,   jiéhūn le ,   nǐ Mǎ
别 以 为 你 长 大 了, 工 作 了, 结 婚 了, 你 马

dàye jiù bùgǎn guǎn nǐ le . Gàosu nǐ ,   zhè shìr wǒ guǎn
大 爷 就 不 敢 管 [8] 你 了。告 诉 你, 这 事 儿 我 管

dìng le ,   guǎn dàodǐ ! "
定 了, 管 到 底! "

Mòlìhuāchá hēwán le ,   línjūmen zǒu le ,   dānwèi
茉 莉 花 茶 喝 完 了, 邻 居 们 走 了, 单 位

de rén yòu lái quàn le .   Zhàngfu dānwèi de zhībù wěiyuán 、
的 人 又 来 劝 了。丈 夫 单 位 的 支 部 委 员 [9]、

rénshì gànbù ,   qīzi gōngchǎng li de nǚgōng wěiyuán ,
人 事 干 部 [10], 妻 子 工 厂 里 的 女 工 委 员 [11]、

gōnghuì zhǔxí　dōu lái le . Zhàngfu yòu mǎile èr liǎng cháyè ,
工会主席¹都来了。丈夫又买了二两茶叶，

yòu huāle shí kuài qián .
又花了 10 块钱。

Zhàngfu hé qīzi dānwèi shang de rén zǒu le , jiā li
丈夫和妻子单位上的人走了，家里

de qīnqi yòu lái quàn le .
的亲戚又来劝了。

Bà、mā、gē、sǎo, lǎozhàngren, zhàngmuniáng,
爸、妈、哥、嫂²、老丈人³、丈母娘⁴、

èrjiù, sānyí, dōu lái le . Zhèxiē rén lái le ,
二舅⁵、三姨⁶，都来了。这些人来了，

bù néng zhǐshì hē chá, hái děi gěi tāmen zuò fàn . Zuì jiǎndān
不能只是喝茶，还得给他们做饭。最简单

de fàn shì zhá jiàngmiàn . Tāmen děi qù mǎi tiánmiànjiàng, mǎi
的饭是炸酱面⁷。他们得去买甜面酱，买

cài, zhìshǎo yào mǎi liǎng tiáo huángguā, liǎng tiáo huángguā
菜，至少要买两条黄瓜，两条黄瓜

sān kuài qián . Tāmen pǎoshàng-pǎoxià, pǎolǐ-pǎowài, xǐ
三块钱。他们跑上跑下，跑里跑外，洗

guō xǐ wǎn . Líhūn zhēnshi yòu lèi rén yòu fèi qián de shìr .
锅洗碗。离婚真是又累人又费钱的事儿。

Tāmen hǎo bù róngyì láidàole fǎyuàn . Zài fǎyuàn
他们好不容易来到了法院。在法院

tāmen jiàndào yì nán yì nǚ, chuānzhe zhìfú, názhe
他们见到一男一女，穿着制服⁸，拿着

gōngwénbāo . Tāmen de tàidu hěn hǎo, wènle tāmen
公文包⁹。他们的态度很好，问了他们

de xìngmíng, wènle tāmen de hūnyīn qíngkuàng, ránhòu
的姓名，问了他们的婚姻情况，然后

bǎ hūnyīnfǎ jiǎngle yí biàn yòu yí biàn . Zuìhòu tāmen
把婚姻法讲了一遍又一遍。最后他们

shuō:"Nǐmen de hūnyīn fúhé hūnyīnfǎ dì-sì tiáo de
说："你们的婚姻符合婚姻法第四条的

规定，是有基础的。你们的矛盾是人民
内部矛盾。根据婚姻法第二十五条规定，
我们认为你们的感情还没有'破裂'，
应该进行调解 [1]。"

新的调解又开始了。家里几乎天天
人来人往，像过年似的。他们又开始买
茶叶了。钱一张一张地飞跑了。

马大爷又来调解了，他对丈夫说：
"小子，别闹离婚了！不要以为你读了
电大 [2]，就了不起了！"

赵大婶、李大妈、孙姐、汪奶奶、
支部委员、人事干部、妇女委员、工会
主席、爹、妈、哥、嫂、丈母娘、
老丈人、七大姑八大姨 [3] 又都来调解。
家里的茉莉花茶买了一次又一次，还有
炸酱面……

这么多的人来劝他们不要离婚，

1 调解: mediate

2 电大: TV university; a form of open university

3 七大姑八大姨: various relatives

làngfèile shíjiān , làngfèile jīnglì , hái làngfèile qián .
浪费了时间，浪费了精力，还浪费了钱。

Zuìhòu zhège rén xiǎngle xiǎng : suàn le , bié líhūn le .
最后这个人想了想：算了，别离婚了。

Dàjiā dōu lái quàn , yě shuō bu qīngchu shéi shì duì de shéi
大家都来劝，也说不清楚谁是对的，谁

shì cuò de .
是错的。

Sān
三

Gēnjù zhǔrèn de yìjiàn , Fāng Fāng zhǔnbèi xiě yì piān
根据主任的意见，方芳准备写一篇

guānyú hémù jiātíng de gǎozi . Hémù jiātíng hěn duō .
关于和睦家庭的稿子。和睦家庭很多。

Guānyú hémù jiātíng de cáiliào yí dà duī . Suīrán cáiliào
关于和睦家庭的材料一大堆。虽然材料

hěn duō , dàn Fāng Fāng què juéde méi shénme hǎo xiě de . Tā
很多，但方芳却觉得没什么好写的。她

nále yì piān cáiliào kàn :
拿了一篇材料看：

Dàxué jiàoshòu Wú Jiànhuá jiéhūn sìshí nián , liǎ
大学教授吴建华结婚四十年，俩

rén ēn'ài rúchū[1] , zài shìyè[2] shang hùxiāng bāngzhù , zài
人恩爱如初[1]，在事业[2]上互相帮助，在

shēnghuó shang hùxiāng zhàogù , bèi píng wéi[3] " × × dàxué
生活上互相照顾，被评为[3]"××大学

mófàn[4] fūqī " .
模范[4]夫妻"。

1 恩爱如初: with unabated affection
2 事业: career
3 评为: be honored as
4 模范: model

Tā yòu nále yì piān cáiliào kàn :
她又拿了一篇材料看：

Jiěfàngjūn gànbù Tián Dàzhōng tóngzhì zhíwù gāo
解放军干部¹田大中同志职务²高
le , dìwèi biàn le , dàn duì dāng nóngmín de qīzi
了，地位变了，但对当农民的妻子
zhōngzhēn bùyú , hái tōngguò xiěxìn bāngzhù qīzi xué
忠贞不渝³，还通过写信帮助妻子学
wénhuà . Tā jiā bèi píngwéi wǔ hǎo jiātíng .
文化。他家被评为五好家庭⁴。

Tā yòu kànle yì piān :
她又看了一篇：

Zhùmíng huàjù yǎnyuán Guō Lìlì zài tái shang shì
著名话剧⁵演员郭丽丽在台上是
hǎo yǎnyuán , zài jiā li shì hǎo qīzi , zìjǐ chéngdānle
好演员，在家里是好妻子，自己承担了
quánbù de gūwù láodòng , zhīchí zhàngfu gǎo kēyán , bèi
全部的家务劳动，支持丈夫搞科研⁶，被
píngwéi mófàn jiāshǔ .
评为模范家属⁷。

Zhèxiē dōu shì guānyú hémù jiātíng de cáiliào , dànshì
这些都是关于和睦家庭的材料，但是
zhèxiē jiātíng dōu bèi biéren xiěguo le , Fāng Fāng juéde
这些家庭都被别人写过了，方芳觉得
xiěbuchū shénme xīn de nèiróng . Lìngwài , zhèxiē cáiliào shì
写不出什么新的内容。另外，这些材料是

wèile xuānchuán ér xiě de , FāngFāng juéde zhèxiē cáiliào
为了宣传而写的，方芳觉得这些材料
quēshǎo rénqíngwèir .
缺少人情味儿¹。

　　Fāng Fāng tànle yìkǒuqì : Āi , Zhōngguó zhī
　　方芳叹²了一口气：唉，中国之
dà , jiātíng zhī duō , zěnme zhǎobuchū yí gè zhíde xiě
大，家庭之多，怎么找不出一个值得写
de hémù jiātíng ne ? Háishi zìjǐ qù zhǎo ba ! Tā
的和睦家庭呢？还是自己去找吧！她
xiǎng zhǎo yí gè pǔtōng jiātíng . Tā rènwéi zhǐyǒu pǔtōng
想找一个普通家庭。她认为只有普通
jiātíng , cáishì zhēnshí de . Zhēnshí de jiātíng shēnghuó cái
家庭，才是真实的。真实的家庭生活才
yǒu rénqíngwèir .
有人情味儿。

　　Fāng Fāng xiǎngdàole yí gè jūwěihuì zhǔrèn . Zhège
　　方芳想到了一个居委会主任。这个
zhǔrèn xìng Páng , liùshí suì . Fāng Fāng guǎn tā jiào Páng
主任姓庞，六十岁。方芳管她叫庞
zhǔrèn . Páng zhǔrèn pàngpàng de , rén hěn rèqíng . Bàn
主任。庞主任胖胖的，人很热情。半
niánqián FāngFāng jiù gēn zhè wèi lǎotàitai liánxì shang le .
年前方芳就跟这位老太太联系上了。
Tāmen jīngcháng liánxì . FāngFāngměi gé shí tiān huòzhě bàn
她们经常联系。方芳每隔³十天或者半
gè yuè jiù lái yí tàng , cóng Páng zhǔrèn nàlǐ dédào diǎnr
个月就来一趟，从庞主任那里得到点儿
xìnxī . Lǎotàitai yí dùzi qíngkuàng , zhōuwéi de línjū
信息。老太太一肚子情况，周围的邻居
duì wùjià , zhùfáng , shìzhèng jiànshè , hūn sàng jià qǔ
对物价⁴、住房、市政⁵建设、婚丧嫁娶⁶
de zhǒng zhǒng kànfǎ , tā quán zhīdào . Zhè wèi liùshí suì
的种种看法，她全知道。这位六十岁

1 人情味儿: human touch
2 叹: sigh
3 每隔: every other
他每隔一个星期都会回家看看父母。
4 物价: (of commodities) price
5 市政: municipal administration
6 婚丧嫁娶: weddings and funerals

de lǎotàitai shúxī zhèlǐ de měi yì jiā de qíngkuàng .
的老太太熟悉这里的每一家的情况。

　　　Yì tiān , Fāng Fāng lái zhǎo Páng zhǔrèn , ràng tā
　　一天，方芳来找庞主任，让她

gěi zìjǐ jièshào yí gè pǔtōng jiātíng , tā xiǎng cǎifǎng
给自己介绍一个普通家庭，她想采访

yíxià . Páng zhǔrèn lǐngzhe Fāng Fāng zǒujìnle yí gè Běijīng
一下。庞主任领着方芳走进了一个北京

sìhéyuàn , láidào yí gè pǔtōng jiātíng . Zhè jiā de
四合院¹，来到一个普通家庭。这家的

zhàngfu jiào Liú Shùhuái , qīzi jiào Zhāng Fènglán .
丈夫叫刘述怀，妻子叫张凤兰。

　　　Páng zhǔrèn duì Fāng Fāng shuō : " Zhè jiùshì wǒ gěi nǐ
　　庞主任对方芳说："这就是我给你

jièshào de Liú Shùhuái de jiā . " Zhè wèi jūwěihuì zhǔrèn
介绍的刘述怀的家。"这位居委会主任

duì línjū fēicháng shúxī , línjūmen dōu hǎoxiàng shì tā
对邻居非常熟悉，邻居们都好像是她

de qīnqi shìde . Páng zhǔrèn zài ménkǒu dǎ zhāohu shuō :
的亲戚似的。庞主任在门口打招呼说：

" Fènglán , zài wū li ne ! "
"凤兰，在屋里呢！"

　　　Yí gè zhōngnián fùnǚ gǎnmáng cóng xiǎo chúfáng zǒujìn
　　一个中年妇女赶忙从小厨房走进

fángjiān . Zhè wèi fùnǚ kàn shàngqù hěn pǔtōng , zhè zhèngshì
房间。这位妇女看上去很普通，这正是

Fāng Fāng xiǎng zhǎo de pǔtōng jiātíng de nǚzhǔrén xíngxiàng .
方芳想找的普通家庭的女主人²形象。

" Zhè shì bàoshè de Fāng Fāng jìzhě , lái cǎifǎng nǐmen
"这是报社的方芳记者，来采访你们

jiā , gěi nǐmen jiā dēng bàozhǐ . "
家，给你们家登报纸³。"

Zhè wèi nǚzhǔrén cónglái méiyǒu jiànguo jìzhě , gèng
这位女主人从来没有见过记者，更

1 四合院: quadrangle courtyard
2 女主人: hostess
3 登报纸: be printed on the newspaper

méi xiǎngguo zìjǐ néng dēng bàozhǐ. Tā hěn jǐnzhāng, wèn:
没 想 过 自 己 能 登 报 纸。她 很 紧 张，问：

"Páng zhǔrèn, nín zǒucuò ménr le ba? Wǒmen jiā méiyǒu
"庞 主 任，您 走 错 门 儿 了 吧？我 们 家 没 有

hǎorén hǎoshì, yě méi gàn huàishìr, zěnme huì dēng
好 人 好 事，也 没 干 坏 事 儿，怎 么 会 登

bàozhǐ a?"
报 纸 啊？"

"Fènglán, búyòng pà, bié jǐnzhāng, Fāng tóngzhì[1]
"凤 兰，不 用 怕，别 紧 张，方 同 志[1]

gēn wǒ cǎifǎnghǎo jǐ huí le, tā kě suíhe[2] la. Tā ràng
跟 我 采 访 好 几 回 了，她 可 随 和[2] 啦。她 让

wǒ bāng tā jièshào yí gè hémù de、 rìzi guò de hǎo de
我 帮 她 介 绍 一 个 和 睦 的、日 子 过 得 好 的

pǔtōng jiātíng. Fāng tóngzhì de cǎifǎng shì jīngshén wénmíng
普 通 家 庭。方 同 志 的 采 访 是 精 神 文 明

jiànshè de yí jiàn dà shìr, zhè shì zhōngyāng[3] de jīngshén.
建 设 的 一 件 大 事 儿，这 是 中 央[3] 的 精 神。

Nǐ zài gōngchǎng li yě xuéguo zhōngyāng jīngshén, wǒ bù
你 在 工 厂 里 也 学 过 中 央 精 神，我 不

shuō nǐ yě dǒngde. Wénmíng jiùshì hǎohāo guò rìzi, bù
说 你 也 懂 得。文 明 就 是 好 好 过 日 子，不

chǎojià, bù shēngqì, bú luànnào. Wǒ xiǎng, bàoshè yào
吵 架，不 生 气，不 乱 闹。我 想，报 社 要

xuānchuán zánmen zhège piànqū[4], zhè shì yí jiàn hǎo shìr,
宣 传 咱 们 这 个 片 区[4]，这 是 一 件 好 事 儿，

nǐ yě yào pèihé zán jūwěihuì de gōngzuò a. Nǐmen jiā
你 也 要 配 合 咱 居 委 会 的 工 作 啊。你 们 家

bùchǎo-búnào, héhémùmù de guò rìzi, wǒ jiù bǎ
不 吵 不 闹，和 和 睦 睦 地 过 日 子，我 就 把

Fāng tóngzhì dài dào nǐ zhèr lái le. Nǐ ne, búyào
方 同 志 带 到 你 这 儿 来 了。你 呢，不 要

pà, búyào jǐnzhāng, gēn Fāng tóngzhì tántan nǐmen jiā
怕，不 要 紧 张，跟 方 同 志 谈 谈 你 们 家

1 同志: comrade
2 随和: easy-going; amiable
🅔.🅖 他性格随和，很多人都喜欢跟他交朋友。
3 中央: the Central Committee of the Communist Party
4 片区: district

de qíngkuàng！ Fāng tóngzhì， zuò， qǐng zuò， dàjiā dōu
的 情 况！方 同志，坐，请 坐，大 家 都
zuòxià！" Páng zhǔrèn xiàng zhège jiā de nǚzhǔrén yíyàng
坐 下！" 庞 主 任 像 这 个 家 的 女 主 人 一 样
ràng dàjiā zuòxià.
让 大 家 坐 下。

Fāng Fāng kànle yíxià fángjiān， fángjiān li hěn luàn，
方 芳 看 了 一 下 房 间，房 间 里 很 乱，
jiājù kàn shàngqù yě hěn jiù. Zài chuáng de pángbiān yǒu yí
家 具 看 上 去 也 很 旧。在 床 的 旁 边 有 一
gè xiāngzi， hái yǒu yìxiē zhǐhézi， ránhòu kànjiànle yí
个 箱 子，还 有 一 些 纸 盒 子，然 后 看 见 了 一
gè shāfā. Shāfā hěn jiù， shāfā de fúshǒu shang luòmǎnle
个 沙 发。沙 发 很 旧，沙 发 的 扶 手 ¹ 上 落 满 了
huīchén. Běijīng fēng dà， huīchén duō， yào tiāntiān cā，
灰 尘。北 京 风 大，灰 尘 多，要 天 天 擦，
yì tiān bù cā， jiājù shàngmiàn jiù quán shì huīchén. Shāfā
一 天 不 擦，家 具 上 面 就 全 是 灰 尘。沙 发
dàgài yǒu bàn gè yuè méi cā le， shàngmiàn de huīchén hěn
大 概 有 半 个 月 没 擦 了，上 面 的 灰 尘 很
hòu. Fāng Fāng shàngshēn chuānle jiàn báisè de jiákèshān²，
厚。方 芳 上 身 穿 了 件 白 色 的 夹 克 衫 ²，
xiàmiàn chuān yì tiáo qiǎnsè de kùzi， hěn róngyi nòngzāng.
下 面 穿 一 条 浅 色 的 裤 子，很 容 易 弄 脏。
Fāng Fāng zuò xiàlái， jǐn kěnéng duǒzhe shāfā de fúshǒu.
方 芳 坐 下 来，尽 可 能 躲 着 沙 发 的 扶 手。

Nǚzhǔrén dàole liǎng bēi chá zhīhòu jiù lènglèng de zhàn
女 主 人 倒 了 两 杯 茶 之 后 就 愣 愣 ³ 地 站
zài nàr. Tā bù zhīdào gāi shuō shénme， gāi gàn shénme.
在 那 儿。她 不 知 道 该 说 什 么，该 干 什 么。

"Āi， nǐ yě zuòxià， zhànzhe gàn shénme？" Páng
"哎，你 也 坐 下，站 着 干 什 么？" 庞
zhǔrèn zài yì zhāng hēi mùtou yǐzi shang zuòxià， duì Fènglán
主 任 在 一 张 黑 木 头 椅 子 上 坐 下，对 凤 兰

1 扶手: armrest
2 夹克衫: jacket
3 愣: dumbfounded, stupefied
🅔.🅖 你别愣着呀，赶快帮忙搬东西吧!

hěn qīnqiè , hǎoxiàng Fènglán shì tā de érxífù shìde .
很亲切，好像凤兰是她的儿媳妇¹似的。

"Fāng tóngzhì , nín hē shuǐ !" Fènglán zuò zài chuáng
"方同志，您喝水！"凤兰坐在床

biānshang , yě zhēnxiàng shì yí gè érxífù , bù zhīdào jiē
边上，也真像是一个儿媳妇，不知道接

xiàlái zěnme bàn .
下来怎么办。

"Jūwěihuì zhǎngwòzhe zánmen zhèlǐ jiā jiā hù hù
"居委会掌握着咱们这里家家户户²

de quánbù qíngkuàng , nǐmen jiā shì zuì hémù de jiātíng .
的全部情况，你们家是最和睦的家庭。

Fènglán , bié bù hǎoyìsi , nǐ shuō , shì bu shì zhèyàng
凤兰，别不好意思，你说，是不是这样

a ? Nǐmen jiā de lǎo Liú xīnyǎnr hǎo , duì rén hòudào ,
啊？你们家的老刘心眼儿³好，对人厚道⁴，

shuōhuà héqi , chī de chuān de dōu bù tiāoti , gěi
说话和气⁵，吃的穿的都不挑剔⁶，给

shénme yào shénme , zhèyàng de hǎo nánrén , xiànzài hěn shǎo
什么要什么，这样的好男人，现在很少

yǒu la ! Nǐ shuō shì bu shì , Fènglán ? Nǐmen jiā de
有啦！你说是不是，凤兰？你们家的

qíngkuàng dàjiā dōu qīngchu . Fāng tóngzhì , Fènglán rén kě
情况大家都清楚。方同志，凤兰人可

zhēn búcuò , tā de gōngchǎng zài jiāoqū , shàngbān yuǎn ,
真不错，她的工厂在郊区，上班远，

měi tiān zǎochū-wǎnguī , hái yào dài háizi shàngbān . Měi tiān ,
每天早出晚归，还要带孩子上班。每天，

tiān hái méi liàng jiù děi zǒu , yǒu shí xiàbān hái jǐ bu shàng
天还没亮就得走，有时下班还挤⁷不上

gōnggòng qìchē , huí jiā hěn wǎn . Tā de shēnghuó jiù
公共汽车，回家很晚。她的生活就

zhème jiānnán , kěshì wǒmen méi tīngshuō tāmen liǎngkǒuzi
这么艰难，可是我们没听说他们两口子⁸

1 儿媳妇: daughter-in-law
2 家家户户: each and every family
3 心眼儿: heart
4 厚道: honest and tolerant
e.g. 他的父亲对人十分厚道。
5 和气: gentle, friendly
e.g. 我的老师对学生很和气。
6 挑剔: picky
e.g. 她对服装的样式很挑剔。
7 挤: squeeze
8 两口子: husband and wife

chǎonào、 dǎjià 。Fènglán， nǐ búyào jǐnzhāng， búyào
吵闹、打架 [1]。凤兰，你不要紧张，不要

yǒu gùlǜ ， duō shuō diǎnr …… ”
有顾虑 [2]，多 说点儿……"

" Fāng tóngzhì， nín hē shuǐ！ " Fèng lán jiù huì shuō
"方同志，您喝水！"凤兰就会说

zhè yí jù huà 。
这一句话。

Fāng Fāng tái shǒu cóng xiāngzi shang náguo chábēi 。
方芳抬手从箱子上拿过茶杯。

Kànjiàn chábēi shang yǒu yì céng chágòu ， bēizi li yǒu
看见茶杯上有一层茶垢 [3]，杯子里有

hěn duō cháyè ， shuǐmiàn shang yǒu yì céng huángbáisè de
很多茶叶，水面上有一层黄白色的

pàomò ， tā yòng zuǐ chuīle chuī pàomò， méiyǒu hē 。
泡沫 [4]，她用嘴吹了吹泡沫，没有喝。

Páng zhǔrèn shuō：" Shuō shíhuà， shéi jiā yě bǐ bùliǎo
庞主任说："说实话，谁家也比不了

nǐmen 。 Jiù nǐmen hòuyuànr Mǎ jiā nà liǎngkǒuzi ， nǎ yí
你们。就你们后院儿马家那两口子，哪一

gè yuè bù dǎjià？ Nǚrén zǒngshì huáiyí nánrén zài wàimiàn
个月不打架？女人总是怀疑男人在外面

yǒu nǚrén， tā nánren zhǎng de yòu hēi yòu lǎo， shéi kàn de
有女人，她男人长得又黑又老，谁看得

shàng wa！ Qiántiān tāmen liǎngkǒuzi dǎjià， dǎ de hǎo
上哇！前天他们两口子打架，打得好

lìhai a， hǎo jǐ gè nánren cái bǎ tāmen lākāi 。 Zhè jiào
厉害啊，好几个男人才把他们拉开。这叫

guò rìzi ma？ "
过日子吗？"

Fāng Fāng tīngzhe， yǎnjing kànzhe wū li de jiājù 。
方芳听着，眼睛看着屋里的家具。

Yì zhāng shuāng rén mùbǎn chuáng fēicháng jiù， lǐbiān kào
一张 双人木板床 非常旧，里边靠

1 打架: fight
2 顾虑: misgivings, worry
e.g. 因为有一个好工作，他生活上没有顾虑。
3 茶垢: tea stain
4 泡沫: foam, bubble

qiáng hái jiēle yí kuài mùbǎn , kěnéng shì gěi háizi shuìjiào
墙 还接了一块木板 [1], 可能是给孩子睡觉
de dìfang . Chuángdān yě hěn jiù , yǐjīng kànbuchū yánsè
的地方。 床 单也很旧， 已经看不出颜色
le . hǎoxiàng yǒudiǎnr hóngsè hé lǜsè . Sān chuáng
了， 好 像有点儿红色和绿色。 三 床
bèizi yánsè bù yíyàng , zuì shàngmiàn de shì huángsè
被子颜色不一样， 最 上 面 的是黄色，
yánsè hěn dàn le . Bèizi shàngmiàn fàngzhe zhěntou .
颜色很淡了。 被子上 面 放着 枕头。
Zhěntou shàngmiàn de zhěnjīn kàn shàngqù yě bù gānjìng .
枕头 上 面 的枕巾 [2] 看上去也不干净。

　　Páng zhǔrèn jiēzhe shuō: " … Āi ! Dōng yuàn de
　　庞 主任接着说:"……唉! 东 院 的
Xiǎo Tián jiā , háizi dōu liǎng-sān suì le , hái zài nào ne .
小 田家, 孩子都两三岁了， 还在闹呢。
Xiànzài xífù huídào zìjǐ fùmǔ jiā yí zhù jiùshì bàn nián ,
现在媳妇回到自己父母家一住就是半年，
bǎ nánren liú zài jiā li , chībushàng hēbushàng . XiǎoTián jiā
把男人留在家里， 吃不上喝不上。 小田家
de xífù kǎoshàngle diàndà , jiù kànbuqǐ zìjǐ de nánren
的媳妇考上了电大， 就看不起自己的男人
le . Yí rì fūqī bǎi rì ēn , bǎi rì fūqī bǐ hǎi shēn .
了。 一日夫妻百日恩, 百日夫妻比海深 [3]。
　　Rújīn zhè niánqīngrén zhēn qìrén , qì de wǒ cháng shuō ,
　　如今这年轻人真气人， 气得我常说，
nǐmen zhèyàng jīngcháng jiéhūn líhūn de , zhèngfǔ máng de
你们这样经 常 结婚离婚的， 政府 忙 得
guòlái ma ? … "
过来吗?……"
　　Páng zhǔrèn duì zìjǐ zhège piànqū de jiājiāhùhù dōu
　　庞 主任对自己这个片区的家家户户都
liǎojiě de yìqīng'èrchǔ , zhēnshi jiājiā dōuyǒu yì běn nán
了解得一清二楚 [4], 真是家家都有一本难

1 木板: (wood) board
2 枕巾: towel used to cover a pillow
3 一日夫妻百日恩, 百日夫妻比海深: (saying) Together for a day as husband and wife means endless devotion for the rest of one's life; Together for a hundred days as husband and wife means devotion as deep as sea.
4 一清二楚: as plain as daylight

niàn de jīng .
念 的 经 [1]。

Fāng Fāng yìbiān tīng, yìbiān kànzhe wūzi li de
方 芳 一 边 听，一 边 看 着 屋 子 里 的
dōngxi . Tā kàndào chuángtóu shàngmiàn de liǎng gè jìngkuàng.
东西。她 看 到 床 头 上 面 的 两 个 镜框 [2]。
Yí gè jìngkuàng li zhuāng de shì " wǔ hǎo jiātíng " de
一 个 镜 框 里 装 的 是 "五 好 家 庭" 的
jiǎngzhuàng, lìng yí gè jìngkuàng lǐmiàn zhuāng de shì hěn
奖 状 [3]，另 一 个 镜 框 里 面 装 的 是 很
duō xiǎo zhàopiàn, yǒu yì zhāng zhàopiàn fǎngfú shì jiéhūn
多 小 照 片，有 一 张 照 片 仿佛 是 结 婚
zhàopiàn, kěxī kànbuqīng . Wūzi li de qiáng yòu hēi
照 片，可 惜 看 不 清。屋 子 里 的 墙 又 黑
yòu huáng, kànlái hěn cháng shíjiān méiyǒu fěnshuā le .
又 黄，看 来 很 长 时 间 没 有 粉刷 [4] 了。
Chuāngtái shang yǒu liǎng gè kōng píjiǔ píng, yì zhī jiǎ de
窗台 [5] 上 有 两 个 空 啤 酒 瓶，一 只 假 的
Tángsāncǎi fēi mǎ .
唐三彩 [6] 飞 马。

Páng zhǔrèn jìxù shuō: " Guòrìzi jiù nàme huí
庞 主 任 继 续 说："过 日 子 就 那 么 回
shìr, liǎngkǒuzi yīnggāi kuānróng ! Qiántiān yǒu gè
事 儿，两 口 子 应 该 宽容 [7]！前 天 有 个
xiǎohuǒzi pǎodào jūwěihuì nào líhūn, fēi líhūn bù kě.
小 伙 子 跑 到 居 委 会 闹 离 婚，非 离 婚 不 可。
Wǒ yí wèn, jiéhūn cái liù gè yuè líng sān tiān. Shuō shénme
我 一 问，结 婚 才 六 个 月 零 三 天。说 什 么
méiyǒu gòngtóng yǔyán, gǎnqíng bù hé. Zhēn qìrén. Wǒ
没 有 共 同 语 言，感 情 不 和。真 气 人。我
duì tā shuō, nǐ cái èrshíwǔ, líle hūn nǐ bú shì hái
对 他 说，你 才 二 十 五，离 了 婚 你 不 是 还
yào zài jiéhūn? Hái děi zhǎo gè nǚde ma? Bù hǎohāor
要 再 结 婚？还 得 找 个 女 的 吗？不 好 好 儿

1 家家都有一本难念的经: Each family has its own problems.
2 镜框: picture frame
3 "五好家庭"的奖状: a certificate for a Five-Good Family
4 粉刷: whitewash
5 窗台: windowsill
6 唐三彩: tri-colored glazed pottery from the Tang Dynasty
7 宽容: tolerant
他很宽容，没有让她赔礼道歉。

guò rìzi，zhēteng shénme！ Fāng tóngzhì，nín bié xiào，
过日子，折腾¹什么！方同志，您别笑，

jīcéng de gōngzuò nán zhene，nǎr zhǎngwò bù hǎo jiù
基层²的工作难着呢，哪儿掌握不好就

xǔ chū diǎnr shì。Xiànzài de rén gēn yǐqián bù yíyàng，
许³出点儿事。现在的人跟以前不一样，

rén xīn huó，shāowēi bú zhùyì，shìr jiù nào dà le。
人心活，稍微不注意，事儿就闹大了。

Háiyǒu sān hào yuàn de Lǎo Wáng jiā ……"
还有三号院的老王家……"

　　Páng lǎotàitai yuè shuō yuè xīngfèn，yuè shuō yuè duō，
　　庞老太太越说越兴奋，越说越多，

Fāng Fāng bù hǎo dǎduàn tā，zhǐdé nàixīn de tīngzhe。
方芳不好打断⁴她，只得耐心地听着。

　　Nǚzhǔrén gǎndào yǒudiǎnr bù'ān，bǎ lǎotàitai de huà
　　女主人感到有点儿不安，把老太太的话

dǎduàn le：
打断了：

　　"Fāng tóngzhì，nín hē shuǐ！"
　　"方同志，您喝水！"

　　Yí jù huà tíxǐngle Páng zhǔrèn。Tā yě kě le，
　　一句话提醒了庞主任。她也渴了，

duānqǐ bēizi "gūdōng gūdōng" de hēle gè tòngkuai。
端起杯子"咕咚咕咚"地喝了个痛快。

　　Fāng Fāng yě juéde gāi tā shuō le。
　　方芳也觉得该她说了。

　　"Páng zhǔrèn，nín máng nín de shìr qù ba，wǒ gēn
　　"庞主任，您忙您的事儿去吧，我跟

Zhāng dàjiě tántan。"
张大姐谈谈。"

　　"Xíng，xíng，nǐmen tán，nǐmen tán。Yǒu shá
　　"行，行，你们谈，你们谈。有啥⁵

wèntí nín zài zhǎo wǒmen jūwěihuì。"
问题您再找我们居委会。"

1 折腾: ask for trouble and waste time
例这个人很喜欢折腾，这几年换了很多次工作。

2 基层: grassroots

3 许: perhaps

4 打断: interrupt

5 啥: (dialect) what

Lǎotàitai　yòu duì Zhāng Fēnglán shuōle　yí jù：
老太太又对　张　凤兰说了一句：

"Fēnglán，Fāng tóngzhì wǒ kě jiāo gěi nǐ le！"
"风兰，方同志我可交给你了！"

Lǎotàitai　zǒu le，guānshàngle mén，　wūzi　li
老太太走了，关上了门，屋子里

yíxiàzi　jiù ānjìng xiàlái． Fāng Fāng hé Zhāng Fènglán dōu
一下子就安静下来。方芳和张凤兰都

méi huàshuō le，liǎng gè rén dōu chénmò le． Fāng Fāng shuō：
没话说了，两个人都沉默了。方芳说：

"Zhāng dàjiě，nín shuōshuo guānyú nǐmen jiā de shì ba！"
"张大姐，您说说关于你们家的事吧！"

Fāng Fāng xīn xiǎng，　nǐ shuō shá dōu xíng，zhǐyào shì
方芳心想，你说啥都行，只要是

zìjǐ　xiǎng shuō de huà jiù xíng．
自己想说的话就行。

Zhāng Fènglán　yìdiǎnr　sīxiǎng zhǔnbèi yě méiyǒu，
张凤兰一点儿思想准备也没有，

miànduìzhe zhè wèi jìzhě hé yí gè guānyú jiā de zhèyàng dà de
面对着这位记者和一个关于家的这样大的

huàtí，bù zhīdào gāi zěnme shuō．
话题，不知道该怎么说。

Fāng Fāng shuō："Nín xiǎngdào shénme jiù shuō shénme，
方芳说："您想到什么就说什么，

guānyú nǐmen jiā de shì．"
关于你们家的事。"

"Fāng tóngzhì，nín hē shuǐ．"
"方同志，您喝水。"

Fāng Fāng duānqǐ bēizi，dàn méiyǒu hē，tā shuō：
方芳端起杯子，但没有喝，她说：

"Nà jiù tántan nín hé nín zhàngfu shì zěnme rènshi de，
"那就谈谈您和您丈夫是怎么认识的，

zěnme jiéhūn de，hǎo ma？"
怎么结婚的，好吗？"

Fāng Fāng kàn tā shénme dōu shuō bù chūlái, jiù zhǐhǎo
方芳看她什么都说不出来，就只好
yìdiǎn yìdiǎn de yǐndǎo tā.
一点一点地引导¹她。

Zhè fāngfǎ guǒrán hěn hǎo. Zhāng Fènglán zuò zài
这方法果然很好。张凤兰坐在
duìmiàn, mǎshàng yǎnjing yí liàng, liǎn hóng le. Zhāng
对面，马上眼睛一亮，脸红了。张
Fènglán zài huíyì, tāmen shì zěnme rènshi de, zěnme
凤兰在回忆，他们是怎么认识的，怎么
jiéhūn de. Shì a, zěnme rènshi de, zěnme jiéhūn
结婚的。是啊，怎么认识的，怎么结婚
de? Yǐjīng hěn jiǔ méiyǒu rén tí zhège wèntí le, hěn
的？已经很久没有人提这个问题了，很
jiǔ, hěn jiǔ le. Gāng jiéhūn de shíhou, chángcháng
久，很久了。刚结婚的时候，常常
yǒu rén tíchū zhèyàng de wèntí. Huídá, xiūsè,
有人提出这样的问题。回答、羞涩²、
xīngfèn… Ránhòu, jiù guòqù le, hòulái jiù méiyǒu rén
兴奋……然后，就过去了，后来就没有人
zài tí zhèyàng de wèntí le. Hǎoxiàng tā shēnglái jiùshì Liú
再提这样的问题了。好像她生来就是刘
Shùhuái de lǎopo.
述怀的老婆³。

Suìyuè dàizǒule liànqíng, dàizǒule mìyuè,
岁月带走了恋情⁴，带走了蜜月⁵，
dàizǒule ēnài, dàizǒule měihǎo. Xīn yīfu biànchéngle
带走了恩爱⁶，带走了美好。新衣服变成了
jiù yīfu, xīn máojīn biànchéngle māzhuōbù. Chái、
旧衣服，新毛巾变成了抹桌布⁷。柴、
mǐ、yóu、yán、jiàng、cù、chá; shēng háizi、
米、油、盐、酱、醋、茶⁸；生孩子⁹、
xǐ yīfu、shàng értóng yīyuàn、cún dàbáicài guòdōng.
洗衣服、上儿童医院、存大白菜过冬¹⁰。

1 引导: guide
2 羞涩: shy
3 老婆: (oral) wife
4 恋情: love
5 蜜月: honeymoon
6 恩爱: conjugal love; affection
7 抹桌布: rag
8 柴、米、油、盐、酱、醋、茶: daily necessities: fire wood, rice, cooking oil, salt, soy sauce, vinegar, and tea
9 生孩子: give birth to a child
10 存大白菜过冬: preserve cabbages for winter

jiā jiā rúcǐ 。 Nián nián rúcǐ 。 Zhè jiùshì jiéhūn , zhè
家家如此。年年如此。这就是结婚，这

jiùshì jiātíng , zhè jiùshì shēnghuó , píngpíngchángcháng ,
就是家庭，这就是生活，平平常常，

shíshízàizài .
实实在在。

" Shuōshuo ba , nǐmen shì zěnme rènshi de ？ "
"说说吧，你们是怎么认识的？"

" Dōu lǎofū-lǎoqī le , hái shuō zhèxiē ？ "
"都老夫老妻了，还说这些？"

" Shuōshuo ba , rúguǒ bú shì mìmì dehuà . "
"说说吧，如果不是秘密的话。"

" Yǒu shá mìmì , jiùshì tā èr gū jièshào wǒmen
"有啥秘密，就是他二姑[1]介绍我们

rènshi de . "
认识的。"

" Néng bu néng shuō jùtǐ xiē ？ Bǐrú shuō , nǐmen
"能不能说具体些？比如说，你们

dì-yī cì jiànmiàn , zài shénme dìfang ？ "
第一次见面，在什么地方？"

" Dì-yī huí jiànmiàn , hǎoxiàng shì zài tā èr gū de jiā
"第一回见面，好像是在他二姑的家

li . " Tā xiàole xiào , " Búduì , hǎoxiàng shì zài gōngyuán
里。"她笑了笑，"不对，好像是在公园

jiàn de miàn . "
见的面。"

" Dàodǐ shì zài nǎr ya ？ "
"到底是在哪儿呀？"

" Wǒ xiànzài zhēnde jì bù qǐlái le ⋯ "
"我现在真的记不起来了……"

" Nà nín zài hǎohāor xiǎngxiang . "
"那您再好好儿想想。"

" Xiǎngxiang , ràng wǒ xiǎngxiang kàn ⋯ Āi , háizi
"想想，让我想想看……唉，孩子

1 二姑: second aunt
姑: father's sister

都八岁了，谁还记着那些事。忘了，想不起来了。"

方芳感到很失望，结婚是一生中如此重要的事情，她却忘了。这种人！

"好吧，等您想起来了，再告诉我。现在，您能不能说说，第一次见面，他给您什么样的印象？"

"第一次，我说不清楚。反正，觉着，还凑合¹吧！"

"那就是说，也还满意，又不太满意。"

"……"

"那您就说说，满意的是什么，不满意的是什么？"

"我？……我真说不好。"

方芳觉得这种采访很累。张凤兰什么都说不出来，把跟丈夫第一次见面的地点都忘得干干净净。看来张凤兰

1 凑合: be just so-so
e.g.他觉得自己的中文说得还凑合。

shì yí gè fáwèi de nǚrén .
是一个乏味¹的女人。

　　Zhāng Fènglán juéde yǒudiǎnr duìbuqǐ Fāng Fāng .
　　张 凤兰 觉得有点儿对不起方 芳。

Tāmen liǎng gè rén dōu gǎndào hěn gāngà . Zhèshí, tā
她们 两个人都 感到 很尴尬²。这时，她

de zhàngfu Liú Shùhuái huíjiā lái le .
的丈夫刘述怀回家来了。

　　Tā chuānzhe yí tào hěn jiù de zhōngshānfú, tuīzhe
　　他穿 着一套很旧的中山服³，推着

yí liàng jiù zìxíngchē , chē shang guàzhe yí gè jiù bāo,
一辆旧自行车，车 上 挂着一个旧包，

jìn mén le .
进门了。

　　" Lǎo Liú , lái kèrén le ! " Zhāng Fènglán mǎshàng
　　"老刘，来客人了！" 张 凤兰马上

zhàn qǐlái .
站起来。

　　Liú Shùhuái tái tóu kànle kàn , kàndào zuò zài shāfā
　　刘述怀抬头看了看，看到坐在沙发

shang de Fāng Fāng, diǎnle diǎn tóu , bǎ zìxíngchē tíng zài
上 的方 芳，点了点头，把自行车停在

chuáng de lìng yì biān , ránhòu cóng chē shang qǔxià tā de
床 的另一边，然后从 车 上 取下他的

jiù bāo . Fāng Fāng máng zhàn qǐlái zìwǒ jièshào :
旧包。方 芳 忙 站起来自我介绍：

　　" Wǒ shì bàoshè de jìzhě Fāng Fāng , xiǎng cǎifǎng
　　"我是报社的记者方 芳， 想 采访

yíxià nǐmen de jiātíng . "
一下你们的家庭。"

　　Tā méiyǒu shēnchū shǒu qù , tā yě méiyǒu shēnchū shǒu
　　她没有伸出 手去，他也没有伸出手

lái . Tāmen méiyǒu wòshǒu .
来。他们没有 握手。

1 乏味: boring
e.g.这里的生活单
调、乏味。

2 尴尬: embarrassed
e.g.上课又迟到了，
他感到很尴尬。

3 中山服: Sun Yat-
sen uniform; Chinese
tunic suit

"Hǎo,　nǐmen tán ba！" Tā zhǔnbèi chūqù.
"好，你们谈吧！"他准备出去。

Zhāng Fènglán yì bǎ lánzhù tā:
张凤兰一把拦住他：

"Lǎo Liú,　nǐ bié zǒu ya,　jìzhě hái yào zhǎo nǐ
"老刘，你别走呀，记者还要找你

tán ne！"
谈呢！"

Fāng Fāng méi xiǎng zhǎo Liú Shùhuái tán,　shì Zhāng
方芳没想找刘述怀谈，是张

Fènglán bǎ zhàngfu lánzhù le,　kěnéng tā juéde ràng zhàngfu
凤兰把丈夫拦住了，可能她觉得让丈夫

tán,　cái néng bǎ Fāng Fāng de wèntí shuō qīngchu,　cái
谈，才能把方芳的问题说清楚，才

duìdeqǐ Fāng Fāng.
对得起方芳。

"Ng,　hǎo ba！" Liú Shùhuái méiyǒu chūqù. Tā
"嗯，好吧！"刘述怀没有出去。他

bǎ bāo fàng zài chuāngtái shang.
把包放在窗台上。

Fāng Fāng kàndào tā de yīfu hěn jiù,　yǎnjing hé
方芳看到他的衣服很旧，眼睛和

liǎnsè huī'àn. Zhè zhēnshi yí gè píngpíngchángcháng de
脸色灰暗[1]。这真是一个平平常常的

rén. Nánguài Zhāng Fènglán shénme dōu shuō bù chūlái. Tā
人。难怪张凤兰什么都说不出来。她

bù xiǎng zài chóngfù gāngcái nàxiē wèntí.
不想再重复刚才那些问题。

Zhāng Fènglán duì zhàngfu shuō: "Gāngcái Fāng tóngzhì
张凤兰对丈夫说："刚才方同志

hái wèn wǒ,　zánmen dì-yī cì jiànmiàn zài nǎr."
还问我，咱们第一次见面在哪儿。"

"Ó？" Tā yòng yì zhī dà shǒu mǒle mǒ liǎn,
"哦？"他用一只大手抹[2]了抹脸，

1 灰暗: gloomy
2 抹: wipe

wèn qīzi , "Zài nǎr ? "
问妻子,"在哪儿?"

" Wèn nǐ ne ! "
"问你呢!"

Tā yòu mǒlái-mǒqù , bùzhī yào mǒqù shénme , zhǐ
他又抹来抹去,不知要抹去什么,只

shuō : " Wàng le . "
说:"忘了。"

Fāng Fāng juéde zhège zhàngfu kěnéng shì yí gè gèng
方芳觉得这个丈夫可能是一个更

fáwèi de rén , fǒuzé qīzi zěnme huì wàngdiào hé tā
乏味的人,否则妻子怎么会忘掉和他

dì-yī cì jiànmiàn de dìdiǎn ne . Tā bù xiǎng wèn , tā
第一次见面的地点呢。她不想问,她

yǐjīng méiyǒu xìngqù le . Zǒu ba ! Yīnggāi jiéshù zhèyàng
已经没有兴趣了。走吧!应该结束这样

fáwèi de cǎifǎng le . Fāng Fāng zhàn qǐlái , kèqi zhōng
乏味的采访了。方芳站起来,客气中

hánzhe lěngdàn :
含¹着冷淡²:

" Shíjiān bù zǎo le , wǒ gāi zǒu le . Wǒ běnlái shì
"时间不早了,我该走了。我本来是

xiǎng gǎo diǎnr jiātíng diàochá , suíbiàn tántan ⋯ "
想搞点儿家庭调查,随便谈谈……"

Kèrén yào zǒu , Zhāng Fènglán tūrán gǎndào hěn
客人要走,张凤兰突然感到很

qīngsōng . Tā zhàn qǐlái sòng kèrén , yě bǎ Liú Shùhuái lā
轻松。她站起来送客人,也把刘述怀拉

qǐlái .
起来。

Fāng Fāng shuō : " Běnlái hái xiǎng wènwen , nǐmen
方芳说:"本来还想问问,你们

zhège jiātíng shì zěnme guò de . "
这个家庭是怎么过的。"

1 含: contain
e.g.她含着眼泪离开
了父母亲。
2 冷淡: cold, indif-
ferent
e.g.她态度很冷淡。

"Còuhe guò bei！" Zhāng Fènglán huídá.
"凑合过呗！"张凤兰回答。

"Shì a，còuhe guò bei！" Liú Shùhuái yě gēnzhe
"是啊，凑合过呗！"刘述怀也跟着

lǎopo de huà shuō.
老婆的话说。

Fāng Fāng juéde zhè cì cǎifǎng hěn shībài，shénme
方芳觉得这次采访很失败，什么

shōuhuò yě méiyǒu.
收获[1]也没有。

Liú Shùhuái juéde sòng kèrén yīnggāi shuō diǎnr
刘述怀觉得送客人应该说点儿

shénme. Sòng kèrén bù shuōhuà xiǎnde yǒudiǎnr
什么。送客人不说话显得有点儿

lěngdàn，kěshì yě bù zhīdào shuō shénme. Tāmen
冷淡，可是也不知道说什么。他们

zǒudào sìhéyuànr ménkǒu. Fāng Fāng tóng Zhāng
走到四合院儿门口。方芳同张

Fènglán wòshǒu gàobié，ránhòu yòu tóng Liú Shùhuái wòshǒu
凤兰握手告别，然后又同刘述怀握手

gàobié. Liú Shùhuái shuō："Qíshí，nǎ jiā bú shì
告别。刘述怀说："其实，哪家不是

còuhezhe guò？ Qiā-nwàn gè jiātíng dōu xiàng xiāzi
凑合着过？千万个家庭都像瞎子[2]

guò hé — zìgěr mōzhe mànmān guò bei！"
过河——自个儿摸着慢慢过呗！"

Fāng Fāng yǎnqián yí liàng. Tā gǎnjué Liú Shùhuái bú
方芳眼前一亮。她感觉刘述怀不

shì yí gè píngcháng de rén. Zhèlǐ de fángzi suīrán hěn jiù，
是一个平常的人。这里的房子虽然很旧，

dàn què zhùzhe yí gè hěn yǒu guāngcǎi de rén. "Wǒ xiàcì
但却住着一个很有光彩[3]的人。"我下次

zài lái！" Fāng Fāng shuōwán，jiù zǒu le.
再来！"方芳说完，就走了。

1 收获: gains

2 瞎子: blind man

3 光彩: shine, glittering

Sì
四

Nándào pǔtōng jiātíng de hūnyīn shēnghuó zhēnde xiàng
难道普通家庭的婚姻生活真的像
Liú Shùhuái shuō de nàyàng ma? Fāng Fāng yìzhí zài xiǎng Liú
刘述怀说的那样吗？方芳一直在想刘
Shùhuái shuō de nà jù huà: " Qiān-wàn gè jiātíng dōu xiàng
述怀说的那句话："千万个家庭都像
xiāzi guò hé — zìgěr mōzhe mànmān guò bei! "
瞎子过河——自个儿摸着慢慢过呗！"
Fāng Fāng gǎn jué dào pǔtōng jiātíng hūnyīn yǒuzhe tèbié
方芳感觉到普通家庭婚姻有着特别
fēngfù de nèiróng. Fāng Fāng zǒudào nǎlǐ, dōu xiǎngdào
丰富的内容。方芳走到哪里，都想到
pǔtōng de jiātíng shēnghuó, jiù hǎoxiàng kàndào rénmen dōu
普通的家庭生活，就好像看到人们都
zài hùxiāng fúzhe, mōzhe guòhé. Zài jiē shang, zài
在互相扶着、摸着过河。在街上，在
chēzhàn, zài bàngōngshì, zài túshūguǎn, zài shítáng,
车站，在办公室，在图书馆，在食堂，
zài sùshè, dàochù dōu shì zhèxiē pǔtōngrén zài shēnghuó,
在宿舍，到处都是这些普通人在生活，
zài mōzhe guò hé.
在摸着过河。

Fāng Fāng zhù zài dānshēn[1] sùshè. Tā hé Lǐ Suǒlíng
方芳住在单身[1]宿舍。她和李索玲
zhù zài yìqǐ. Lǐ Suǒlíng shì zuò jiàoduì[2] gōngzuò de, bǐ
住在一起。李索玲是做校对[2]工作的，比
Fāng Fāng dà shí suì. Tā jiéguo hūn, xiànzài yòu líle
方芳大十岁。她结过婚，现在又离了
hūn. Tā dào bàoshè gōngzuò yǐjīng bā nián le, kěshì hěn
婚。她到报社工作已经八年了，可是很
duō jìzhě dōu bú rènshi tā. Jǐnguǎn dàjiā bú rènshi tā,
多记者都不认识她。尽管大家不认识她，

1 单身: single
2 校对: proofread

tā què jiàoduìguo bàoshè li suǒyǒu rén de gǎozi . Yīnwèi
她却校对过报社里所有人的稿子。因为

jīngcháng shì biéren shàngbān tā xiàbān , biéren shuìjiào tā cái
经常是别人上班她下班，别人睡觉她才

qǐchuáng . Rúguǒ bú shì fēn dào tóng yì jiān sùshè , Fāng
起床。如果不是分到同一间宿舍，方

Fāng yě búhuì rènshi tā .
芳也不会认识她。

Sùshè hěn zhǎi . Lǐmiàn yǒu liǎng zhāng chuáng , liǎng
宿舍很窄。里面有两张床，两

zhāng chuáng zhōngjiān yǒu yì zhāng zhuōzi , zhuōzi shang yǒu
张床中间有一张桌子，桌子上有

liǎng gè táidēng , Fāng Fāng hé Lǐ Suǒlíng yì rén yí gè táidēng .
两个台灯¹，方芳和李索玲一人一个台灯。

FāngFāng tǎng zài chuáng shang , dāidāi de wàngzhe tiānhuābǎn ,
方芳躺在床上，呆呆地²望着天花板³，

xiǎngzhe Liú Shùhuái shuō de nà jù huà .
想着刘述怀说的那句话。

Suīshuō Fāng Fāng hé Lǐ Suǒlíng píngshí hěn nán jiànmiàn ,
虽说方芳和李索玲平时很难见面，

dànshì xīngqītiān jiéjiàrì néng zài yìqǐ . Lǐ Suǒlíng bú ài
但是星期天节假日能在一起。李索玲不爱

shuōhuà , tāmen zhù zài yìqǐ yì nián duō le , Fāng Fāng
说话，她们住在一起一年多了，方芳

zhǐ tīng tā shuōguo jǐ jù huà : " Wǒ chāguo duì , dàiguo
只听她说过几句话："我插过队⁴，待过

yè , jiéguo hūn , líguo hūn , àiguo , yě hènguo ,
业⁵，结过婚，离过婚，爱过，也恨过，

xiànzài bú ài yě bú hèn . " Lǐ Suǒlíng píqi hěn guài ,
现在不爱也不恨。"李索玲脾气很怪⁶，

yùshàng zhèyàng de guàirén , shì méiyǒu bànfǎ jiāoliú de .
遇上这样的怪人，是没有办法交流的。

Xiànzài Lǐ Suǒlíng hé Fāng Fāng yíyàng , yě tǎng
现在李索玲和方芳一样，也躺

1 台灯: desk lamp
2 呆呆地: blankly
3 天花板: ceiling
4 插过队: (of an urban youth) go to live and work in the countryside as a member of a rural production team
5 待过业: wait for employment
6 怪: eccentric
他的性格很古怪，不喜欢交朋友。

zài chuáng shang . Tā zài kàn shū . Tā báitiān kàn shū ,
在 床 上。 她 在 看 书。 她 白天 看 书,

wǎnshangkàn gǎozi . Yǒu yí cì , Fāng Fāng wèn tā :
晚 上 看 稿子。 有 一次, 方 芳 问 她:

" Nǐ lǎoshì kàn shū , yǎnjing bú lèi ma ? "
"你 老是 看 书, 眼睛 不 累 吗?"

" Bú kàn diǎnr shénme , jiù shuìbuzháo . " Shuōwán ,
"不 看 点儿 什么, 就 睡不着。" 说 完,

yòu jiēzhe qù kàn shū .
又 接着 去 看 书。

Fāng Fāng xīn xiǎng : Lǐ Suǒlíng jiéguo hūn , líguo
方 芳 心 想: 李 索玲 结过 婚, 离过

hūn . Tā de jiātíng hěn shībài . Nàme duō de jiātíng dōu bù
婚。 她 的 家庭 很 失败。 那么 多 的 家庭 都 不

líhūn , tā wèi shénme yào líhūn ne ?
离婚, 她 为 什么 要 离婚 呢?

Liú Shùhuái de yí jù huà , fǎngfú gěile tā yì bǎ
刘 述怀 的 一 句 话, 仿佛 给了 她 一 把

yàoshi , ràng tā qù dǎkāi qiāngū-wànhù de xiǎomén . Tā
钥匙, 让 她 去 打开 千家万户 的 小门。 她

juéde zìjǐ zhǎngdà , chéngshú le , zài yě búhuì qù
觉得 自己 长大、 成熟 了, 再 也 不会 去

diàochá nǚ dàxuéshēng zé'ǒu biāozhǔn zhèyàng de wèntí ,
调查 女 大学生 择偶 标准 这样 的 问题,

tā juéde yǐqián zuò de shì hěn yòuzhì . Tā búhuì qù
她 觉得 以前 做 的 事 很 幼稚[1]。 她 不会 去

xiě " líhūn nán " zhèyàng de xuǎntí le , yě búhuì qù
写 "离婚 难" 这样 的 选题 了, 也 不会 去

xiě biéren xiěguo de xuǎntí . Tā juéde zìjǐ de sīxiǎng
写 别人 写过 的 选题。 她 觉得 自己 的 思想

yǒule xīn de gāodù . Tā yào liǎojiě zhèxiē pǔtōng jiātíng
有了 新 的 高度[2]。 她 要 了解 这些 普通 家庭

de shēnghuó , yào bǎ zhèxiē pǔtōng de jiātíng shēnghuó xiě
的 生活, 要 把 这些 普通 的 家庭 生活 写

1 幼稚: naive, childish

2 高度: height

chūlái. Ā, zhè shì yí gè duōme hǎo de tímù a! Yí
出来。啊，这是一个多么好的题目啊！一
gè duōme yǒu jiàzhí de tímù a!
个多么有价值的题目啊！

Tā xiǎng, Lǐ Suǒlíng líguo hūn, jiù xiàng shì yí gè
她想，李索玲离过婚，就像是一个
diào zài hé li de rén. Tā xiǎng shēnrù liǎojiě Lǐ Suǒlíng.
掉在河里的人。她想深入了解李索玲。
Tā shuō: "Suǒlíng, bié lǎo kàn shū le hǎo bu hǎo? Wǒ xiǎng
她说："索玲，别老看书了好不好？我想
gēn nǐ tántan."
跟你谈谈。"

"Tán shénme ya ——" Lǐ Suǒlíng méiyǒu fàngxià shū.
"谈什么呀——"李索玲没有放下书。

"Tántan nǐ. Nǐ wèi shénme jiéhūn? Wèi shénme
"谈谈你。你为什么结婚？为什么
líhūn?" Fāng Fāng zìjǐ yě hěn chījīng, tā zěnme gǎn
离婚？"方芳自己也很吃惊，她怎么敢
wènchū zhèyàng de wèntí.
问出这样的问题。

Lǐ Suǒlíng méiyǒu fàngxià shǒu li de shū. Hěn jiǔ hěn
李索玲没有放下手里的书。很久很
jiǔ, cái shuōchū yí jù huà lái: "Nǐ duì zhèxiē wèntí hěn
久，才说出一句话来："你对这些问题很
hàoqí[1] ma?"
好奇[1] 吗？"

"Bú shì."
"不是。"

"Nà nǐ wèi shénme wèn wǒ?"
"那你为什么问我？"

"Wǒ zhèngzài yánjiū jiātíng wèntí. Wǒ zhēnde hěn
"我正在研究家庭问题。我真的很
xiǎng zhīdào, jiātíng hémù、jiéhūn、líhūn, zhèxiē yǒu
想知道，家庭和睦、结婚、离婚，这些有

1 好奇: curious

shénme guīlǜ ．"
什么规律。"

"　Múiyǒu guīlǜ ．"
"没有规律。"

"　Kěshì ，　rènhé shìqing dōu shì yǒu guīlǜ de ．"
"可是，任何事情 都是有规律的。"

"　Méiyǒu guīlǜ jiùshì guīlǜ ！"
"没有规律就是规律！"

"　Wǒ bù dǒng nǐ zhè huà ．"
"我不懂你这话。"

"　Yǐhòu nǐ jiù dǒng le ．"
"以后你就懂了。"

"　Qián jǐtiān ，　wǒ cǎifǎngle yí gè rén ．　Tā shuō，
"前几天，我采访了一个人。他说，

qiān-wàn gè jiātíng jiù xiàng xiāzi guò hé —— zìgěr
千 万个家庭就像瞎子过河——自个儿

mōzhe mànmān guò ．"
摸着慢慢过。"

Lǐ Suǒlíng wèn Fāng Fāng ："　Shuō zhè huà de ，　shì gè
李索玲问方芳："说这话的，是个

shénme rén ？"
什么人？"

"　Yí gè hěn pǔtōng de nánrén ．"
"一个很普通的男人。"

Lǐ Suǒlíng méiyǒu zài shuōhuà ，　hǎoxiàng zài sīkǎo
李索玲没有再说话，好像在思考

wèntí ．
问题。

Fāng Fāng shuō ："　Nǐ shuō ，　zhè rén shì bu shì zhēn yǒu
方芳说："你说，这人是不是真有

tǐhuì ？　Wǒ xiǎng zài cǎifǎng tā yí cì ．"
体会？我想再采访他一次。"

"　Wǒ quàn nǐ búyào qù ．"
"我劝你不要去。"

"Wèi shénme？"
"为什么？"
"Nǐ huì hòuhuǐ de．"
"你会后悔的。"

Fāng Fāng xīn xiǎng：Cǎifǎng shì xūyào shēnrù de．
方芳心想：采访是需要深入¹的。
Bù shēnrù néng xiěchū hǎo wénzhāng ma？ Qíguài，yǒu shénme
不深入能写出好文章吗？奇怪，有什么
kě hòuhuǐ de？
可后悔的？

Fāng Fāng xiǎng jìnxíng shēnrù cǎifǎng，yòu láidào Liú
方芳想进行深入采访，又来到刘
Shùhuái de jiā．Háishi nà jiān wūzi，háishi nàge
述怀的家。还是那间屋子，还是那个
shāfā．Zhè cì tā chuānzhe yìshēn xīn mǎi de yīfu，yě
沙发。这次她穿着一身新买的衣服，也
bùguǎn shāfā shang yǒu méiyǒu huīchén，jiù zuòxià le．
不管沙发上有没有灰尘，就坐下了。
Zhè cì fángjiān kàn shàngqù bǐ shàngcì zhěngqí，gānjìng duō
这次房间看上去比上次整齐、干净多
le．Shāfā fúshǒu shang de huīchén cā gānjìng le，jiājù
了。沙发扶手上的灰尘擦干净了，家具
shàngmiàn de huīchén yě cā gānjìng le．
上面的灰尘也擦干净了。

Nǚzhǔrén Zhāng Fènglán bú zài jiā．Nán zhǔrén Liú
女主人张凤兰不在家。男主人刘
Shùhuái gěi tā dàole yì bēi chá，ránhòu zuò zài duìmiàn de hēi
述怀给她倒了一杯茶，然后坐在对面的黑
yǐzi shang．
椅子上。

"Páng zhǔrèn tōngzhī shuō，nín hái xiǎng lái tántan．
"庞主任通知说，您还想来谈谈。
Qíshí，jiātíng wèntí shuō fùzá yě jiǎndān，shuō jiǎndān
其实，家庭问题说复杂也简单，说简单

1 深入：go deep into

yě fùzá .   Fùzá jiùshì jiǎndān ,   jiǎndān yě bùyídìng
也复杂。复杂就是简单，简单也不一定
zhēnde jiǎndān ,   jiā li de   shìr hěn nán shuō qīngchu shì
真的简单，家里的事儿很难说清楚是
jiǎndān de háishi fùzá de . "
简单的还是复杂的 。"

   " Děngděng ,   wǒ néng bǎ nǐ zhè liǎng jù huà jì   xiàlái
   "等等，我能把你这两句话记下来
ma ? "
吗？"

   " Zhè zhíde   jì ma ?   Wǒ shì suíbiàn shuōshuo de . "
   "这值得记吗？我是随便说说的。"

   " Tīng Páng zhǔrèn jièshào ,   nǐ shì gǎo huìtú   de .
   "听 庞主任介绍，你是搞绘图 [1] 的。
Méi xiǎngdào nǐ zhège zhíyè de rén ,   chōuxiàng sīwéi
没 想 到 你这个职业的人， 抽 象 思维 [2]
zhème huóyuè . "
这么活跃。"

   " Rènhé yì zhāng túzhǐ   , ná chūlái fēnjiě , dōu
   "任何一 张 图纸 [3]，拿出来分解 [4]，都
zhǐ shèngxià yì tiáotiáo xiàn , zài chōuxiàng búguò le . "
只 剩下一条条线，再抽 象 不过了。"

   Liú Shùhuái zhēn yǒu yìsi ,   tā zhēnshi yí gè yǒuqù de
   刘 述怀 真有意思，他真是一个有趣的
cǎifǎng duìxiàng ! Zhè shì yí gè hěn hǎo de kāishǐ .
采访 对 象！这是一个很好的开始。

   Cǎifǎng ,   shì yí jiàn hěn jiānkǔ de shì ,   jìzhěmen
   采访，是一件很艰苦的事，记者们
jīngcháng bèi cǎifǎng duìxiàng jùjué . Xiàng Liú Shùhuái zhèyàng
经 常 被采访 对 象 拒绝。 像 刘 述怀这样
de cǎifǎng duìxiàng zhēnshi yìbǎi nián dōu hěn nán yùdào de .
的采访 对 象 真是一百 年都很难 遇到的。
Tā bù jūshù ,   bù xūyào yǐndǎo , bù xūyào yí wèn yì
他不拘束 [5]，不需要引导，不需要一问一

1 绘图: drawing
2 抽象思维: abstract
thinking
3 图纸: drawing;
blueprint
4 分解: decompose;
break down
5 拘束: constrained
e.g. 他们第一次见面
时，都很拘束。

答，他完全自愿[1]与你交流。大记者们说这种交流采访是一种愉快，是一种享受。遇到这样的采访对象，方芳高兴极了。

"我们怎么谈呢？"

"谈谈你对家庭的看法，怎么样？比如说，结婚以前，你理想中的家庭是什么样子的？"

"理想中的家庭？我没有理想过。"

"或者说，幻想中的……"

"我没有幻想。"

"希望，希望家庭是什么样子的？"

"我没有希望过。"

方芳感到自己高兴得太早了！这个刘述怀怎么回事？恋爱，结婚，组建家庭[2]是人生的重要转折[3]，居然没有想法，没有希望，这能让人相信吗？

1 自愿：be willing to
e.g. 他自愿帮助这个贫苦的孩子去上学。
2 组建家庭：raise a family
3 转折：turning point

" Bù kěnéng de ma ! Niánqīngrén shéi méiyǒu zìjǐ de

"不可能的嘛！年轻人谁没有自己的

mèng, shéi méiyǒu zìjǐ de huànxiǎng? Zhèxiē dōu bāokuòle

梦，谁没有自己的幻想？这些都包括了

àiqíng hé jiātíng ya. Nǐ yě céngjīng niánqīng guo —

爱情和家庭呀。你也曾经年轻过——

dāngrán xiànzài nǐ yě bù lǎo. Wǒ bù xiāngxìn nǐ méiyǒu

当然现在你也不老。我不相信你没有

xiǎngfǎ. Gāngcái wǒ hái hěn gāoxìng, zhǎodàole yí gè méiyǒu

想法。刚才我还很高兴，找到了一个没有

jūshù de cǎifǎng duìxiàng, xiànzài wǒ yào kǎolǜ shì bu shì

拘束的采访对象，现在我要考虑是不是

zhèyàng le ."

这样了。"

Liú Shùhuái zhǐshì dàndàn de yí xiào:

刘述怀只是淡淡地一笑：

" Jiéhūn yǐqián , wǒ quèshí méiyǒu xiǎngguo. Wǒ shì

"结婚以前，我确实没有想过。我是

jiéle hūn cái yǒu jiātíng de. Yǒule jiātíng wǒ cái yǒule

结了婚才有家庭的。有了家庭我才有了

yìdiǎnr xiǎngfǎ. Huòzhě yòng nǐ de huà shuō, cái kǎolǜ

一点儿想法。或者用你的话说，才考虑

dào lǐxiǎng de jiātíng yīnggāi shì shénme yàng de. Wǒ shuō de

到理想的家庭应该是什么样的。我说的

shì zhēn huà . "

是真话。"

" Hǎo ba , bùguǎn shì jiéhūn qián háishi jiéhūn hòu,

"好吧，不管是结婚前还是结婚后，

nǐ shuōshuo nǐ lǐxiǎng zhōng de jiātíng ba "

你说说你理想中的家庭吧！"

Tā děngzhe Liú Shùhuái shuōchū tā de " lǐxiǎng de

她等着刘述怀说出他的"理想的

jiātíng ". Tā yuán yǐwéi tā huì yǒu shénme jīngpì jiànjiě ;

家庭"。她原以为他会有什么精辟见解[1]；

1 精辟见解: incisive view

zài kāishǐ de shíhou, tā yǐwéi kěyǐ yòng Liú Shùhuái de
在开始的时候，她以为可以用刘述怀的

jīngpì jiànjiě lái xiě yì piān guānyú hūnyīn de tōngxùn ne.
精辟见解来写一篇关于婚姻的通讯呢。

Méi xiǎngdào, zhè wèi chōuxiàng sīwéi huóyuè de cǎifǎng
没想到，这位抽象思维活跃的采访

duìxiàng, jìngrán shuōchū yí jù zuì méiyǒu shīyì, zuì sú
对象，竟然说出一句最没有诗意[1]、最俗[2]

de huà lái :
的话来：

"Wǒ lǐxiǎng zhōng de jiātíng yīnggāi yǒu liǎng jiān fángzi."
"我理想中的家庭应该有两间房子。"

Fāng Fāng lèngzhù le, zhè hái yòng jì ma !
方芳愣住了，这还用记嘛！

"Nándào jiātíng wèntí zhǐshì fángzi wèntí ma ?"
"难道家庭问题只是房子问题吗？"

Tā de chōuxiàng sīwéi pǎo nǎr qù le, Fāng Fāng jiǎnzhí
他的抽象思维跑哪儿去了，方芳简直

yǒudiǎnr shēngqì le. Tā héshàngle bǐjìběn.
有点儿生气了。她合上了笔记本。

"Fángzi hé jiātíng zhījiān yǒu guānxì."
"房子和家庭之间有关系。"

"Shénme guānxì ?"
"什么关系？"

"Rúguǒ yí gè jiātíng yǒu liǎng jiān fángzi, fūqī
"如果一个家庭有两间房子，夫妻

yì rén yì jiān, měi gè rén dōu yǒu yí gè zìjǐ de kōngjiān
一人一间，每个人都有一个自己的空间

duǒbì duìfāng, zhèyàng de jiātíng jiù bǐjiào lǐxiǎng le."
躲避[3]对方，这样的家庭就比较理想了。"

"Wèi shénme yào duǒbì ? Fūqī zhījiān yào duǒbì,
"为什么要躲避？夫妻之间要躲避，

hái jiào shénme lǐxiǎng jiātíng ?" Fāng Fāng xīnli xiǎng, zhè
还叫什么理想家庭？"方芳心里想，这

---

1 诗意: poetic flavor

2 俗: vulgar

3 躲避: avoid

zhǒngxiǎngfǎ bù fúhé luójí ! Fāng Fāng rènwéi Liú Shùhuái
种 想法不符合逻辑¹！方 芳认为刘述怀

de sīxiǎng fāngfǎ yǒu wèntí , dàn tā méiyǒu shuō chūlái .
的思想方法有问题，但她没有 说出来。

" Wǒ cāixiǎng — nǐ hái méiyǒu jiéhūn . Děng nǐ
"我猜想——你还没有结婚。等你

chéngjiāle nǐ jiù huì yǒu gǎnshòu de . "
成家²了你就会有 感受的。"

Fāng Fāng dì-yī cì gǎndào , méiyǒu jiéhūn shì yí gè
方 芳第一次感到，没有结婚是一个

quēdiǎn . Rán'ér , tā shì èrshí shìjì bāshí niándài de
缺点。然而，她是20世纪80年代的

xīn nǚxìng , shénme wèntí dōu gǎn tàntǎo . Tā hóng zhe
新女性³，什么问题都 敢探讨。她红 着

liǎn shuō :
脸 说：

" Wǒ jiéhūn háishi méiyǒu jiéhūn , shì wǒ gèrén de
"我结婚还是没有结婚，是我个人的

sīshì . Wǒ de zhíyè shì jìzhě . Wǒ zhè piān gǎozi shì
私事⁴。我的职业是记者。我这篇稿子是

yào xiě jiātíng wèntí . Wǒ bù néng děng jiéle hūn zài qù xiě
要写家庭问题。我不能 等结了婚再去写

gǎozi , wǒ yě bù néng wèile xiě gǎozi qù jiéhūn . "
稿子，我也不能为了写稿子去结婚。"

Tā yì kǒu yí gè " wǒ " , xiǎnrán hěn jīdòng .
她一口一个"我"，显然很激动。

" Duìbuqǐ , wǒ bù xiǎng ràng nǐ shēngqì , wǒ shuō
"对不起，我不想 让你生气，我说

zhè huà shì wúyì de . Zhǐyào nǐ juéde yǒuyòng , wǒ
这话是无意⁵的。只要你觉得有用，我

kěyǐ duì nǐ jiǎng . " Liú Shùhuái shuōhuà jiù xiàng yí gè
可以对你讲。"刘述怀说话就像一个

dàren duì háizi shìde , Fāng Fāng tīngle gèngjiā shēngqì .
大人对孩子似的，方 芳听了更加 生气。

1 逻辑: logic
2 成家: get married
e.g.他都三十多岁了，还没成家。
3 女性: female
4 私事: private affair
5 无意: unintentional
e.g.他说这话是无意的，可是她听了以后生气了。

好像是为了表示歉意[1]，为了表示对方芳记者的尊重，刘述怀拿起热水瓶给她的茶杯加水。方芳看了看杯子，这次她喝了茶水，不知不觉地喝了一多半。奇怪，杯子上的茶垢不见了，杯子洗得干干净净。

"其实，道理也很简单。"刘述怀平静地说，"比如，我和我妻子，以前谁也不认识谁。经人介绍才认识，交了朋友，或者说谈对象了。所谓谈对象也就是半个月、一个星期见一面，或者在公园里，或者在电影院，或者在饭店或者逛大街。每次两三个小时，长一点儿，五六个小时。双方都说对方爱听的话，尽可能给对方留下好印象，同时尽量把自己的缺点隐瞒[2]起来。这不是虚伪[3]，这是人的本能[4]。"

1 歉意: apology, regret

e.g.他来晚了，向女朋友表示歉意。

2 隐瞒: hide, conceal

3 虚伪: hypocritical

4 本能: instinct

"Nà jiùshì shuō, nǐmen kāishǐ xiāngchǔ de shíhou,
"那就是说，你们开始相处的时候，
bǐcǐ dōu hěn mǎnyì?"
彼此都很满意?"

"Kěyǐ shuō bǐjiào mǎnyì。Nà shíhou, tā búxiàng
"可以说比较满意。那时候，她不像
xiànzài zhème pàng, shuōhuà xìshēng-xìyǔ¹, gěi rén de
现在这么胖，说话细声细语¹，给人的
yìnxiàng hěn hǎo, xiūyǎng² búcuò。Qíshí, tā píqi hěn
印象很好，修养²不错。其实，她脾气很
huài, shuōhuà shēngyīn hěn dà。"
坏，说话声音很大。"

FāngFāng xiǎng xiào, méi gǎn xiào chūlái, wèndào:"Nǐ
方芳 想 笑，没敢笑出来，问道:"你
rènwéi tā yǐnmánle zìjǐ de quēdiǎn?"
认为她隐瞒了自己的缺点?"

"Gāngcái shuō le, zhè bú suàn shì yǐnmán。Zhǐshì
"刚才说了，这不算是隐瞒。只是
shuāngfāng jiēchù bù duō, bù kěnéng quánmiàn de liǎojiě
双 方 接触不多，不可能全面地了解
duìfāng, bù zhīdào duìfāng de yōudiǎn hé quēdiǎn。Wǒ yě
对方，不知道对方的优点和缺点。我也
yíyàng, wǒ hěn lǎn, xǐhuan shuì lǎnjiào, méishìr xǐhuan
一样，我很懒，喜欢睡懒觉，没事儿喜欢
tǎngzhe, chángcháng bù xǐ jiǎo jiù shàng chuáng。Zhèxiē,
躺着，常 常 不洗脚就上 床。这些，
jiéhūn yǐqián wǒ qīzi dōu bù zhīdào。Zhè bú shì wǒ xiǎng
结婚以前我妻子都不知道。这不是我 想
yǐnmán wǒ de quēdiǎn, érshì wǒ juéde méiyǒu bìyào qù shuō。
隐瞒我的缺点，而是我觉得没有必要去说。
Wǒ zǒng bù néng zài jiéhūn zhīqián, zài gōngyuán de húbiān
我总不能在结婚之前，在公园的湖边³
jiù gēn tā shuō,'Wǒ ài shuì lǎnjiào, wǒ bú ài xǐ jiǎo。Nǐ
就跟她说，'我爱睡懒觉，我不爱洗脚。你

1 细声细语: (of a
voice) soft and gentle
2 修养: self-cultivation
e.g.她很爱读书，个
人修养很好。
3 湖边: lakeside

可考虑好了，你要同意我睡懒觉，咱们就
结婚；你要不同意，咱们就分手！'天下
恋爱的人，有这么谈恋爱的吗？"

　　说到这儿，刘述怀和方芳都笑了。

　　"这些鸡毛蒜皮<u>¹的事情</u>，需要躲避
对方吗？"

　　"这我也说不清。反正一结婚，两人
生活在一间屋子里，天天在一起生活，
以前看不见的缺点全看见了。有些也说
不上是缺点，只是生活习惯不同。开始
双方还能容忍²，日子长了，越来越
难以容忍。还有些是性格不同。比如，我
这个人爱'侃³'，常常聊起来没完，也
爱思考，有时候喜欢一个人躺在床上
想点儿什么。开始的时候，我妻子并
不觉得这些有什么不好。我爱'侃'，她
说我开朗⁴；我爱思考，她说我<u>深沉⁵</u>

1 鸡毛蒜皮: trifles
e.g. 这对夫妻总是为
一些鸡毛蒜皮的小
事吵架。
2 容忍: tolerate, en-
dure
e.g. 他不能容忍这件
事。
3 侃: chat
4 开朗: optimistic and
cheerful
e.g. 这个孩子性格很
开朗。
5 深沉: undemon-
strative

Kěshì rìjiǔ-tiāncháng , tā de guāndiǎn jiù biàn le . Wǒ gāng
可是日久天长，她的观点就变了。我刚
'kǎn' le gè tóur , tā jiù shuō , yì tiān 'kǎn' dào
'侃'了个头儿[1]，她就说，一天'侃'到
wǎn , yǒu zhè gōngfu gàn diǎnr huór hǎo bu hǎo? Wǒ gāng
晚，有这工夫干点儿活儿好不好？我刚
tǎng dào chuáng shang , xīwàng xiǎngshòu yìdiǎnr zìyóu
躺到床上，希望享受一点儿自由
xiǎngxiàng de lèqù , tā jiù bù gāoxìng le — Yì tiān
想象的乐趣[2]，她就不高兴了——一天
dào wǎn tǎngzhe xiǎng shénme ne , nǐ bùlǐ wǒ, wǒ yě
到晚躺着想什么呢，你不理[3]我，我也
bù xīhan !"
不稀罕[4]！"

　　Fāng Fāng bèi dòuxiào le , tā kě méiyǒu xiào.
　　方芳被逗笑了，他可没有笑。
　　" Wǒmen chéngrèn fūqī shuāngfāng dōu yǒu dúlì de
　　"我们承认夫妻双方都有独立的
réngé , shéi yě búbì fúcóng shéi. Měi gè rén dōu yǒu
人格[5]，谁也不必服从谁。每个人都有
quánlì wéihù zìjǐ de gèxìng, fāzhǎn zìjǐ de gèxìng. Zhè
权利维护自己的个性，发展自己的个性。这
jiù xūyào kōngjiān, zìjǐ de kōngjiān! Rúguǒ měi gè jiātíng
就需要空间，自己的空间！如果每个家庭
dōu yǒu liǎng jiān fáng , fūqī shuāngfāng dōu yǒu zìjǐ de
都有两间房，夫妻双方都有自己的
kōngjiān , nàme , nǐ bú yuànyì kànjiàn duìfāng de liǎnsè ,
空间，那么，你不愿意看见对方的脸色[6]、
bú yuànyì tīngjiàn duìfāng de shēngyīn shí , nǐ jiù kěyǐ duǒdào
不愿意听见对方的声音时，你就可以躲到
zìjǐ de fángjiān li qù ; nǐ bú yuànyì ràng duìfāng kànjiàn nǐ
自己的房间里去；你不愿意让对方看见你
de yàngzi , bú yuànyì ràng duìfāng tīngjiàn nǐ de shēngyīn shí ,
的样子，不愿意让对方听见你的声音时，

1 头儿: start, begin-
ning
2 乐趣: pleasure, fun
3 理: pay attention to
e.g.妻子生气了，不
理他了。
4 稀罕: value as a rar-
ity; cherish
5 人格: personality
6 脸色: facial expre-
ssion

你也可以待在自己的房间里不出去。"

"我不相信事情会这么严重。夫妻双方应该互相尊重，互相容忍，不应该躲避。"方芳话还没说完，脸已经先红了。一个未婚[1]女子竟然给一个已婚[2]男人讲起家庭经验来了。真有点儿可笑！

刘述怀没有笑，他抽着烟，继续"侃"："容忍意味着压抑[3]。当你容忍别人时会感到自己的压抑。当你意识到被人容忍时会感到你压抑了别人。为了不压抑自己，也不压抑别人，最好待在自己房里。我记得有一位作家说过，他不愿意每天晚上都见到他的妻子。"

"这是契诃夫[4]说的。他的原话是'我不愿意我的妻子像天上的月亮，每天晚上出现在我的夜空[5]'。"

1 未婚: unmarried
2 已婚: married
3 压抑: depression
e.g. 这间房子太小了，一家人住着感到很压抑。
4 契诃夫 (1860—1904): Anton Pavlovich Chekhov, a Russian writer
5 夜空: night sky

"Shì a, Qìhēfū shuō de, zán bǐ bùliǎo. Tā
"是啊，契诃夫说的，咱比不了。他
de qīzi xiàng tiānshang de yuèliang, tā dōu bú yuànyì tā
的妻子 像 天上的月亮，他都不愿意她
měi tiān wǎnshang chūxiàn, tā yào zìjǐ de yèkōng. Wǒ
每天 晚上 出现，他要自己的夜空。我
de qīzi ne? Nǐ jiànguo le, tā shì hǎorén, dàn kěndìng
的妻子呢？你见过了，她是好人，但肯定
bú shì yuèliang."
不是 月亮。"

Tā xiàole xiào, kǔxiào.
他笑了笑，苦笑。

Tā méiyǒu xiào, yě méiyǒu shuōhuà. Tā hūrán
她没有笑，也没有说话。她忽然
juéde zìjǐ fànle yí gè cuòwù: Tā kànqīng le, huò
觉得自己犯¹了一个错误：她看清了，或
shì gǎnjué dào le. Zhège bèi Páng zhǔrèn tuījiàn de hémù
是感觉到了。这个被庞主任推荐的和睦
jiātíng, yě yǒu bù hémù de dìfang. Kànlái hémù de
家庭，也有不和睦的地方。看来和睦的
jiātíng yě yǒu wèntí. Tā hěn bàoqiàn ràng Liú Shùhuái shuōle
家庭也有问题。她很抱歉让刘述怀说了
bù yúkuài de shìqing.
不愉快的事情。

"Wǒ gāi zǒu le. Duìbuqǐ, ràng nǐ shuōle zhèxiē
"我该走了。对不起，让你说了这些
bù yúkuài de huà."
不愉快的话。"

"Bù, yīnggāi wǒ shuō duìbuqǐ, ràng nǐ tīngle
"不，应该我说对不起，让你听了
zhèxiē bù yúkuài de huà."
这些不愉快的话。"

Tā gàobiéle zhè jiān xiǎowū, zǒuchūle dàmén, shuō:
她告别了这间小屋，走出了大门，说：

"Xièxie nǐ gěi wǒ jiǎngle nàme duō." Tā shēnchū shǒu,
"谢谢你给我讲了那么多。"她伸出手，

tā jiēguo tā de shǒu, wòle wò. Liú Shùhuái shuō: "Wǒ
他接过她的手，握了握。刘述怀 说："我

shuō de zhèxiē kǒngpà duì nǐ de gǎozi méiyǒu shénme yòngchù.
说的这些恐怕对你的稿子没有什么 用处。

Nǐ hái kěyǐ fǎngwèn gèng duō de jiātíng. Qiān-wàn gè
你还可以访问 更 多的家庭。千 万个

jiātíng yǒu qiān-wàn gè mìmì, guānqǐ mén lái dōu shì yí bù
家庭有千万个秘密，关起门来都是一部

《Tiānfāng Yè Tán》 ."
《天方夜谭》[1]。"

Tā lèngle yíxià, tūrán gǎndào zhè jù huà hěn yǒu
她愣了一下，突然感到这句话很有

fènliàng.
分量[2]。

Wǔ
五

Cóng Liú Shùhuái jiā li huílái, Fāng Fāng yìzhí zài
从 刘述怀家里回来，方 芳一直在

xiǎng: Jiātíng de mìmì shì shénme? Shì kǔ, háishi
想：家庭的秘密是什么？是苦，还是

lè? Shì bēi, háishi xǐ?
乐？是悲[3]，还是喜？

"Zěnme méi jiàn nǐ qù chī wǎnfàn?" Lǐ Suǒlíng tǎng
"怎么没 见你去吃晚饭？"李索玲躺

zài chuáng shang, shǒu li názhe shū wèndào.
在 床 上，手里拿着书 问道。

"Wǒ bú è." Fāng Fāng tǎng zài chuáng shang, yǎnjing
"我不饿。"方 芳 躺在 床 上，眼睛

wàngzhe tiānhuābǎn.
望着 天花板。

1《天方夜谭》: *Arabian Nights*

2 分量: weight, importance

3 悲: sadness

"Zhōngwǔ ne？ Zhōngwǔ yě méi kànjiàn nǐ qù shítáng ."
"中午呢？中午也没看见你去食堂。"

"Bù xiǎng chī ."
"不想吃。"

"Zěnme？ Bìng le？" Lǐ Suǒlíng fàngxiàle shū .
"怎么？病了？"李索玲放下了书。

Fāng Fāng méiyǒu bìng， tā jǐhū cónglái méiyǒu
方芳没有病，她几乎从来没有

shēngguo bìng . Zài jiā li， fùmǔ tèbié téng'ài tā、
生过病。在家里，父母特别疼爱她、

zhàogù tā . Tā cóngxiǎo jiù shēntǐ hǎo， xuéxí hǎo，
照顾她。她从小就身体好、学习好，

yìfānfēngshùn[1] kǎoshàng dàxué xīnwénxì， bìyè hòu dào
一帆风顺[1]考上大学新闻系，毕业后到

bàoshè gōngzuò， dāngle jìzhě . Tā de shēnghuó hé gōngzuò
报社工作，当了记者。她的生活和工作

dōu hěn shùnlì . Shēnxīn yúkuài， tā zěnme huì dé bìng？
都很顺利。身心愉快，她怎么会得病？

Tā bù zhīdào shìjiè shang hái yǒu "chóukǔ" èr zì .
她不知道世界上还有"愁苦[2]"二字。

Zhǐshì zuìjìn yì nián lái， tā cái zhīdào chóu de
只是最近一年来，她才知道愁的

zīwèi . Tā de zuì dà de chóu shì méiyǒu xiěchū yì piān
滋味[3]。她的最大的愁是没有写出一篇

dà tōngxùn、 dà gǎozi . Zhè yí cì， tā zhǔnbèi kèfú
大通讯、大稿子。这一次，她准备克服

yíqiè zǔlì[4]， xiěchū yì piān chénggōng de tōngxùn .
一切阻力[4]，写出一篇成功的通讯。

Kěshì méiyǒu xiǎngdào， zǔlì jìngrán láizì tā zìjǐ de
可是没有想到，阻力竟然来自她自己的

nèixīn —— Tā pà shēnrù Liú Shùhuái de jiā， tā bù xiǎng
内心——她怕深入刘述怀的家，她不想

zhīdào tā nèixīn de tòngkǔ . Cǎifǎng guòhòu， tā juéde
知道他内心的痛苦。采访过后，她觉得

1 一帆风顺：smooth
sailing; everything
going smoothly
2 愁苦：anxious and
distressed
3 滋味：taste; (fig.) ex-
perience and feeling
4 阻力：resistance

hémù jiātíng bú shì xiàng tā xiǎngxiàng de nàyàng jiǎndān . Tā
和睦家庭不是像她想象的那样简单。她

xiànzài rènshidào , jiātíng shēnghuó yǒu hémù de yímiàn ,
现在认识到，家庭生活有和睦的一面，

yě yǒu xīnkǔ hé fáwèi de yímiàn . Tā zài huáiyí zìjǐ suǒ
也有辛苦和乏味的一面。她在怀疑自己所

zuò de shìqing . Tā zài xiǎng hái yào búyào xiě zhè piān tōngxùn .
做的事情。她在想还要不要写这篇通讯。

Tā xiǎngqǐ dāngchū Lǐ Suǒlíng shuōguo " nǐ huì hòuhuǐ
她想起当初李索玲说过"你会后悔

de " , tā wèi shénme bù tīng tā de huà ? Lǐ Suǒlíng yǒuguo
的"，她为什么不听她的话？李索玲有过

jiātíng shēnghuó , tā yǒuguo tòngkǔ de jīngyàn , jiātíng
家庭生活，她有过痛苦的经验，家庭

shì zěnme huí shì tā quán zhīdào . Tā zǎo jiù kānqīng le :
是怎么回事她全知道。她早就看清了：

Jiātíng de mìmì shì bù néng qù tànxún de , jiātíng de
家庭的秘密是不能去探寻[1]的，家庭的

mìmì shì bù néng gōngkāi de . Tā guài zìjǐ tài niánqīng
秘密是不能公开的。她怪[2]自己太年轻

xiàng gè rènxìng de xiǎo nǚháir , chuǎngjìn biéren de jiā
像个任性[3]的小女孩儿，闯进别人的家，

xiǎng bǎ biéren de tòngkǔ hé yǐnsī xiěchéng tōngxùn , huòdé
想把别人的痛苦和隐私[4]写成通讯，获得

zìjǐ de chénggōng . Tā yuè xiǎng yuè juéde bù yīnggāi xiě
自己的成功。她越想越觉得不应该写

zhège xuǎntí . Tā zài xīnli chóngfù de shuō : Ā ! Búyào
这个选题。她在心里重复地说：啊！不要

xiě , búyào xiě , wǒ yào fàngqì zhège xuǎntí ! Fàngqì
写，不要写，我要放弃这个选题！放弃

zhège cǎifǎng duìxiàng !
这个采访对象！

Dànshì tā yòu xiǎng : Wèi shénme yào fàngqì ? Wèi
但是她又想：为什么要放弃？为

1 探寻: seek, explore

2 怪: blame
e.g.他事情做错了，总是怪别人。

3 任性: willful, self-willed

4 隐私: privacy

shénme bù néng shēnrù cǎifǎng？ Wèi shénme bù jiēlù zhège
什么不能深入采访？为什么不揭露¹这个

jiātíng de mìmì？ Bǎ tāmen jiātíng de mìmì xiě chūlái，
家庭的秘密？把他们家庭的秘密写出来，

yídìng huì yíngdé dúzhě guānzhù de。 Rúguǒ tā bǎ
一定会赢得读者²关注的。如果她把

pǔtōng jiātíng de mímí hé tòngkǔ xiě chūlái，ràng rénmen
普通家庭的秘密和痛苦写出来，让人们

zhēnzhèng de liǎojiě jiātíng、rènshi jiātíng， yěxǔ shì wéi
真正地了解家庭、认识家庭，也许是为

shèhuì zuòle yí jiàn hǎo shì！
社会做了一件好事！

Rán'ér， zhèyàng de cǎifǎng huì jiēlù rénmen de
然而，这样的采访会揭露人们的

yǐnsī！ Tā juéde bù yīnggāi qù jiēlù biéren de yǐnsī。
隐私！她觉得不应该去揭露别人的隐私。

Fāng Fāng zuǒsī-yòuxiǎng， chībuxià fàn， shuìbuzháo jiào。
方芳左思右想，吃不下饭，睡不着觉。

" Nǐ yǒu xīnshì。" Lǐ Suǒlíng bú kàn shū le。
"你有心事。"李索玲不看书了。

" Bù， méiyǒu …… "
"不，没有……"

" Nǐ mánbuguò wǒ。"
"你瞒³不过我。"

" Wǒ méiyǒu mán nǐ。"
"我没有瞒你。"

" Nǐ yòu zhǎole nàge xìng Liú de， shì ma？"
"你又找了那个姓刘的，是吗？"

" Èn。"
"嗯。"

1 揭露: disclose
2 读者: reader
3 瞒: conceal; hide
the truth from

Lǐ Suǒlíng qīngqīng de tànle yì kǒu qì， yòu náqǐ shū
李索玲轻轻地叹了一口气，又拿起书

lái。 Fāng Fāng hěn kuài de zuò qǐlái， wèn：
来。方芳很快地坐起来，问：

"上次你劝我别去，我问你为什么，你为什么不说？"

"不想说。"

"如果你把我看成是朋友，你就应该说！"

"正因为我把你看成是朋友，我才不说的。"

"为什么？你看，我又问为什么了。"

"这回我可以回答你，因为我不愿意影响你。"

"我还是要问，为什么？因为我愿意受你的影响，因为你的生活经验比我多，我愿意！"

李索玲脸上露出了微笑，方芳很少能看到她的微笑。李索玲说："方芳，你跟我不一样。你年轻，努力，将来很有前途。就像那些稿子上写的，生活对

nǐ xiàng yì shǒu shī．　Ér wǒ zài shēnghuó zhōng yǒuguo tòngkǔ
你 像 一 首 诗。而 我 在 生 活 中 有过 痛苦

de jīnglì，　wǒ de sīxiǎng，　wǒ de qíngxù，　wǒ de kànfǎ，
的 经 历，我 的 思 想，我 的 情 绪，我 的 看 法，

tōngcháng bèi rènwéi shì huīsè de．Jǐnguǎn wǒ zìjǐ bú
通 常 被 认 为 是 灰色 的。尽 管 我 自 己 不

zhème kàn，　kě wǒ háishi zhùyì，　bié yǐngxiǎng dào nǐ．"
这么 看，可 我 还是 注意，别 影 响 到你。"

"Nǐ yīnggāi zài jiéhūn．"
"你 应 该 再 结婚。"

"Wǒ búhuì zài jiéhūn le．"
"我 不会 再 结婚 了。"

"Shìbushì yīnwèi nǐ de hūnyīn hěn búxìng ？"
"是 不 是 因为 你 的 婚 姻 很 不 幸 [1]？"

"Wúkěfènggào．"
"无 可 奉 告。"

"Nǐ yīnggāi shēnqǐng huàn yí gè gōngzuò，　nǐ yǒu
"你 应 该 申 请 [2] 换 一 个 工 作，你 有

cáiqì，　yǒu xiǎngfǎ，　chángqī zuò jiàoduì gōngzuò，　duì
才气 [3]，有 想 法，长 期 做 校 对 工 作，对

nǐ bù gōngpíng．"
你 不 公平。"

"Nǐ cuò le，　wǒ ài jiàoduì．Zài wǒ kànlái，　měi tiān
"你 错了，我 爱 校对。在 我 看来，每 天

bǎi zài wǒ miànqián de，　bú shì gǎozi，　érshì ……"
摆 在 我 面 前 的，不 是 稿子，而是……"

"Shì shénme？"
"是 什么？"

"Nǐ xiǎng tā shì shénme tā jiù shì shénme．"
"你 想 它 是 什么 它 就 是 什么。"

Fāng Fāng zhēngdàle yǎnjing，　bù néng lǐjiě．Tā
方 芳 睁 大了 眼 睛，不 能 理 解。她

dāngrán bù néng lǐjiě．
当 然 不 能 理 解。

1 不幸: unfortunate
2 申请: apply
3 才气: literary talent

李索玲在一年又一年的校对工作
中，逐渐了解了复杂的世界。当她每
天夜晚坐在桌子前 校对稿子的时候，她
觉得她看到的是五光十色[1]的人生和一个
复杂的世界。崇高[2]的和卑劣[3]的，美好
的和丑恶[4]的，各 种 稿子她看得太多
了，眼睛也近视[5]了。她好像站在高处，
观察人生。不管稿子是有益[6]的，还是
有害的，受欢迎的，还是不受欢迎的，
她都不觉得是灰色的。她看到的东西比
别人多，她对生活的理解比别人深刻。
她不觉得长期的校对工作是辛苦的。她
喜欢校对工作。她对工作、对生活都
很满意，她没有更高的要求，她不认为
校对是灰色的。

当然，她不会同方芳讲这些。不过
这天晚上，她跟方芳说的话，比她

1 五光十色: multi-colored; different brilliant colors
2 崇高: lofty, noble
3 卑劣: mean
4 丑恶: ugly
5 近视: near-sighted
6 有益: good, beneficial
e.g. 经常散步对身体有益。

wǎngcháng yì nián shuō de huà hái yào duō .
往 常 一年 说 的 话 还 要 多。

"Wǒ è le ." Fāng Fāng yì tiān méi chīfàn , shì
"我 饿 了。" 方 芳 一天 没 吃饭， 是

yīnggāi è le .
应该 饿 了。

"Wǒ zhèlǐ yǒu bǐnggān ." Lǐ Suǒlíng cóng chōuti li
"我 这里 有 饼干。" 李 索玲 从 抽屉 里

náchū bǐnggān gěi Fāng Fāng , tā zǒngshì yǒu chī de dōngxi .
拿出 饼干 给 方 芳， 她 总是 有 吃 的 东西。

Fāng Fāng zuò zài xiǎo chuáng shang , názhe yí dài
方 芳 坐 在 小 床 上， 拿着 一袋

bǐnggān , biān chī biān shuō : "Wǒ xiànzài bù zhīdào yào bú
饼干， 边 吃 边 说："我 现在 不 知道 要 不

yào zài cǎifǎng tā yí cì ."
要 再 采访 他 一次。"

Lǐ Suǒlíng méiyǒu huídá . Fāng Fāng yòu shuō :
李 索玲 没有 回答。 方 芳 又 说：

"Wǒ zhè cì zhǎo tā , tán de tǐng hǎo de . Dànshì
"我 这次 找 他， 谈 得 挺 好 的。 但是

dāng tándào tāmen fūqī guānxì de shíhou , wǒ méi gǎn zài
当 谈到 他们 夫妻 关系 的 时候， 我 没 敢 再

wèn xiàqù . Nǐ shuō , wǒ néng zài qù yí cì ma ? "
问 下去。 你 说， 我 能 再 去 一次 吗？"

"Suíbiàn nǐ . Yuànyì qù jiù qù , bú yuànyì qù jiù
"随便 你。 愿意 去 就 去， 不 愿意 去 就

bú qù ."
不 去。"

"Shàng cì nǐ bú shì shuō wǒ yào hòuhuǐ ma ? Zhè cì wèi
"上 次 你 不 是 说 我 要 后悔 吗？ 这次 为

shénme bù lán le ? "
什么 不 拦 了？"

Lǐ Suǒlíng yáole yáo tóu . Fāng Fāng hěn gāoxìngzhè cì
李 索玲 摇了 摇 头。 方 芳 很 高兴 这次

Lǐ Suǒlíng bú zài lán tā le，　shuōle yí jù："Nǐ tài liǎojiě
李索玲不再拦她了，说了一句："你太了解

wǒ le！"
我了！"

　　　Lǐ　Suǒlíng wàngzhe Fāng Fāng nà shuāng fāliàng de
　　李索玲望着方芳那双发亮的

yǎnjing，wàngzhe tā xīngfèn de yàngzi，　tànle　yì kǒu qì shuō：
眼睛，望着她兴奋的样子，叹了一口气说：

"Děng nǐ　qùle　huílái，　wǒ zài gàosu nǐ yí jù huà."
"等你去了回来，我再告诉你一句话。"

　　"Bù，xiànzài shuō！"Fāng Fāng fēicháng xiǎng zhīdào
　　"不，现在说！"方芳非常想知道

shì shénme huà．　Kěshì　Lǐ Suǒlíng shuō："Xiànzài bù shuō．"
是什么话。可是李索玲说："现在不说。"

Liù
六

　　Fāng Fāng yòu láidào Liú Shùhuái de　jiā　jìnxíng cǎifǎng．
　　方芳又来到刘述怀的家进行采访。

Tā zhēn néng "kǎn"．
他真能"侃"。

　　Tā duì Fāng Fāng shuō："Hǎo ba，　zài tántan，　shàng
　　他对方芳说："好吧，再谈谈，上

cì tándào lǐxiǎng de　jiātíng，　wǒ yòu xiǎngle　yì tiáo."
次谈到理想的家庭，我又想了一条。"

　　Liú Shùhuái hái zhēn búcuò，　duì shìqing tǐng rènzhēn．
　　刘述怀还真不错，对事情挺认真。

Fāng Fāng hěn gāoxìng Liú Shùhuái zhème zhǔdòng．
方芳很高兴刘述怀这么主动。

　　"Dì-èr tiáo shì shénme ne？"
　　"第二条是什么呢？"

　　"Měi gè xīngqītiān qǐngkè．"
　　"每个星期天请客。"

Shénme， qǐngkè？ Hái měi xīngqī yí cì？ Tā zhèng
什么，请客？还每星期一次？她正

xiǎng wèn， Liú Shùhuái yǐjīng zài chǎnshù zìjǐ de lǐlùn le：
想 问，刘述怀已经在阐述[1]自己的理论了：

" Měi xīngqī qǐng yí cì kè， jiù yǒu shìqing gàn le．Zhìshǎo，
"每星期请一次客，就有事情干了。至少，

cóng xīngqī wǔ wǎnshang kāishǐ， fūqī jiù yàoshāngliang qǐng
从星期五晚上开始，夫妻就要商量请

xiē shénme rén， zuò diǎnr shénme náshǒu cài．Xīngqī liù
些什么人，做点儿什么拿手菜[2]。星期六

mángzhe mǎi dōngxi， wǎnshang jiù kāishǐ dùn tāng．Háiyào
忙着买东西，晚上就开始炖汤[3]。还要

dǎsǎo yíxià fángjiān， búyào ràng kèrén kànjiàn jiā li
打扫一下房间，不要让客人看见家里

dàochù shì huīchén．Nǐ dàgài yǐjīng fāxiàn wǒmen jiā hěn
到处是灰尘。你大概已经发现我们家很

zāng …" Tā yìbiān shuō， yìbiān chōu yān。
脏……"他一边说，一边抽烟。

" Zhè liǎng cì lái， nǐmen jiā hǎoxiàng shōushiguo le．"
"这两次来，你们家好像收拾过了。"

Fāng Fāng xīnli xiǎng， kěnéng shì yīnwèi wǒ yào lái cǎifǎng
方芳心里想，可能是因为我要来采访

tāmen cái bǎ jiā li shōushi de gāngānjìngjìng de ba．
他们才把家里收拾得干干净净的吧。

Liú Shùhuái xiàole xiào， jiēzhe shuō：" Dàole
刘述怀笑了笑，接着说："到了

xīngqītiān， fūqī yìzǎo qǐlái， mángzhe zuò cài．Yíhuìr
星期天，夫妻一早起来，忙着做菜。一会儿

kèrén lái le， dàjiā chūnfēngmǎnmiàn， wèn hǎo， hē chá．
客人来了，大家春风满面[4]，问好，喝茶。

Ránhòu zài zhuōzi pángbiān zuò xiàlái， hē jiǔ， chī fàn．
然后在桌子旁边坐下来，喝酒，吃饭，

kuākua qīzi de náshǒu cài．Ránhòu dàjiā zài yìqǐ
夸夸妻子的拿手菜。然后大家在一起

1 阐述: explain, elaborate

2 拿手菜: special dish

3 炖汤: thick soup; stew

4 春风满面: be all smiles; full of joy

hǎikuò-tiānkōng de liáotiān. Yì tiān xiàlái, yòu kuàihuó

海阔天空¹地聊天。一天下来，又 快活

yòuchōngshí. Fūqī yě jiù bù xiǎngchǎojià le."

又充实²。夫妻也就不 想 吵架了。"

    Fāng Fāngshuō:" Āiyā, kèrén yì zǒu, xǐ wǎn

    方 芳 说："哎呀，客人 一 走，洗 碗

shōushi, duō lèi a!"

收拾，多累啊！"

    "Bù, bù. Fūqī yìbiān xǐ wǎnshōushi, yìbiān

    "不，不。夫妻一边洗碗收拾，一边

hái kěyǐ huíwèi hé péngyou liáotiān shí nàxiē yǒuqù de

还可以回味³和朋友聊天时那些有趣的

shìqing! Nǐ suànsuan, qǐng yí cì kè, máng sān tiān, sān

事情！你算算，请一次客，忙 三 天，三

tiān fūqī dōu yǒu huà shuō, shuō de dōu shì kāixīn de huà.

天夫妻都有话说，说的都是开心的话。

Zhèyàng de jiātíng qìfēn duō hǎo a!"

这样的家庭气氛多好啊！"

    Tā shuō de hěn rènzhēn, yě hěn yǒu dàolǐ, tīng

    他说得很 认真，也很 有 道理，听

qǐlái hěn xīnxiān, yě hěn yǒuqù. Fāng Fāng jīhū wàngle

起来很新鲜，也很有趣。方 芳几乎忘了

zìjǐ shì lái cǎifǎng tā, ér bú shì lái tīng tā kǎn qǐngkè

自己是来采访他，而不是来听他侃请客

chīfàn de bìyàoxìng de. Tā zhēn xiǎngtīng tā jìxù kǎn

吃饭的必要性⁴的。她真 想 听他继续侃

xiàqù, kàn tā hái yǒu shénme yǔzhòngbùtóng de kànfǎ.

下去，看他还有什么与众不同⁵的看法。

    Xiànzài kànlái, Fāng Fāng pà jìn zhège jiā de dānxīn

    现在看来，方 芳怕进这个家的担心

shì duōyú de. Tā kǎn de lǐxiǎng jiātíng jiù xiàng jiǎng yí gè

是多余的。他侃的理想家庭就 像 讲一个

kēxué huàtí, hǎoxiàng gēn tā zìjǐ de jiātíng méi shénme

科学话题，好 像 跟他自己的家庭没什么

---

1 海阔天空: unrestrained and far-ranging

2 充实: substantial, enriched

3 回味: call sth. to mind and ponder over it

e.g.他经常回味和同学们在一起的生活。

4 必要性: necessity

5 与众不同: out of ordinary; unusual

guānxì shìde . Tā búbì dānxīn cǎifǎng huì shǐ tā tòngkǔ .
关系似的。她不必担心采访会使他痛苦。

Liú Shùhuái guāndiǎn míngquè , miàoyǔliánzhū , gěi rén yì
刘述怀观点明确，妙语连珠[1]，给人一

zhǒng qīngsōng hé chāotuō de gǎnjué . Fāng Fāng shènzhì
种 轻松和超脱[2]的感觉。方芳甚至

chǎnshēng yì zhǒng huáiyí , gēn zhèyàng tánxiàofēngshēng
产 生一种怀疑，跟这样谈笑风生[3]

de rén shēnghuó zài yìqǐ , jiātíng shēnghuó zěnme huì
的人生活在一起，家庭生活怎么会

fáwèi ? Yěxǔ , rénjia gēnběn méi fáwèi , érshì nǐ
乏味？也许，人家根本没乏味，而是你

zìjǐ xiācāi de ?
自己瞎猜[4]的？

　　Fāng Fāng shuō : " Nǐ zhēn néng kǎn . "
　　方 芳 说："你真能侃。"

　　" Zài wǒmen dānwèi , wǒ shì zuì néng kǎn de . Yǒu
　　"在我们单位，我是最能侃的。有

yí cì liánxù kǎnle jiǔ gè xiǎoshí , cóng tiānhēi kǎn dào
一次连续侃了九个小时，从天黑侃到

tiānliàng . "
天亮。"

　　" Rúguǒ yǒu shíjiān , wǒ hěn yuànyì tīng nǐ jiēzhe kǎn .
　　"如果有时间，我很愿意听你接着侃。

Tīngting nǐ de dì-sān tiáo , dì-sì tiáo … "
听听你的第三条、第四条……"

　　" Nà wǒ tài gāoxìng le . "
　　"那我太高兴了。"

　　" Búguò , xiànzài bùxíng , zánmen méi shíjiān . Wǒ
　　"不过，现在不行，咱们没时间。我

xiǎng zhīdào yìdiǎn nǐ de jùtǐ de 、 shízài de shēnghuó .
想 知道一点你的具体的、实在的生活。

Bǐrú , cóng nǐmen jiànlì jiātíng de shíhou …
比如，从你们建立家庭的时候……"

1 妙语连珠: spar-
kling sayings; full of
witty remarks
2 超脱: free from con-
ventions
3 谈笑风生: talk and
laugh cheerfully
4 瞎猜: guess without
ground

"Nà hǎo bàn. Wǒ fǎnduì kǎn xū bù kǎn shí. Xiànzài
"那好办。我反对侃虚[1]不侃实。现在
kǎn yǒu sān dà liúpài. Yī shì kǎnxūpài, chánzōng,
侃有三大流派[2]。一是侃虚派,禅宗[3]、
dàojiào, yǔzhòu, huíguī, bùzháobiānjì. Yī shì kǎn-
道教、宇宙、回归,不着边际[4]。一是侃
shípài, bǐrú yāzi yǒu jǐ zhòng chī fǎ, rénmínbì shì
实派,比如鸭子有几种吃法、人民币是
cúnzhe hǎo háishi huāle hǎo, zhè yǒudiǎn wúliáo. Wǒ shì
存着好还是花了好,这有点无聊。我是
jì kǎn xū yòu kǎn shí. Xū zhōng yǒu shí, shí zhōng yǒu xū,
既侃虚又侃实。虚中有实,实中有虚,
yǒu xū yǒu shí, xū shí jiéhé, yīn'ér lǎoshào jiē yí, yǎ
有虚有实,虚实结合,因而老少皆宜,雅
sú gòng shǎng."
俗共赏[5]。"
Zhēn gòu jué de! Fāng Fāng chà diǎnr xiào chūlái.
真够绝的[6]! 方芳差点儿笑出来。
Tā dàoshì zǎo tīngshuō Běijīng mùqián liúxíng de "kǎnyé",
她倒是早听说北京目前流行的"侃爷"、
"kǎn dàshān", "Shíyì rénmín jiǔyì kǎn, háiyǒu yíyì zài
"侃大山"、"十亿人民九亿侃,还有一亿在
fāzhǎn" zhízhì "Shíyì rénmín shíyì kǎn, hǎiwài huárén
发展"直至"十亿人民十亿侃,海外华人[7]
zài fāzhǎn" zhīlèi de shímáo yǔyán. Zhìyú kǎn de sān dà
在发展"之类的时髦语言。至于侃的三大
liúpài, tā háishi dì-yī cì tīngshuō. Zhè kěnéng shì Liú
流派,她还是第一次听说。这可能是刘
Shùhuái zhè wèi kǎnyé de xīn guāndiǎn. Bù néngràng tā suíbiàn
述怀 这位侃爷的新观点。不能让他随便
kǎn xiàqù, dào xiànzài hái méi shuō dàozhèngtí ne:
侃下去,到现在还没说到正题[8]呢:
"Lǎo Liú tóngzhì, háishi jiǎng nǐmen jiā ba!"
"老刘同志,还是讲你们家吧!"

1 虚: emptiness, void
2 流派: school, sect
3 禅宗: Zen, one of the Buddhist schools in China
4 不着边际: not to the point
5 老少皆宜,雅俗共赏: suitable for both old and young people; appealing to both refined and popular tastes
6 真够绝的: absolutely unique
7 海外华人: overseas Chinese
8 正题: subject of a talk

Wǒmen jiā ma, gēn biéren jiā chàbuduō. Tā
"我们家嘛，跟别人家差不多。"他
zài jiēzhe kǎn, Wǒmen shì zìyóu liàn'ài, wǒmen dōu
再接着侃，"我们是自由恋爱，我们都
shì zìyuàn jiéhūn —— dāngrán, yě yǒu jièshàorén, dàn
是自愿结婚——当然，也有介绍人，但
zuìzhōng háishi wǒmen zìjǐ yuànyì jiéhūn, zhè shì wǒmen
最终还是我们自己愿意结婚，这是我们
zìjǐ de xuǎnzé. Wǒmen duì wǒmen de jiātíng méiyǒu
自己的选择。我们对我们的家庭没有
bàoyuàn, yě bù yīnggāi yǒu shénme bàoyuàn. Nǐ shuō duì
抱怨¹，也不应该有什么抱怨。你说对
bu duì?
不对？"

Fāng Fāng méiyǒu huídá. Tā jiēzhe shuō: Wǒmen shì
方芳没有回答。他接着说："我们是
gēnjù dāngshí de qíngkuàng zuòchū de xuǎnzé. Dāngshí, wǒ
根据当时的情况做出的选择。当时，我
èrshíbā suì, tā èrshíliù suì. Zài dāngshí wǒmen dōu shì
二十八岁，她二十六岁。在当时我们都是
dàlíng qīngnián, wǒmen dōu yīnggāi jiéhūn le. Wǒ yǒu yí
大龄青年²，我们都应该结婚了。我有一
ge èrgū, qíshí yě bú shì qīn de, wǒmen jiā gēn tāmen
个二姑，其实也不是亲的，我们家跟她们
jiā shì shénme qīnqi, wǒ bù qīngchu, wǒ cóngxiǎo jiù jiào
家是什么亲戚，我不清楚，我从小就叫
tā èrgū. Tā shuō ràng wǒmen rènshi yíxià, wǒmen jiù
她二姑。她说让我们认识一下，我们就
rènshi le.
认识了。"

Tā kǎnle bàntiān, yě méiyǒu tán tā de jiātíng de
他侃了半天，也没有谈他的家庭的
jùtǐ nèiróng. Qíshí, tā bìng bù xiǎng tán tā de jiātíng.
具体内容。其实，他并不想谈他的家庭。

---

1 抱怨: complaint
e.g. 他总是抱怨自己
的运气不好。
2 大龄青年: a single
man or woman above
the average marriage
age

Shénme yīnggāi kǎn， shénme bù yīnggāi kǎn， tā xīnli hěn
什么应该侃， 什么不应该侃， 他心里很
míngbai. FāngFāng xiǎngwèn tā hěnduō wèntí， dàn tā bù
明白。 方芳 想问他很多问题， 但她不
gǎnwèn， bǐrú： Zài rènshi Zhāng Fènglán zhīqián tā yǒu
敢问， 比如： 在认识 张 凤兰之前他有
méiyǒu guo nǚpéngyou， zěnme tōngguò biéren jièshào， gāng
没有过女朋友， 怎么通过别人介绍， 刚
rènshi jiù jiéhūn le. Zhèyàng de hūnyīn yě tài jiǎndān le、
认识就结婚了。 这样的婚姻也太简单了、
tài róngyi le.
太容易了。

　　Tā jìxù shuō："Wǒ zhège rén na， báikāishuǐ yì
　　他继续说："我这个人哪， 白开水[1]一
bēi， méiyǒu xīyǐnlì. Zhōngděng jìshù xuéxiào bìyè，
杯， 没有吸引力[2]。 中 等技术学校毕业，
yí gè jìshùyuán， shàng bu shàng， xià bu xià， liǎn bù
一个技术员， 上 不上， 下不下， 脸不
bái， yǎn bú dà， lǎnlǎnsǎnsǎn. Suīrán wǒ de gèzi
白， 眼不大， 懒懒散散[3]。 虽然我的个子
gāo， yì mǐ bā， zuò yīfu hái yào duō làngfèi bù， gèzi
高， 一米八， 做衣服还要多浪费布， 个子
gāo yě bú shì shénme yōushì. Xiàng wǒ zhème yí gè méiyǒu
高也不是什么优势[4]。 像我这么一个没有
xīyǐnlì de rén， shéi xīhan？ Yīncǐ， zài rènshi wǒ
吸引力的人， 谁稀罕？ 因此， 在认识我
qīzi yǐqián， wǒ shì báizhǐ yì zhāng， méi tánguo shénme
妻子以前， 我是白纸一张， 没谈过什么
liàn'ài."
恋爱。"

　　Tā kànle tā yì yǎn. Tā de zhè fú " zìhuàxiàng"
　　她看了他一眼。 他的这幅"自画像"
hái tǐng zhēnshí. Tā de yàngzi quèshí hěn yìbān. Zhǐshì
还挺真实。 他的样子确实很一般。 只是

稀罕
cherish

1 **白开水**: plain boiled water

2 **吸引力**: attraction

3 **懒懒散散**: lazy and sluggish

4 **优势**: superiority, advantage

xiànzài tā kǎn de shíhou , yì shuāng yǎnjing xiǎnde míngliàng
现在他侃的时候，一 双 眼睛显得明 亮
yǒushén .
有神[1]。

" Tā , nǐ yě kàndào le , yě bú shì yí gè hěn yǒu
"她，你也看到了，也不是一个很有
xīyǐnlì de nǚrén , wénhuà bù gāo , gànhuó zhèngqián ,
吸引力的女人，文化不高，干活挣 钱，
chuān yī chīfàn . Wǒmen liǎng , jiù zhèyàng còuhe dào
穿 衣吃饭。我们 俩， 就这样凑合到
yíkuàir , jiéhūn le . "
一块儿，结婚了。"

Fāng Fāng xīn li xiǎng : Nándào nǐmen jiù wèi jiéhūn ér
方 芳 心里想： 难道你们就为结婚而
jiéhūn ? Nándào nǐmen jiù wèi còuhe ér còuhe ? Nándào
结婚？ 难道你们就为凑合而凑合？ 难道
nǐmen méiyǒu fūqī zhījiān zuì zhòngyào de gǎnqíng ?
你们没有夫妻之间最重 要的感情？

Fāng Fāng wèn tā : " Kǒngpà bù wánquán shì còuhe ba ? "
方 芳 问他:"恐怕不完全是凑合吧?"

Liú Shùhuái xiàozhe huànle yì zhī yān , jiēzhe kǎn :
刘述怀笑着换了一支烟， 接着侃:
" Dāngrán , bù néng shuō wǒmen méiyǒu gǎnqíng . Kěshì ,
"当然， 不能说我们没有感情。可是，
shénme jiào gǎnqíng ? Zhè gǎnqíng kànbujiàn mōbuzháo ,
什么叫感情？ 这感情看不见摸不着，
quán píng nǐ zìjǐ de gǎnjué . Gǎnjué yǒu jiù yǒu ,
全 凭 你自己的感觉。感觉有就有，
gǎnjué wú jiù wú . Búxiàng rè mántou , yì yǎn néng
感觉无就无。 不像热馒头[2]，一眼能
qiáojiàn . Gēnjù wǒ de guāndiǎn , liǎng gè rén néng còuhe
瞧见。根据我的观点，两个人能凑合
dào yíkuàir , jiùshì gǎnqíng . "
到一块儿，就是感情。"

1 有神: (of eyes) bright and piercing
2 馒头: steamed bun

方芳很难同意感情能凑合这样的说法[1]。买条裙子还要试试，合不合身，不能凑合，两个人之间的感情怎么能凑合呢？她实在想不通。可是她又不能不相信刘述怀讲的话。确实，很难想象，这位懒散的人与他妻子之间有过热恋[2]。但是你怎么知道？你怎么知道人家没有过热恋？也许，这才是普通家庭的正常状况。也许，很多普通家庭就是建立在这种基础上的。方芳接着问："后来呢？"

"后来，后来就凑合过来了。"

"那么，你们要凑合到什么时候呢？"

"人活着就是凑合，凑合一辈子……"

"这太可怕了！"方芳叫了出来。她觉得家庭生活怎么能凑合呢，她不理解。

刘述怀看了她一眼，笑笑说："这

1 说法: statement
2 热恋: be passionately in love

méiyǒu shénme kěpà de . Nándào nǐ bú rènwéi ， néng
没 有 什么 可怕 的。 难道 你 不认为， 能
còuhe yě shì yì zhǒng xìngfú ma? Dāngrán， zhè shì yì
凑合 也是 一 种 幸福 吗？ 当然， 这是一
zhǒng hěn pǔtōng de jiātíng shēnghuó ."
种 很 普通 的 家庭 生活。"

Fāng Fāng duì zhège còuhe de jiātíng gǎndào shīwàng，
　　方 芳 对这个 凑合 的 家庭 感到 失望，
yě gǎndào tóngqíng . Tā xiǎngxiàng de hémù jiātíng bù gāi
也 感到 同情。 她 想 象 的 和睦 家庭 不该
shì zhèyàng de， nà yòu yīnggāi shì zěnyàng de ne? Tā
是 这样 的， 那 又 应该 是 怎样 的 呢？ 她
xiǎngxiàng bù chūlái . Tā yòuwèn：" Nà， nǐ duì zhè yíqiè
想 象 不 出来。 她 又 问："那， 你 对这 一切
mǎnyì ma? "
满意 吗？"

" Wǒ shuō de shì còuhe ， bú shì mǎnyì . Mǎnyì
　　"我 说 的 是 凑合， 不是 满意。 满意
jiù bú shì còuhe le . Wǒ shuō còuhe shì chàbuduō， huòzhě
就 不是 凑合 了。 我 说 凑合 是 差不多， 或者
shì jiāngjiu de yìsi . Còuhe jiùshì bǐ shàng bù zú bǐ xià
是 将就¹的 意思。 凑合 就是 比 上 不足比下
yǒuyú . Wǒ céngjīng tándào lǐxiǎng de jiātíng， nà jiùshì
有余²。 我 曾经 谈到 理想 的 家庭， 那 就是
shuō wǒ bìng bú rènwéi wǒ xiànzài de jiātíng hěn lǐxiǎng ."
说 我 并 不认为 我 现在 的 家庭 很 理想。"

Fāng Fāng méiyǒu jiéhūn， duì jiātíng shēnghuó méiyǒu
　　方 芳 没有 结婚， 对 家庭 生 活 没有
jīngyàn. Tā xīnli chōngmǎnle yíwèn， chōngmǎnle tóngqíng .
经验。 她 心里 充满了 疑问， 充满了 同情。
Tā juéde guānyú hémù jiātíng de cǎifǎng bù néng jìnxíng xiàqù
她 觉得 关于 和睦 家庭 的 采访 不 能 进行 下去
le . Tā zhǐhǎo gàocí le：" Liú Shùhuái tóngzhì， wǒmen
了。 她 只好 告辞³了："刘述怀同志， 我们

1 将就: make do with
e.g.这里的条件不
好，大家只好将就
一下了。
2 比上不足比下有
余: inferior to the
best and better than
the worst
3 告辞: say goodbye
e.g.太晚了，我们告
辞了。

de cǎifǎng kěyǐ jiéshù le , xièxie nǐ jiǎngle zhème duō . "
的采访可以结束了，谢谢你讲了这么多。"

" Jǐnguǎn nǐ duì wǒ biǎoshì gǎnxiè , wǒ gǎndàole
"尽管你对我表示感谢，我感到了

nǐ duì wǒ de shīwàng . Wǒ méiyǒu tígōng gěi nǐ jùtǐ de
你对我的失望。我没有提供给你具体的

cáiliào , nǐ … "
材料，你……"

" Zhè méiyǒu shénme . "
"这没有什么。"

" Yǔnxǔ wǒ duì jìzhě gōngzuò fābiǎo yìdiǎnr yìjiàn
"允许我对记者工作发表一点儿意见

ma ? — Dāngrán shì bānmén-nòngfǔ . "
吗？——当然是班门弄斧[1]。"

" Hǎo , qǐng shuō ba ! "
"好，请说吧！"

" Wǒ rènwéi jùtǐ de xìjié bìng bù hěn zhòngyào ,
"我认为具体的细节并不很重要，

tèbié shì zài jiātíng wèntí shang . Liǎngkǒuzi wèi shénme
特别是在家庭问题上。两口子为什么

chǎo , zěnme chǎo , shéi duì , shéi búduì , zhèxiē dōu bú
吵，怎么吵，谁对，谁不对，这些都不

zhòngyào , yě wúfǎ nòng qīngchu . Súhuà shuō , qīngguān
重要，也无法弄清楚。俗话说，清官

nán duàn jiāwùshì . Suǒyǐ , wǒ rènwéi , xiě jiātíng
难断家务事[2]。所以，我认为，写家庭

wèntí de wénzhāng shì hěn nán de , wǎngwǎng chīlì bù
问题的文章是很难的，往往吃力不

tǎohǎo . Yīncǐ wǒ jiànyì , zuìhǎo shì bù xiě . "
讨好[3]。因此我建议，最好是不写。"

Fāng Fāng jiéshùle duì Liú Shùhuái de cǎifǎng , zǒudào
方芳结束了对刘述怀的采访，走到

jiē shang .
街上。

1 班门弄斧: show off one's imperfect skills before an expert
2 清官难断家务事: Even an upright official finds it hard to settle a family quarrel.
3 吃力不讨好: do a hard but thankless job

七

在现实生活中，家庭的细节问题确实很难说清楚谁对谁错；什么是对的，什么是错的。比如夫妻为什么事吵架？生活中有哪些方面不和？夫妻之间有哪些问题不好解决？下面是几个家庭生活的片段[1]：

第一个场景[2]，买衣服

一对年轻夫妇在一家服装商店买衣服。妻子一边挑选衣服一边问丈夫："你看，我穿那件粉红色的衣服，怎么样？"

"哪件？"

"那边，从左边数，第五件。"

"挺好。"

"好像颜色太鲜艳了。哦，那件怎么样，天蓝色的？"

---

1 片段: episode
2 场景: scene

" Búcuò . "

"不错。"

" Yàobù , nàbiān nà jiàn bànbiān hóng bànbiān hēi,

"要不，那边那件 半边 红 半边黑，

tǐng shímáo , hǎo ma ? "

挺时髦，好吗？"

" Kěyǐ . "

"可以。"

" Nǐ zhè rén zěnme huí shì ? Shì bu shì bú yuànyì péi wǒ

"你这人怎么回事？是不是不愿意陪我

chūlái mǎi yīfu , lǎoshì hēnghēnghāhā de . "

出来买衣服，老是哼哼哈哈 [1] 的。"

" Méiyǒu wa "

"没有哇！"

Qīzi shēngqì le , yīfu méi mǎichéng , liǎng rén

妻子生气了，衣服没买成，两人

chūlái le .

出来了。

" Méiyǒu ? Bié yǐwéi wǒ shǎ . Qiáo nǐ nà yàngr ,

"没有？别以为我傻。瞧你那样儿，

ài lǐ bù lǐ de , piàn shéi a ? "

爱理不理的 [2]，骗 谁啊？"

" Wǒ piàn shéi la ? Nǐ yào wǒ péi nǐ chūlái mǎi yīfu ,

"我骗谁啦？你要我陪你出来买衣服，

wǒ lái le . Nǐ wèn wǒ zhè jiàn hǎo nà jiàn hǎo , wǒ dōu

我来了。你问我这件好那件好，我都

biǎotài le , nǐ hái yào wǒ zěnme yàng ? "

表态 [3] 了，你还要我怎么样？"

" Shéi yào nǐ zěnmeyàng la ! Wǒ gànmá yào nǐ

"谁要你怎么样啦！我干吗 [4] 要你

zěnmeyàng ? Nǐ zìjǐ xīnli zěnme xiǎng de , nǐ zìjǐ

怎么样？你自己心里怎么想的，你自己

zhīdào ! "

知道！"

1 哼哼哈哈: (onom.) hem and haw, expressing indecision

2 爱理不理的: not pay attention to; not care about; 理: pay attention to

3 表态: make one's position known

4 干吗: what are you doing; also 干什么

"Wǒ wènxīnwúkuì."

"我问心无愧[1]。"

"Wènxīnwúkuì? Hēng! Wǒ wèn nǐ, jiéhūn wǔ

"问心无愧？哼！我问你，结婚五

nián le, nǎ yí cì shì nǐ zhǔdòng tí chūlái yào gěi wǒ mǎi

年了，哪一次是你主动提出来要给我买

yīfu de?"

衣服的？"

"Nǐ de yīfu nàme duō, Wǒ méi gǎnjué dào nǐ

"你的衣服那么多，我没感觉到你

quēshǎo yīfu. Suǒyǐ wǒ méi tíchūguo yào gěi nǐ mǎi

缺少衣服。所以我没提出过要给你买

yīfu."

衣服。"

"Wǒ yīfu duō? Nǐ diàochá diàochá qù! Shéi bù shuō

"我衣服多？你调查调查去！谁不说

wǒ chuān de xiàng gè lǎotàipó?"

我穿得像个老太婆[2]？"

"Jiùsuàn wǒ méiyǒu zhǔdòng tíchūguo, nǐ měi cì

"就算我没有主动提出过，你每次

tíchū yào mǎi yīfu, wǒ bú shì dōu péi nǐ láile ma?"

提出要买衣服，我不是都陪你来了吗？"

"Shéi xīhan nǐ péi wǒ lái? Nǐ gēnběn bù dǒng wǒ

"谁稀罕你陪我来？你根本不懂我

de xīn …"

的心……"

Rúguǒ zài zhège shíhou, zhàngfu shēnchū shǒu qù,

如果在这个时候，丈夫伸出手去，

lǒuzhù tā de jiānbǎng, zhè duì fūqī de zhēngchǎo yě jiù

搂[3]住她的肩膀，这对夫妻的争吵[4]也就

jiéshù le. Kěshì zhè wèi zhàngfu méiyǒu. Tā dàgài bù

结束了。可是这位丈夫没有。他大概不

xíguàn zhè zhǒng qīnnì fāngshì. Tā jùyǒu Zhōngguó nánrén

习惯这种亲昵[5]方式。他具有中国男人

1 问心无愧: feel no qualms upon self-examination

2 老太婆: old lady

3 搂: hug, embrace

4 争吵: quarrel

5 亲昵: intimate, affectionate

de tèdiǎn, juéde bù néng guànzhe nǚrén.
的特点，觉得不能惯¹着女人。

Qīzi juéde shòule wěiqu, duì zhàngfu shuō："Wǒ
妻子觉得受了委屈，对丈夫说："我

shì nǐ de qīzi. Wǒ mǎi yīfu chuān gěi shéi kàn? Gěi nǐ
是你的妻子。我买衣服穿给谁看？给你

kàn. Nǐ hēnghēnghāhā de, jiào wǒ zěnme mǎi?"
看。你哼哼哈哈的，叫我怎么买？"

"Nǐ chuān shénme dōu hǎokàn."
"你穿什么都好看。"

"Pī mádài piànr ne?"
"披麻袋片儿²呢？"

"Gèng hǎokàn."
"更好看。"

Zhège shíhou, rúguǒ qīzi bèi zhàngfu de huà dòuxiào
这个时候，如果妻子被丈夫的话逗笑

le, bǎ shou wǎn zài zhàngfu de gēbo shang, yěxǔ
了，把手挽³在丈夫的胳膊上，也许

jiù huàxiǎnwéiyí le. Tā méiyǒu. Qīzi dàgài yě bù
就化险为夷⁴了。她没有。妻子大概也不

xíguàn zhè zhǒng qīnnì fāngshì. Tā jùyǒu Zhōngguó nǚxìng
习惯这种亲昵方式。她具有中国女性

de tèdiǎn, chūyú nǚrén de zìzūn, búyuàn zhǔdòng qù
的特点，出于女人的自尊⁵，不愿主动去

hé nánren héhǎo.
和男人和好。

Tāmen zǒu dào lìng yì tiáo jiē shang, jìxù zhēngchǎo:
他们走到另一条街上，继续争吵：

"Nǐ biàn le."
"你变了。"

"Nǐ cái biànle ne!"
"你才变了呢！"

"Wǔ nián qián nǐ shì zhèyàng de ma?"
"五年前你是这样的吗？"

1 惯: spoil
🄔🄖这个孩子不听话，被父母惯坏了。
2 披麻袋片儿: wear a piece of gunnysack
3 挽: hold one's arm
4 化险为夷: turn danger into safety
5 自尊: self-esteem, self-respect

" Wǔ nián qián nǐ shì zhèyàng de ma？"
"五年前你是这样的吗？"

" Zǎo zhī nǐ zhème wúqíng ， wǒ cái bú jià nǐ ne！"
"早知你这么无情[1]，我才不嫁[2]你呢！"

" Zǎo zhī nǐ zhème nánchán ， wǒ cái bù qǔ nǐ ne！"
"早知你这么难缠[3]，我才不娶你呢！"

" Shéi ràng nǐ qǔ de？"
"谁让你娶的？"

" Shéi ràng nǐ jià de？"
"谁让你嫁的？"

" Wǒ zǎo jiù kàn chūlái le。Nǐ duǒzhe wǒ，tǎoyàn
"我早就看出来了。你躲着我，讨厌

wǒ。Wǒ huáiyí，nǐ gēnběn bú ài wǒ。"
我。我怀疑，你根本不爱我。"

Zhàngfu méiyǒu shuōhuà。Hǎoxiàng tā shuō de hěn duì。
丈夫没有说话。好像她说得很对。

Tā xīn li xiǎng：Nándào wǒ méiyǒu xiǎng duǒguo tā？Nándào
他心里想：难道我没有想躲过她？难道

wǒ méiyǒu tǎoyànguo tā ma？
我没有讨厌过她吗？

" Nǐ fàngxīn！Wǒ zài yě búhuì qǐng nǐ péi wǒ chūlái
"你放心！我再也不会请你陪我出来

mǎi yīfu le！"
买衣服了！"

Zhēnde yàoshi zhèyàng，tā huì gǎndào qīngsōng de。
真的要是这样，他会感到轻松的。

Búguò tā méi shuō chūlái。
不过他没说出来。

Tā hái zài chǎo，tā chénmò le。
她还在吵，他沉默了。

Zǒuzhe zǒuzhe，tā yě bù chǎo le。Zuìhòu tāmen
走着走着，她也不吵了。最后他们

zǒujìnle tāmen de jiā …
走进了他们的家……

---

1 无情: merciless

2 嫁: (of a woman) marry

e.g.她嫁给了一个小学老师。

3 难缠: hard to deal with

第二个场景，妻子的唠叨 [1]

Dì-èr gè chǎngjǐng， qīzi de láodao

在家里，丈夫想安静地坐一会儿，
Zài jiā li， zhàngfu xiǎng ānjìng de zuò yíhuìr

可是妻子老是问他干什么，想什么。
kěshì qīzi lǎoshì wèn tā gàn shénme，Xiǎng shénme.

"喂，你干吗呢？"妻子问丈夫。
"Wèi， nǐ gànmá ne？" Qīzi wèn zhàngfu.

丈夫没有回答，心里想：干吗呢，
Zhàngfu méiyǒu huídá， xīnli xiǎng：Gànmá ne，

干吗呢，妻子什么都好，就是话太多。
gànmá ne， qīzi shénme dōu hǎo， jiùshì huà tài duō.

总是喜欢问，干吗呢，干吗呢？干吗？我
Zǒngshì xǐhuan wèn， gànmá ne， gànmá ne？Gànmá？Wǒ

什么也没干，只是坐一会儿。这沙发太
shénme yě méi gàn， zhǐshì zuò yíhuìr. Zhè shāfā tài

小了，怎么这么不舒服。想喝一杯热茶？
xiǎo le， zěnme zhème bù shūfu. Xiǎng hē yì bēi rèchá？

还得自己沏茶，懒得动，算了，反正
Hái děi zìjǐ qī chá， lǎnde dòng， suànle， fǎnzhèng

一会儿就睡觉了。
yíhuìr jiù shuìjiào le.

丈夫看着一室一厅的房子，心里想：
Zhàngfu kànzhe yí shì yì tīng de fángzi， xīnli xiǎng：

这个客厅刚搬来的时候，不觉得小，
Zhège kètīng gāng bānlái de shíhou， bù juéde xiǎo，

怎么越住越小了？这是谁盖的？放了沙发
zěnme yuè zhù yuè xiǎo le？Zhè shì shéi gài de？Fàngle shāfā

放不下桌子，放了桌子放不下沙发。唉，
fàngbuxià zhuōzi， fàngle zhuōzi fàngbuxià shāfā. Āi，

要不是客厅小，怎么会买这么小的沙发，
yào bú shì kètīng xiǎo， zěnme huì mǎi zhème xiǎo de shāfā，

1 唠叨：chatter
e.g.他没有对象，妈妈总是唠叨这件事。

zài jiāshang zhème xiǎo de   yì zhāng zhuōzi   …
再加上这么小的一 张 桌子……

Qīzi de jīngshen   yě bù zhīdào wèi shénme nàme
妻子的 精神 [1] 也 不 知道 为 什么 那么

hǎo .   Shàngbān gòu lèi de ,   huídào jiā yě méi kànjiàn tā
好。 上 班 够 累 的， 回到 家 也 没 看见 她

xiūxi ,   hái jìnjìnchūchū ,   zǒumǎdēng   shìde . Qíshí ,
休息，还 进进出出， 走马灯 [2] 似的。其实，

yě méiyǒu bìyào zài wūzi li láiláihuíhuí zǒu zhème duō
也没有必要在屋子里来来回回走这么多

tàng . Chīwán fàn shōushi wǎn de shíhou wèi shénme bú dài kuài
趟。吃完饭收拾碗的时候为什么不带块

mābù ,   Shùnbiàn bǎ zhuōzi cāle bú jiù wán le ? Zhuōzi
抹布 [3]，顺 便 把 桌子 擦了不就完了？桌子

shang hái yǒu càitāng méi cā gānjìng , jiào tā huílái zài cācā ?
上 还有菜汤没擦干净，叫她回来再擦擦？

Suànle …
算了……

Jiā li yǒu kètīng ,   suīrán xiǎo , zǒng bǐ méiyǒu kètīng
家里有客厅，虽然小，总比没有客厅

hǎo ,   zhīzú ba . Xiànzài xiǎng yào mǎi fángzi , dào shíhou
好，知足 [4] 吧。现在 想 要 买 房子，到时候

hái bùyídìng mǎi bu mǎi ne ! Zhè jǐ nián gài de xīn lóu dōu shéi
还不一定买不买呢！这几年盖的新楼都谁

zhù le ? Fǎnzhèng wǒ bù mǎi , āi , jiù zài zhèr còuhe ba !
住了？反正我不买，唉，就在这儿凑合吧！

Zhè zhāng zhuōzi xiǎo le diǎnr .   Kànzhe hěn bièniu .
这张桌子小了点儿。看着很别扭 [5]。

Shénme máobìng ne ?   Shì zhuōzi tuǐr duǎn? Zhuōmiàn
什么毛病呢？是桌子腿儿短？桌面

xiǎo? Fǎnzhèng bǐ biéde zhuōzi xiǎo , qiáozhe zhēn bièniu .
小？反正比别的桌子小，瞧着真别扭。

Āi , bièniu tòu le .
唉，别扭透了。

---

1 精神：vigor
2 走马灯：in and out
3 抹布：rag; cleaning cloth
4 知足：be content with
e.g.人们常说知足者常乐。
5 别扭：uncomfortable
e.g.这件衣服太瘦了，穿起来很别扭。

"Gànmá ne？" Qīzi yòu wèn.
"干吗呢？"妻子又问。

Zhàngfu háishi méiyǒu huídá， xīnli hái zài xiǎng.
丈夫还是没有回答，心里还在想。

Qīzi yòu wèn， yòu wèn. Zhàngfu xīnli fán： Nǐ
妻子又问，又问。丈夫心里烦 [1]：你

gāi gàn shénme， gàn nǐ de qù， lǎo wèn wǒ， gànmá ne？
该干什么，干你的去，老问我，干吗呢？

Yǒu shénme kě gàn de， chīwán fàn zuò zhèr xiēhuìr
有什么可干的，吃完饭坐这儿歇会儿 [2]。

Tā jìnwū le， chúfáng shōushi wán jiù qīngjìng le.
她进屋了，厨房收拾完就清静了。

Zhàngfu hái zài xiǎng： Yì tiān sān dùn fàn， dùndùn yào chī，
丈夫还在想：一天三顿饭，顿顿要吃，

yào shōushi， zhēn fánrén. Zhōngguórén shénme dōu néng
要收拾，真烦人 [3]。中国人什么都能

gǎi， jiùshì gǎi bùliǎo chī. Guāng chī miànbāo bùxíng，
改，就是改不了吃。光吃面包不行，

miànbāo tài guì， yě chībuqǐ， zàishuō miànbāo zài
面包太贵，也吃不起，再说面包在

Zhōngguó yě bú jiào fàn. Búguò chī miànbāo hěn shěngshì，
中国也不叫饭。不过吃面包很省事 [4]，

búyòng chǎocài zuòfàn， búyòng tā mángmangdāodāo de shōushi
不用炒菜做饭，不用她忙忙叨叨地收拾

ge méi wán， miànbāo yě bù zāng zhuōzi.
个没完，面包也不脏桌子。

Zhàngfu kànzhe zhuōzi， hái zài xiǎng： Zhè zhuōzi de
丈夫看着桌子，还在想：这桌子的

tuǐ tài cū le， zěnme kàn shàngqù nàme bèn？ Zhuōzi tuǐr
腿太粗了，怎么看上去那么笨？桌子腿儿

yàoshi xìdiǎnr， zhàn de dìfang jiù xiǎo le， kètīng li
要是细点儿，占的地方就小了，客厅里

kàn shàngqù yě jiù bú nàme jǐ le. Zhēn bèn！ Gànmá fèi
看上去也就不那么挤了。真笨！干吗费

1 烦：annoyed
例 她和男朋友分手
了，心里很烦。
2 歇会儿：take a break
3 烦人：annoying
4 省事：save trouble

zhème duō mùtou , zuò zhème sì tiáo dà cū tuǐ ? Shí nián
这么多木头，做这么四条大粗腿？十年
qián de jiājù , shì chàjìn [1] ……
前的家具，是差劲 [1]……

" Nǐ xiǎng shénme ne ? " Qīzi yòu wèn .
"你想什么呢？"妻子又问。
Zhàngfu xīnli xiǎng : Yòu wèn yòu wèn , xiǎng shénme
丈夫心里想：又问又问，想什么
ne ? Xiǎng shénme yídìng yào shuō chūlái ma ? Nǐ zhī máoyī [2]
呢？想什么一定要说出来吗？你织毛衣 [2]
jiù zhī máoyī ba , lǎo wèn ge méi wán , méi huà zhǎo huà .
就织毛衣吧，老问个没完，没话找话。
Tā zěnme lǎo zhī bu wán ? Yòu huànle lán xiàn , gěi shéi zhī
她怎么老织不完？又换了蓝线，给谁织
de ? Tā gànmá bú zài wū li zhī , piān yào zuò zài zhèr
的？她干吗不在屋里织，偏要坐在这儿
zhī ? Zuò zài kètīng li tǐng biēqū de , tā hái lǎo wèn ,
织？坐在客厅里挺憋屈 [3] 的，她还老问，
xiǎng shénme , xiǎng shénme .
想什么，想什么。

" Méi xiǎng shénme . " Zhàngfu huídá , xīnli hái zài
"没想什么。"丈夫回答，心里还在
xiǎng : Jiù le . Tài jiù le . Jiā li shí nián qián jiùshì
想：旧了。太旧了。家里十年前就是
zhège yàngzi . Zhè zhāng zhuōzi tài nánkàn , kànzhe zhuōzi
这个样子。这张桌子太难看，看着桌子
xīnli bièniu ……
心里别扭……

" Nǐ xiǎng shénme ne ? " Qīzi yòu wèn ,
"你想什么呢？"妻子又问，
" Ō , wèn wǒ ne , méi xiǎng shénme . " Zhàngfu
"噢，问我呢，没想什么。"丈夫
huídá . Zhàngfu xīnli hái zài xiǎng : Bǎ zhuōzi huàn ge
回答。丈夫心里还在想：把桌子换个

1 差劲 : too bad; no good
2 织毛衣 : knit a sweater
3 憋屈 : feel suffocated and depressed

dìfang ba！ Kěshì wǎng nǎr fàng ne？ Dìfang zhème xiǎo,
地方吧！可是往哪儿放呢？地方这么小，

shāfā wǎng nǎr fàng？ Dāngshí zěnme mǎile zhèyàng de
沙发往哪儿放？当时怎么买了这样的

zhuōzi ne？
桌子呢？

"Měi tiān chīwán fàn nǐ jiù zuò zhèr bàntiān ."
"每天吃完饭你就坐这儿半天。"

qīzi shuō.
妻子说。

"Shì ma？" Zhàngfu wèn.
"是吗？"丈夫问。

"Nǐ zìjǐ bù juéde ya, wǒ kě kànjiàn le ."
"你自己不觉得呀，我可看见了。"

qīzi shuō.
妻子说。

"Wǒ shénme yě méi juéde . Wǒ zuómo zhè zhuōzi
"我什么也没觉得。我琢磨[1]这桌子

ne ." Zhàngfu shuō.
呢。"丈夫说。

"Zhuōzi zěnme la？" Qīzi wèn.
"桌子怎么啦？"妻子问。

"Bièniu ." Zhàngfu shuō.
"别扭。"丈夫说。

"Wǒ kàn tǐng hǎo de . Tǐng shíyòng, yòu bú zhàn
"我看挺好的。挺实用，又不占

dìfang ." Qīzi shuō.
地方。"妻子说。

"Tài xiǎo ." Zhàngfu shuō.
"太小。"丈夫说。

"Dà le kètīng li néng fàngxià ma？" Qīzi wèn.
"大了客厅里能放下吗？"妻子问。

"Shì a, dà le gèng zhàn dìfang ." Zhàngfu shuō.
"是啊，大了更占地方。"丈夫说。

1 琢磨: consider, ponder

" Nà nǐ hái xián tā xiǎo? " Qīzi shuō .

"那你还嫌[1]它小？"妻子说。

" Zhǔyào shì jiù le . " Zhàngfu shuō

"主要是旧了。"丈夫说。

" Shì jiù le . Yàobù , huàn gè xīn de . " Qīzi

"是旧了。要不，换个新的。"妻子

xīnli xiǎng : Huàn xīn de? Shàng nǎr qù mǎi? Mǎi le ,

心里想：换新的？上哪儿去买？买了，

hái děi zhǎo sānlúnchē lā huílái . Xiànzài de sānlúnchē

还得找三轮车[2]拉回来。现在的三轮车

bǐ chūzūchē hái guì . Sānlúnchē lā huílái , hái děi wǎng

比出租车还贵。三轮车拉回来，还得往

lóushang tái , tài fèijìnr le . Tāmen zhù zài liù céng

楼上抬，太费劲儿[3]了。他们住在六层

lóu , liù céng de lóu méi diàntī . Dāngchū zěnme shèjì de ,

楼，六层的楼没电梯。当初怎么设计的，

shǒuzhǎng zhù de lóu yǒu diàntī . tāmen zhù de lóu méiyǒu

首长[4]住的楼有电梯，他们住的楼没有

diàntī .

电梯。

" Màile zhè zhāng zhuōzi , huàn ge zhédié de ba ! "

"卖了这张桌子，换个折叠[5]的吧！"

Zhàngfu shuō .

丈夫说。

" Còuhe ba , lǎnde mài ! Tài máfan ! " Qīzi shuō .

"凑合吧，懒得卖！太麻烦！"妻子说。

" Nǐ zhè rén , xiànzài jiǎngjiū gēngxīn ma ! "

"你这人，现在讲究更新[6]嘛！"

Zhàngfu shuō .

丈夫说。

" Xīn de yòng liǎng tiān hái bú shì zhàoyàng jiù ma ? "

"新的用两天还不是照样旧吗？"

Qīzi shuō .

妻子说。

---

1 嫌: dislike, complain
e.g.她嫌这家饭馆太贵了。
2 三轮车: tricycle
3 费劲儿: requiring great effort
4 首长: leading cadre; senior officer
5 折叠: (of furniture) folding
e.g.房间太小，他买了一张折叠桌和一张折叠床。
6 更新: renew

Zhàngfu bù shuōhuà le , zhīzú ba , shēnghuó yěxǔ
丈夫不说话了，知足吧，生活也许

jiùshì zhèyàng còuhe de !
就是这样凑合的！

Dì-sān gè chǎngjǐng , zhàngfu bù huíjiā
第三个场景，丈夫不回家

Wǎnfàn qián , háizi wèn : " Mā , bà jǐ diǎn
晚饭前，孩子问："妈，爸几点

huílái ? "
回来？"

" Bù zhīdào . "
"不知道。"

Wǎnfàn hòu , háizi yòu wèn : " Mā , bà zěnme hái bù
晚饭后，孩子又问："妈，爸怎么还不

huílái ? "
回来？"

" Wǒ zěnme zhīdào ! "
"我怎么知道！"

" Bàba shuōle gěi wǒ kàn zuòwén de . "
"爸爸说了给我看作文的。"

" Guāiguāi , zìjǐ xiān zuò . "
"乖乖¹，自己先做。"

Háizi yìbiān zuò zuòwén , yìbiān kàn diànshì shàngmiàn
孩子一边做作文，一边看电视上面

de guǎnggào , bàba , māma , bǎobao lǒu zài yìqǐ
的广告，爸爸、妈妈、宝宝搂在一起

xiàohāhā de chàngle yí biàn yòu yí biàn : " Kāng'ěrbǎo ,
笑哈哈地唱了一遍又一遍："康尔保，

Kāng'ěrbǎo , nín de bǎobao líbùliǎo ! "
康尔保，您的宝宝离不了！"

Diànshì " zàijiàn " le , háizi yě shuìzháo le .
电视"再见"了，孩子也睡着了。

1 乖乖: little dear

Tā pǎo dào wàimiàn qù dǎ gōngyòng diànhuà : "Wèi,
她 跑 到 外面 去 打 公用 电话[1]："喂，

nǐ zěnme hái bù huílái？ Háizi děngzhe nǐ kàn zuòwén ne！"
你 怎么 还 不 回来？孩子 等 着 你 看 作文 呢！"

"Wō， wǒ hái yǒudiǎnr shì， wánle jiù huílái。"
"喔，我 还 有 点儿 事，完了 就 回来。"

Tā fàngxià diànhuà， jìxù dǎpái。 "Gāi wǒ chū pái
他 放下 电话，继续 打牌[2]。"该 我 出牌

le！ Hēitáo A ！"
了！ 黑桃 A[3] ！"

Zhàngfu xiàbān bù huíjiā， qīzi hé háizi zài jiā
丈夫 下班 不 回家，妻子 和 孩子 在 家

děngzhe.
等 着。

Dì-sì gè chǎngjǐng， zhàngfu xiǎng gǎibiàn qīzi
第四个 场景，丈夫 想 改变妻子

Zhàngfu dàizhe yǎnjìng， qiàozhe tuǐ， xié kào zài
丈夫 戴着 眼镜，跷[4]着 腿，斜 靠 在

shāfā shang fān yì běn zázhì.
沙发 上 翻 一本 杂志。

Qīzi chuānzhe yí jiàn jiù yīfu， zài tuō dì。 Tā
妻子 穿着 一件 旧 衣服，在 拖地[5]。她

de yīfu yǒu yí gè báisè kòuzi diào le， huànle yí gè
的 衣服 有 一个 白色 扣子[6] 掉 了，换了 一个

lǜ kòuzi。 Kùjiǎo juǎndàoxiǎo tuǐdùzi shang， jiǎo shang
绿 扣子。裤脚 卷到 小 腿肚子 上， 脚 上

chuānzheyì shuāng sùliào tuōxié， jiǎo shang de tuōxié yòu dà
穿着一 双 塑料 拖鞋[7]， 脚 上 的 拖鞋 又 大

yòu hēi。 Tā yòng shǒu cāzhe tóu shang de hàn， duì zhàngfu
又 黑。她 用 手 擦着 头 上 的 汗， 对 丈夫

shuō："Wèi， táitai tuǐ。 Wǒ tuō dì ne！"
说："喂，抬抬 腿。我 拖 地 呢！"

1 公用电话: public telephone
2 打牌: play cards
3 黑桃 A: ace of spades
4 跷: lift up a leg
5 拖地: mop the floor
6 扣子: button
7 拖鞋: slippers

Tā táiqǐ tuǐ, zhǐzhe shǒu shang de zázhì, shuō:
他抬起腿，指着手上的杂志，说：

"Hēi, nǐ kàn, Yìndù hái zhēn yǒu xīnxiānshì."
"嘿，你看，印度[1]还真有新鲜事。"

Tā wānxià yāo, qù tuō shāfā dǐxia.
她弯下腰，去拖沙发底下。

"Nǐ qiáo, Yìndù de fēngsú, xīnxífù dào
"你瞧，印度的风俗，新媳妇[2]到

wǎnshang yào dǎban de piàopiaoliàngliàng de, zài sòngdào
晚上要打扮得漂漂亮亮的，再送到

zhàngfu wū li qù…"
丈夫屋里去……"

Tā báile tā yì yǎn.
她白了他一眼。[3]

"Qíshí, duì zhè zhǒng fēngsú, yě bù néng rènwéi
"其实，对这种风俗，也不能认为

shì luòhòu, tā shì yǒu yídìng de dàolǐ de. Tīngshuō xīfāng
是落后，它是有一定的道理的。听说西方

fādá guójiā, qīzi měitiānwǎnshang dōu yào huàzhuāng,
发达国家[4]，妻子每天晚上都要化妆[5]，

cái jìn zhàngfu de wòshì."
才进丈夫的卧室。"

"Wǒ gànhuó ne, lèi zhene."
"我干活呢，累着呢。"

"Lèi jiù xiēhuìr. Wǒ zǎoshuōguo, jiā li de shìr
"累就歇会儿。我早说过，家里的事儿

zuòbuwán, búyào yāoqiú nàme gāo. Bǐrú zhè dì ba,
做不完，不要要求那么高。比如这地吧，

bù yídìng měi tiān dōu tuō. Hébì nàme rènzhēn ne!"
不一定每天都拖。何必那么认真呢！"

"Wǒ búhuì xiàng nǐ nàyàng bú rènzhēn."
"我不会像你那样不认真。"

"Mànmān xué ma, lái, lái, zuòxià ma, zūnjìng
"慢慢学嘛，来，来，坐下嘛，尊敬

---

1 印度: India

2 新媳妇: bride

3 她白了他一眼:
She gave him a scorn-ful look.

4 发达国家: devel-oped countries

5 化妆: make oneself up

e.g. 她们化妆准备参加今天晚上的舞会。

de fūrén ， nǐ bú shì lèile ma ？ Xiān zuòxià ， zuòxià tīng
的夫人，你不是累了吗？先坐下，坐下听

wǒ shuō . Shēnghuó ma ， bù néng gǎo de tài kǔ . Búyào
我说。生活嘛，不能搞得太苦。不要

zuò wūzi de núlì¹ ， shēnghuó yào duōzī-duōcǎi²，
做屋子的奴隶¹， 生活要多姿多彩²，

zìgěr gāoxìng ， rénjia yě gāoxìng ， zhè bùhǎo ma ？ ”
自个儿高兴，人家也高兴，这不好吗？”

Tā gǎndào hěn hǎoxiào ， méiyǒu shuōhuà .
她感到很好笑，没有说话。

“ Jiù gāngcái shuō de ， wúlùn shì Yìndù de fēngsú，
“就刚才说的，无论是印度的风俗，

háishi Xīfāng de xíguàn ， mùdì dōu shì yào měihuà³ zìjǐ，
还是西方的习惯，目的都是要美化³自己，

měihuà jiātíng ， měihuà fūqī zhījiān de shēnghuó ， yīnggāi
美化家庭，美化夫妻之间的生活，应该

shuō ， zhè shì yì zhǒng gāoshàng de qíngcāo⁴， shì rénshēng
说，这是一种高尚的情操⁴，是人生

bùkě quēshǎo de . Wǒ yìzhí rènwéi ， shèhuì zhǔyì shì
不可缺少的。我一直认为，社会主义是

fù ， bú shì qióng ； shèhuì zhǔyì shì měi ， bú shì chǒu . ”
富，不是穷；社会主义是美，不是丑。”

“ Zhè búyòng nǐ jiāo ， shéi bú ài měi ？ ” Qīzi
“这不用你教，谁不爱美？”妻子

zhōngyú fāyán le .
终于发言了。

“ Wǒ kàn nǐ jiù bú dà dǒngde měi . Wèi shénme nǐ zài
“我看你就不大懂得美。为什么你在

jiā zǒngshì chuān zhè jiàn ， zhè jiàn jiù yīfu … ”
家总是穿这件，这件旧衣服……”

“ Wǒ bù chuān zhè jiàn chuān nǎ jiàn？ Wǒ yào gànhuór . ”
“我不穿这件穿哪件？我要干活儿。”

“ Shàngbān ne？ Shàngbān wèi shénme bù chuān hǎo
“上班呢？上班为什么不穿好

1 奴隶: slave
2 多姿多彩: colorful; varied and graceful
3 美化: beautify
大家要爱护环境，美化环境。
4 高尚的情操: noble character; 高尚: noble

yīfu？”
衣服？”

“Shàngbān chuān hǎo yīfu gànmá？ Gěi shéi kàn？”
“上班 穿 好 衣服 干吗？ 给谁看？”

“Nàme， qǐngwèn， nǐ de hǎo yīfu shénme shíhou
“那么， 请问， 你的好 衣服 什么 时候

chuān ne？”
穿 呢？”

“Nà hái yòng wèn —— guònián guòjié de shíhou，
“那还用问——过年过节[1]的时候，

chū ménr zuòkè de shíhou chuān bei！”
出门儿做客的时候穿呗[2]！”

“Yì nián sānbǎi liùshíwǔ tiān， nǐ yǒu jǐ tiān chū mén
“一年 三百六十五天， 你有几天出门

zuòkè ne？ Jiùsuàn yǒu liùshíwǔ tiān shì jiéjiàrì ba，
做客呢？ 就算有六十五天是节假日吧，

nà jiùshì shuō， yì nián zhīzhōng nǐ yǒu sānbǎi tiān shì bù
那就是说， 一年之中你有三百天是不

měi de．”
美的。”

Shuō nǚrén bù měi， jiǎnzhí shì tǒng mǎfēngwō，
说女人不美， 简直是捅马蜂窝[3]，

qīzi yíxiàzi shēngqì le， shuō：“Wǒ xiàbān huílái
妻子一下子生气了，说：“我下班回来

yào xǐ yīfú， zuòfàn， tuōdì， bǎ nǐ yǎng de
要洗衣服、做饭、拖地，把你养得

báibái pàngpàng de， dàshàoye shìde， nǐ dào xián wǒ
白白胖胖的，大少爷[4]似的，你倒嫌我

shénme měi bu měi de le？”
什么 美不美的了？”

“Fūrén xīnù， wǒ bú shì yǒuyì shānghài nǐ．
“夫人息怒[5]，我不是有意伤害[6]你。

Wǒ de yìsi shì shuō， nǐ yì nián zhīzhōng， zhǐyǒu
我的意思是说，你一年之中，只有

---

1 过年过节: celebrate holidays and festivals

2 呗: (aux.) showing that sth. is self-evident

3 捅马蜂窝: stir up a hornet's nest; offend sb. who is hard to deal with

4 大少爷: eldest son of a rich family; young master of a house

5 息怒: calm one's anger

6 伤害: hurt, injure

liùshíwǔ tiān shì zhùyì měi de ，yǒu sānbǎi tiān shì bú zhùyì
六十五天是注意美的，有三百天是不注意

měi de. Huàn jù huàshuō，zài zhè sānbǎi tiān li， nǐ zài
美的。换句话说，在这三百天里，你在

pòhuài zìjǐ měi de xíngxiàng. Zài huàn jù huà shuō， zài
破坏自己美的形象。再换句话说，在

zhè sānbǎi tiān li， zài nǐ zhàngfu miànqián， nǐ bù bǎ
这三百天里，在你丈夫面前，你不把

zìjǐ de měi zhǎnxiàn chūlái，ér shì bǎ zìjǐ de bù měi
自己的美展现出来，而是把自己的不美

zhǎnxiàn chūlái ."
展现出来。"

" Nǐ měi， wǒ bù měi， xíngle ba ！"
"你美，我不美，行了吧！"

" Wèntí bú zài zhèr. Wèntí zàiyú nǐ běnlái hěn
"问题不在这儿。问题在于你本来很

měi， kě nǐ bú zhùyì zhǎnxiàn zìjǐ de měi， tèbié shì
美，可你不注意展现自己的美，特别是

zài jiā … "
在家……"

" Nà nǐ xiě piān lùnwén qù. gēn wǒ shuō bàntiān yě méi
"那你写篇论文去，跟我说半天也没

gǎofèi ."
稿费 1。"

"Zánmen zhè shì tàntǎo wèntí ma ！"
"咱们这是探讨问题嘛！"

" Měi， děi yǒu qián ！" Qīzi tǐng shíjì de.
"美，得有钱！"妻子挺实际的。

" Bù， měi hé qián yǒu yídìng de guānxì， dàn bìng bú-
"不，美和钱有一定的关系，但并不

shì juéduì de guānxì. Bǐrú shuō，zài jiā yě kěyǐ chuān
是绝对的关系。比如说，在家也可以穿

yí jiàn bǐjiào xiānyàn piàoliang de yīfu， bùliào yě bú guì,
一件比较鲜艳漂亮的衣服，布料也不贵，

1 稿费: contribution fee

做件 睡袍¹之类的不是挺好吗。"

"睡袍？还晨衣²呢！你别闲³着没事找事。"

"你看，对门的新娘子⁴，那天早晨我看见她就穿件带小花点的睡袍……"

"哼！哼！你看人家新媳妇，你看人家新媳妇的睡袍！你可真是……"

"哎，哎，哎，你这个人怎么这样想问题呢？这样想问题人家就没法跟你说话了嘛！"

"没法儿跟我说，跟她说去！叫她穿上小花点的睡袍听你说去！"

"这就是你不对了。男女之间，其实，应该承认男女之间互相吸引的问题。你说，谈恋爱的时候你为什么要打扮？"

她不说话了，只觉得委屈⁵。

"你怎么不说话了呢？我看你这件旧

1 睡袍: nightgown
2 晨衣: dressing gown
3 闲: free
e.g.最近他很闲，经常看看小说、听听音乐。
4 新娘子: bride
5 委屈: feel wronged

衣服可以处理¹了，怎么样？明天我陪你买件睡衣去。我看了，小摊儿²上的睡衣不贵。"

她心里感觉很温暖，但又觉得别扭。他想着她，可又嫌她不懂得美。自己还不是为了这个家？她的眼泪儿都快掉下来了。

"怎么样？高兴了吧？女人嘛，总该要男人有点想法。"

什么想法？太不像话了。

"见鬼去吧³！想法？男人没一个好东西！爱想你就想去吧！"

"你不要歪曲⁴我的意思嘛！我指的是夫妻之间的问题。其实，女人对男人，就没有想法？"

"哼！女人，女人才不像你们男人那么坏呢！见了别的男人根本没想法。"

1 处理: dispose of
2 小摊儿: booth, stall
3 见鬼去吧: go to hell
4 歪曲: distort

"Méiyǒu？　Búduì！　Jiǎrú　　yí gè nánrén hěn zāng，
"没有？不对！假如[1]一个男人很脏，

nǐ shì bu shì bú yuànyì jiējìn tā？　Jiǎrú　yí gè nánrén
你是不是不愿意接近他？假如一个男人

de yá hěn huáng，　nǐ shì bu shì bú yuànyì gēn tā tóng zhuō
的牙很黄，你是不是不愿意跟他同桌

chīfàn？　Jiǎrú……"
吃饭？假如……"

"Méi nàme duō　jiǎrú，　nǐ shuō de gēnběn bú shì
"没那么多假如，你说的根本不是

nàge wèntí，　bié yǐwéi wǒ bù dǒng！"
那个问题，别以为我不懂！"

"Nǐ dǒng jiù tài hǎo le，　wǒmen kěyǐ píngxīn-jìngqì de
"你懂就太好了，我们可以平心静气地

tán．Nǐ xiǎng，　fūqī jǐshí nián，liǎng rén xiàng yì shuāng
谈。你想，夫妻几十年，两人像一双

jiù xié shìde fàng zài yí gè pò chōutì li，shéi yě xiǎngbuqǐ
旧鞋似的放在一个破抽屉里，谁也想不起

kàn shéi yì yǎn，　nà duō méijìn[2]，　shì bu shì？　Qíshí，nà
看谁一眼，那多没劲[2]，是不是？其实，那

tiān wǒ kànjiàn yì zhǒng tuōxié．bàngāogēn[3]，tǐng piàoliang
天我看见一种拖鞋，半高跟[3]，挺漂亮

de，hóng yánsè，gěi nǐ mǎi yì shuāng zěnmeyàng？"
的，红颜色，给你买一双怎么样？"

"Zhēn gǎnxiè nǐ！　Nǐ shì xiǎng ràng wǒ xué rénjia
"真感谢你！你是想让我学人家

mǒ kǒuhóng，huàzhuāng gěi nǐ kàn，xiǎng de měi！Zhè
抹口红[4]，化妆给你看，想得美！这

shì Zhōngguó，bú shì Xīfāng，nǐ qù zhǎo gè lǎowài hái
是中国，不是西方，你去找个老外还

chàbuduō！"
差不多！"

"Āi，wǒ búguò shì tán yìdiǎnr xiǎngfǎ，jìrán
"唉，我不过是谈一点儿想法，既然

1 假如：if
e.g.假如我是你的
话，我会接受这份
工作。

2 没劲：boring, dull

3 半高跟：medium
high heel

4 抹口红：apply lip-
stick

nǐ nàme fǎngǎn , jiù suànle , wǒ búhuì bǎ wǒ de
你 那么 反感 ¹，就算了，我 不会 把我的

xiǎngfǎ qiáng jiā yú nǐ . Búguò , wǒ jiānchí wǒ de guāndiǎn
想法强加²于你。不过，我坚持我的观点

shì duì de ."
是对的。"

" Guāndiǎn ? Shénme guāndiǎn ? Jiàn nǚrén jiù yǒu
"观点？什么观点？见女人就有

xiǎngfǎ , jiāo nǚrén ràng nánrén duì zìgèr yǒu xiǎngfǎ ?
想法，教女人让男人对自个儿有想法？

Fūqī zhījiān hái yòngdezháo xiǎngfǎ ? "
夫妻之间还用得着想法？"

" Duìle , shuō de jiùshì zhège wèntí . "
"对了，说的就是这个问题。"

" Fūqī zhījiān shénme xiǎngfǎ bù xiǎngfǎ de . Wǒ méi
"夫妻之间什么想法不想法的。我没

xiǎngfǎ . "
想法。"

" Nà tài yíhàn le ! "
"那太遗憾了！"

Zhè sì gè pǔtōng jiātíng de shēnghuó xìjié shì jiātíng
这四个普通家庭的生活细节是家庭

de mìmì , yìbān shì búhuì gōngkāi de . shì búhuì duì
的秘密，一般是不会公开的，是不会对

wàirén suíbiàn jiǎng de . Fūqī zhījiān de shìqing shuō bu
外人随便讲的。夫妻之间的事情说不

qīngchu shéi duì shéi cuò . Lǐ Suǒlíng hé Liú Shùhuái duì jiātíng
清楚谁对谁错。李索玲和刘述怀对家庭

yǒuzhe shēnkè de rènshi , Suǒyǐ Lǐ Suǒlíng céngjīng quànguo
有着深刻的认识，所以李索玲曾经劝过

Fāng Fāng búyào cǎifǎng Liú Shùhuái , Liú Shùhuái jiànyì Fāng
方 芳不要采访刘述怀，刘述怀建议方

1 反感：dislike, disgust
我对刚才他的话很反感。
2 强加：impose sth. upon sb.

Fāng zuìhǎo bù xiě zhèyàng de tōngxùn, yīnwèi xiě jiātíng
芳最好不写这样的通讯，因为写家庭

wèntí chīlì bù tǎohǎo. Ér Fāng Fāng duì jiātíng shēnghuó
问题吃力不讨好。而方芳对家庭生活

méiyǒu jīngyàn, yì kāishǐ tā bù zhīdào zhèyàng de tōngxùn
没有经验，一开始她不知道这样的通讯

shì nán xiě de. Xiànzài Fāng Fāng zìjǐ duì hémù jiātíng yě
是难写的。现在方芳自己对和睦家庭也

gǎndàokùnhuò, zhǔnbèi fàngqì zhè piān gǎozi.
感到困惑 <u>¹</u>，准备放弃这篇稿子。

Bā
八

Tiānsè jiànjiàn ànle xiàlái, Fāng Fāng cóng Liú
天色渐渐²暗了下来，方芳从刘

Shùhuái jiā li chūlái, gūdú de zǒu zài xiǎo hútòng li.
述怀家里出来，孤独地走在小胡同³里。

Tā xīnli gǎndào yǒu xiē shīluò, hǎoxiàng diūle dōngxi.
她心里感到有些失落⁴，好像丢了东西。

diūle shénme ne? Tā juéde tiānkōng nàme dī, kōngjiān
丢了什么呢？她觉得天空那么低，空间

nàme xiǎo, hútòng nàme zhǎi. Liú Shùhuái de nàxiē huà ràng
那么小，胡同那么窄。刘述怀的那些话让

tā gǎndào yāyì, gǎndào rénshēng shì nàme bù rúyì
她感到压抑，感到人生是那么不如意⁵。

Āi, tā shuōbuchū tā shīluòle shénme, hǎoxiàng yíqiè
唉，她说不出她失落了什么，好像一切

bǎoguì de dōngxi dōu shīluò le.
宝贵的东西都失落了。

Zhè hútòng zhēn cháng, xiàng shì yì tiáo wàngbudào
这胡同真长，像是一条望不到

jìntóu de suìdào. Hútòng liǎng biān de qiáng shì huīsè
<u>尽头的隧道</u>⁶。胡同两边的墙是灰色

1 困惑: puzzled, con-fused

2 渐渐: gradually

3 胡同: lane, alley

4 失落: feel lost

5 如意: be satisfactory

6 隧道: tunnel

de ， dāndiào， fáwèi， méiyǒu biànhuà， pòhuàizhe rén
的，单调、乏味，没有变化，破坏着人
de qíngxù。 Huīqiáng hòumiàn shì dǐ'ǎi de fángwū， xiàng Liú
的情绪。灰墙后面是低矮的房屋，像刘
Shùhuái de jiā yíyàng ràng rén gǎndào bù yúkuài。 Jiājiāhùhù
述怀的家一样让人感到不愉快。家家户户
dōu guānzhe mén， tāmen de shēnghuó shì kuàilè de háishi
都关着门，他们的生活是快乐的还是
yāyì de？
压抑的？

　　Fāng Fāng yìbiān zǒu， yìbiān xiǎng。 Qiánmiàn yǒu
　　方芳一边走，一边想。前面有
yí duì qínglǚ zǒu guòlái。 Tā yōngzhe tā de jiān， tā
一对情侣[1]走过来。他拥着她的肩，她
jǐnkàozài tā shēnpáng。 Tāmen zài dīshēng shuōhuà， suǒyǒu
紧靠在他身旁。他们在低声说话，所有
de rén dōu néng gǎndào tāmen nà zhǒng nóngnóng de qíngyì
的人都能感到他们那种浓浓的情意[2]。
Fāng Fāng kànzhe zhè duì xìngfú de qínglǚ cóng zìjǐ shēnbiān
方芳看着这对幸福的情侣从自己身边
zǒule guòqù。
走了过去。

　　Qiánmiàn yòu yǒu rén zǒu guòlái。 Yóuyú tiānsè yuèláiyuè
　　前面又有人走过来。由于天色越来越
àn， Fāng Fāng méiyǒu rènqīng shì shéi。 Zhèshí tīngdào Páng
暗，方芳没有认清是谁。这时听到庞
zhǔrèn dàshēng hǎn tā：" Yō， Fāng tóngzhì， yòu shàng Xiǎo
主任大声喊她："哟，方同志，又上小
Liú jiā qù le？ Gǎozi xiě de zěnmeyàng le？"
刘家去了？稿子写得怎么样了？"

" Hái méi xiě ne。"
"还没写呢。"

" Mànmān xiě ba， bù zháojí。 Xiě wénzhāng， kě
"慢慢写吧，不着急。写文章，可

1 情侣：lovers, sweet-
hearts
2 情意：love and af-
fection

不容易，费脑子呀。瞧，我给你挑的刘
述怀一家，挺合适吧？"

　　庞主任一提到刘述怀，方芳觉得挺
委屈的。她走访了三次，不能说不深入，
可是到现在她的文章也没法儿写。采访
越深入，越没法儿写。她只好说实话：

　　"庞主任，我觉得，这家人不像您说
的那么和睦。"

　　"怎么啦？两口子打架了？"

　　"没有。"

　　庞主任松了口气，拉着方芳的
手说：

　　"这不挺好吗！他们不吵不闹，这还
不和睦啊！方同志，你是不了解，两口子
不吵不闹就很不容易了。要说他们家
都不和睦，我到哪儿再去给你找和睦的
家庭啊？"

"*Tāmen yǒu géhé .*"
"他们有隔阂 [1]。"

"*Hài ！ Rén xīn gé dùpí ， nǎ néng yìdiǎnr*
"嘻 [2]！人心隔肚皮 [3]，哪能一点儿

géhé dōu méiyǒu ne ！"
隔阂都没有呢！"

"*Shì bu shì …*"
"是不是……"

"*Qíshí ne， wǒ yě zhīdào， zhè jiā rén de shēnghuó*
"其实呢，我也知道，这家人的生活

bù kuānyù ． Dà de jiāyòng diànqì dōu méiyǒu， jiā li
不宽裕 [4]。大的家用电器 [5] 都没有，家里

zhǐyǒu yí gè hēibái xiǎo diànshìjī， xǐyījī hái méi
只有一个黑白小电视机，洗衣机还没

qián mǎi ne． Shì bu shì zhèyàng de jiātíng shàng bàozhǐ，
钱买呢。是不是这样的家庭上报纸，

yōuyuèxìngxiǎn bù chūlái ya ？"
优越性显不出来呀？"

"*Búshì zhège wèntí ．*"
"不是这个问题。"

"*Nà shì shá wèntí ？ Tāmen liǎ rén dōu búcuò，*
"那是啥问题？他们俩人都不错，

zhǐshì yǒudiǎnr xiǎo máobìng． Xiǎo Liú ne， lǎn diǎnr，
只是有点儿小毛病。小刘呢，懒点儿，

dòng zuǐ bú dòng shǒu， bú ài gàn gūwù， kě shuōqǐ huà
动嘴不动手，不爱干家务，可说起话

lái méiwán． Xiǎo Zhāng hěn qínkuài， jiùshì ài láodao．
来没完。小张很勤快 [6]，就是爱唠叨。

Zhè yě bú guài tā， Liú Shùhuái duì jiā li de shì shénme dōu
这也不怪她，刘述怀对家里的事什么都

bùguǎn， jiā li de shìqing quán kào tā yí gè rén， suǒyǐ
不管，家里的事情全靠她一个人，所以

tā yě yǒu fán de shíhou． Wǒ kàn， zhè jiāzi rén yě jiù suàn
她也有烦的时候。我看，这家子人也就算

1 隔阂: estrangement,
misunderstanding
2 嘻: (*interj.*) ex-
pressing regret, sad-
ness or remorse
3 人心隔肚皮: it's
hard to read a per-
son's mind.
4 宽裕: well-off
e.g.他家里的生活很
宽裕。
5 家用电器: house-
hold electronic appli-
ances
6 勤快: diligent

còuhe le . ”
凑合了。”

　　“ Bú shì còuhe de wèntí ，wǒ zǒng juéde tāmen
　　“不是凑合的问题，我总觉得他们

hǎoxiàng ，hǎoxiàng … ” Hǎoxiàng shénme ne ，Fāng Fāng
好像，好像……”好像什么呢，方芳

kě yòu shuō bu shànglái .
可又说不上来。

　　Páng zhǔrèn xiǎngle yì xiǎng ，yíxiàzi yánsù qǐlái .
　　庞主任想了一想，一下子严肃起来。

Tā duì Fāng Fāng xiǎoshēng shuō ：“ Fāng tóngzhì ，nǐ bǎ
她对方芳小声说：“方同志，你把

huà shuō dào zhèr le ，nà wǒ yě gēn nǐ shíhuà shíshuō[1]
话说到这儿了，那我也跟你实话实说[1]

ba ！Wǒ zhè huà kě méi gēn biéren shuōguo，nǐ tīngle
吧！我这话可没跟别人说过，你听了

yǐhòu qiānwàn bié gēn rén shuō . ”
以后千万别跟人说。”

　　“ Dàodǐ shì shénme shìr ya ？Wǒ bù gēn bié-
　　“到底是什么事儿呀？我不跟别

ren shuō . ”
人说。”

　　Páng zhǔrèn zhè cái tànle kǒu qì ：
　　庞主任这才叹了口气：

　　“ Āi ，zhè jiā rén xiànzài tǐng hǎo de . kěshì qián jǐ
　　“唉，这家人现在挺好的，可是前几

nián chūguo yìdiǎn xiǎo shìr . ”
年出过一点小事儿。”

　　“ Shénme shìr ？ ”
　　“什么事儿？”

　　“ Bú shì shénme dà shìr ，tīngshuō Xiǎo Liú wàitou yǒu
　　“不是什么大事儿，听说小刘外头有

gè qíngrén[2] . ”
个情人[2]。”

1 实话实说：speak frankly; tell the truth

2 情人：lover

"真的？"方芳感到很吃惊。

"可不是真的吗！那女的，我见过，姓孟，是小学的老师……"

庞主任还说了些什么，方芳没有仔细听。她觉得她找到了写作思路[1]。她认为人生并不都是灰色的，如果没有第三者插足[2]，和睦家庭还是有的。她很讨厌第三者。如果没有姓孟的小学教师出现在刘述怀的生活中，他们的家庭肯定是和睦的，幸福的，就不会是凑合的。结婚后的家庭生活怎么能凑合呢！方芳简单地认为，是这位小学教师使刘述怀的家庭不够和睦的。

她决定去找姓孟的小学老师谈谈。

方芳很容易就找到了孟雅平。方芳一看到孟雅平，就觉得她的这次采访不太合适。孟雅平很瘦，皮肤很黄，

1 思路: train of thoughts

2 第三者插足: a man or woman who comes between a married couple

三十岁的样子，普普通通的，不像是能

讨男人喜欢的女人，也不像 小 说里或

电影里常见的那种风流¹的"第三者"。

谈话很不顺利。她们两个人坐在

房间里没有说话。沉默了几分钟后，方

芳才说："你认识刘述怀吗？"

孟雅平问："你问这个干什么？"

"我 想 写 一 篇 稿子，介绍他和他的

家庭。"

"你应该 找他们家去呀。"

"我 想了解他这个人。"

"你应该 找他 去呀。"

"我 找他谈过。"

"是他介绍你来找 我？"

"不是，我只是听说你过去跟他比较

熟悉。"

她不否认，也不承认。她沉默着，

1 风流：romantic and amorous

hǎoxiàng nèixīn de gǎnqíng hěn fùzá .
好 像 内 心 的 感 情 很 复 杂。

　　"Xiǎo Mèng tóngzhì , nǐ búyào dānxīn . Wǒ bǎozhèng ,
　　"小 孟 同 志, 你 不 要 担 心。我 保 证,

wǒ búhuì bǎ nǐ xiě jìnqù de . Wǒ yào xiě de shì tā , shì
我 不 会 把 你 写 进 去 的。我 要 写 的 是 他, 是

tā de jiātíng , bú shì nǐ ."
他 的 家 庭, 不 是 你。"

　　Mèng Yǎpíng wàngzhe Fāng Fāng , fǎngfú zài xīnshǎng yì
　　孟 雅 平 望 着 方 芳, 仿 佛 在 欣 赏 一

fú huà —— yí gè niánqīng , piàoliang , hěn yǒu fēngdù [1]
幅 画 —— 一 个 年 轻、漂 亮、很 有 风 度 [1]

de nǚháir . Tā bú shì huà , tā zài shuōhuà , tā de huà
的 女 孩 儿。她 不 是 画, 她 在 说 话, 她 的 话

hěn lìhai . Wǎngshì rú yān [2] , Mèng Yǎpíng yǐwéi yíqiè dōu
很 厉 害。往 事 如 烟 [2], 孟 雅 平 以 为 一 切 都

guòqù le , xiànzài hūrán yòu bèi rén tíqǐ yǐwǎng de shìqing .
过 去 了, 现 在 忽 然 又 被 人 提 起 以 往 的 事 情。

Fāng Fāng gǎndào zìjǐ yòu shǐ yí gè rén xiànrùle [3] tòngkǔ
方 芳 感 到 自 己 又 使 一 个 人 陷 入 [3] 了 痛 苦

zhī zhōng .
之 中。

　　Mèng Yǎpíng dàshēng shuōdào : " Wǒmen zhījiān méiyǒu
　　孟 雅 平 大 声 说 道:"我 们 之 间 没 有

nà zhǒng guānxì , tā shì yí gè hǎorén , tā lián pèng [4] dōu
那 种 关 系, 他 是 一 个 好 人, 他 连 碰 [4] 都

méiyǒu pèngguo wǒ yíxià ! "
没 有 碰 过 我 一 下!"

　　Fāng Fāng tūrán gǎndào hěn hòuhuǐ , tā gǎndào zìjǐ
　　方 芳 突 然 感 到 很 后 悔, 她 感 到 自 己

shífēn màomèi [5] , shífēn huāngmiù [6] . Nǐ yǒu shénme quánlì
十 分 冒 昧 [5], 十 分 荒 谬 [6]。你 有 什 么 权 利

qù dǎting biéren de yǐnsī , jiù yīnwèi zìjǐ xiǎng xiě yì
去 打 听 别 人 的 隐 私, 就 因 为 自 己 想 写 一

1 风度: graceful manner or bearing
e.g 他看上去很帅, 很有风度。
2 往事如烟: (idiom) past events have faded like smoke
3 陷入: be lost in
4 碰: touch
5 冒昧: rash
6 荒谬: absurd

piān gǎozi ma？Bìngqiě nà shì zǎo jiù guòqù de shìqing． Tā
篇稿子吗？并且那是早就过去的事情。她

yǐjīng yǔ Liú Shùhuái de nàge jiā méiyǒu rènhé guānxì le．
已经与刘述怀的那个家没有任何关系了。

Fāng Fāng zài xīnli zébèi zìjǐ．
方芳在心里责备自己。

"Xiǎo Mèng tóngzhì，hěn duìbuqǐ．Wǒ bù gāi wèn
"小孟同志，很对不起。我不该问

nǐ，wǒ gēnběn jiù bùgāi lái zhǎo nǐ．Hǎo le，wǒmen
你，我根本就不该来找你。好了，我们

bù tán le，hǎo ma？Qiānwàn bié yīnwèi wǒ lái，shǐ nǐ
不谈了，好吗？千万别因为我来，使你

jīdòng．Zhēn de，bù tán le，wǒ shénme yě bù xiǎng
激动。真的，不谈了，我什么也不想

zhīdào le．"
知道了。"

Fāng Fāng zhàn qǐlái，xiǎng zǒu le．Mèng Yǎpíng què
方芳站起来，想走了。孟雅平却

xiàole xiào，shuōdào："Qíshí，wǒ yě méi shénme bù hǎo
笑了笑，说道："其实，我也没什么不好

shuō de．jìrán nǐ yǐjīng wèndào le，wǒ yīnggāi gàosu
说的，既然你已经问到了，我应该告诉

nǐ…"Fāng Fāng gǎndào hěn yìwài．
你……"方芳感到很意外。

Tā shuōle yí gè jíqí píngcháng de gùshi．
她说了一个极其平常的故事。

"Wǒ hé tā shì zài yí gè péngyou jiā rènshi de．Nà
"我和他是在一个朋友家认识的。那

tiān，rén hěn duō．Tā hěn huì kǎn，shuōle hěn duō yǒuqù
天，人很多。他很会侃，说了很多有趣

de huà．Hòulái，zài zhège péngyou jiā，wǒ yòu jiàndào
的话。后来，在这个朋友家，我又见到

tā．Zhè cì，zhǐyǒu wǒ hé tā liǎng gè kèrén，wǒ de
他。这次，只有我和他两个客人，我的

péngyou mángzhe zuò fàn， wǒmen liǎng rén zài wū li liáotiān.
朋友忙着做饭，我们两人在屋里聊天。
Tā zhīdào de hěn duō， tèbié néng shuō. Tā gěi wǒ
他知道得很多，特别能说。他给我
yìnxiàng zuì shēn de shì， tā méiyǒu qīngshì fùnǚ de sīxiǎng，
印象最深的是，他没有轻视妇女的思想，
bìng bù yīnwèi wǒ shì nǚ de， jiù bú yuànyì gēn wǒ kǎn.
并不因为我是女的，就不愿意跟我侃。
Běnlái， wǒ tóng bù shúxī de nánrén xiāngchǔ， huì gǎndào
本来，我同不熟悉的男人相处，会感到
hěn jūshù de. Kěshì， hé tā zài yìqǐ， yìdiǎnr yě
很拘束的。可是，和他在一起，一点儿也
bù jūshù …… "
不拘束……"

Fāng Fāng zhùyì de tīngzhe， gǎndào tā hěn zhēnchéng.
方芳注意地听着，感到她很真诚[1]。
" Hòulái， wǒmen bǐjiào shú le， bǐcǐ zhījiān yě
"后来，我们比较熟了，彼此之间也
yǒu láiwǎng le. Wǒ dào tā jiā qùguo， tā yě dào wǒ jiā
有来往了。我到他家去过，他也到我家
láiguo. Wǒ jiāo yǔwén， yǒushí xūyào kàn xiē shū， jiù
来过。我教语文[2]，有时需要看些书，就
qù zhǎo tā， tā zǒngshì rèqíng bāngmáng. Dāngrán， wǒ
去找他，他总是热情帮忙。当然，我
chéngrèn， bèikè bù yídìng fēi zhǎo tā bùkě. Dànshì，
承认，备课[3]不一定非找他不可。但是，
tā rèxīn， tā hái néng gěi wǒ jiěshì xǔduō wǒ bù dǒng de
他热心，他还能给我解释许多我不懂的
shì， duì wǒ hěn yǒu xīyǐnlì. Wǒ qù zhǎo tā， quèshí
事，对我很有吸引力。我去找他，确实
méiyǒu xiǎngdào biéde. Wǒ jiànguo tā àirén， yě jiànguo
没有想到别的。我见过他爱人，也见过
tā de háizi， wǒ gēnběn méiyǒu xiǎngdào biéde. "
他的孩子，我根本没有想到别的。"

1 真诚: honest, sincere
e.g 他对人很真诚。
2 语文: Chinese
3 备课: plan lessons

Fāng Fāng xiāngxìn tā shuō de shì zhēnde . Zuò zài tā
方 芳 相信 她 说 的 是 真的。 坐 在 她

miànqián de , gēnběn bú shì gè qīngtiāo de nǚrén . Tā
面 前 的, 根本 不 是 个 轻佻[1] 的 女人。 她

nàme běnfèn , búshì Fāng Fāng xīnmù zhōng de dì-sānzhě
那么 本分[2], 不是 方 芳 心目 中 的 第三者

xíngxiàng . Mèng Yǎpíng yǔ dì-sānzhě xíngxiàng fēng mǎ niú bù
形 象。 孟 雅平 与 第三者 形 象 风 马 牛 不

xiāng jí .
相 及[3]。

" Dāngrán , hòulái wǒ fāxiàn , tā àirén bú tài
" 当然, 后来 我 发现, 他 爱人 不太

huānyíng wǒ qù , wǒ hái fāxiàn , tā zài jiā li bìng bú
欢 迎 我 去, 我 还 发现, 他 在 家 里 并 不

nàme gāoxìng . Tā hǎoxiàng zhǎobudào shuōhuà de rén .
那么 高兴。 他 好像 找 不到 说话 的 人。

Yǒu shíhou , zài tā jiā li , zài tā qīzi miànqián , tā
有 时候, 在 他 家 里, 在 他 妻子 面 前, 他

shuō de hěn shǎo . Děng wǒ gàocí , tā sòng wǒ chūmén ,
说 得 很 少。 等 我 告辞, 他 送 我 出门,

fǎn'ér shuō gè méiwán , xiǎnde tèbié gāoxìng , hǎoxiàng
反 而 说 个 没 完, 显 得 特别 高兴, 好 像

biēle hǎo jiǔ de huà zǒngsuàn yǒu jǐhuì shuō chūlái le . "
憋[4] 了 好久 的 话 总算 有 机会 说 出 来 了。"

" Tā shuō xiē shénme ne ? "
" 他 说 些 什么 呢?"

" Qíshí yě méi shénme zhòngyào de . Tā jiùshì kǎn ,
" 其实 也 没 什么 重 要 的。 他 就 是 侃,

tiānnán-dìběi de shénme dōu liáo . "
天 南 地 北 的 什么 都 聊。"

" Tā duì nǐ méiyǒu biǎoshìguo shénme ? " Fāng Fāng
" 他 对 你 没有 表示 过 什么?" 方 芳

yǐjīng wàngle zìjǐ bù yīnggāi qù wèn biéren de yǐnsī .
已 经 忘 了 自己 不 应 该 去 问 别人 的 隐私。

1 轻佻: coquettish, flirtatious

2 本分: decent

3 风马牛不相及: totally unrelated

4 憋: hold back

" Méiyǒu, tā cónglái méiyǒu biǎoshìguo shénme.
"没有，他从来没有表示过什么。

Dāngrán, tā yě shuōguo tā duì wǒ de kànfǎ. Tā shuōguo
当然，他也说过他对我的看法。他说过

tā xǐhuan gēn wǒ liáotiān, yīnwèi wǒ hěn yǒu nàixīn, nénggòu
他喜欢跟我聊天，因为我很有耐心，能够

tīng tā tāotāobùjué¹ de shuō xiàqù, nénggòu zhǎodào
听他滔滔不绝¹地说下去，能够找到

gòngtóng de huàtí. Érqiě tā shuō tā yǒu yì zhǒng
共同的话题。而且，他说他有一种

gǎnjué, hǎoxiàng zài kǎn de shíhou, wǒmen dōu fēnxiǎng dào
感觉，好像在侃的时候，我们都分享到

yì zhǒng kuàilè."
一种 快乐。"

" Hòulái ne?"
"后来呢？"

" Hòulái, yǒu hěn duō yìlùn. Zài wǒ de xuéxiào li
"后来，有很多议论。在我的学校里

hé tā de dānwèi li, dōu yǒu rén shuō xiē bùsān-búsì² de
和他的单位里，都有人说些不三不四²的

huà. Wǒ hěn shēngqì, tā bú zàihu³. Guòle yí duàn
话。我很生气，他不在乎³。过了一段

shíjiān, nántīng de huà yuèláiyuè duō, wǒ gěi tā xiěle yì
时间，难听的话越来越多，我给他写了一

fēng xìn, yuē tā chūlái tán yí cì. Wǒ bù míngbai, dōu
封信，约他出来谈一次。我不明白，都

bāshí niándài le, nánnǚ zhījiān yǒu yìdiǎnr jiāowǎng, wèi
80年代了，男女之间有一点儿交往⁴，为

shénme jiù bùxíng? Nándào, nándào chúle fūqī yǐwài
什么就不行？难道，难道除了夫妻以外

jiù bù néng yǒu péngyou le, chúle àiqíng jiù bù néng yǒu
就不能有朋友了，除了爱情就不能有

yǒuqíng le ma?"
友情⁵了吗？"

---

1 滔滔不绝: pour out words in a steady flow

2 不三不四: dubious
e.g. 他爸爸不让他跟不三不四的人接触。

3 不在乎: not care; not mind; 在乎: mind; care about
e.g. 他不在乎别人说什么。

4 交往: have contact with

5 友情: friendship

Mèng Yǎpíng yuè shuō yuè jīdòng. Guòle hěn jiǔ,
孟雅平越说越激动。过了很久，

Fāng Fāng cái xiǎoxīn de wèndào："Shōudào nǐ de xìn, tā
方芳才小心地问道："收到你的信，他

gēn nǐ tánle ma？"
跟你谈了吗？"

Mèng Yǎpíng yáoyao tóu.
孟雅平摇摇头。

"Tā gěi nǐ huíxìn le ma？"
"他给你回信了吗？"

Mèng Yǎpíng yòu yáoyao tóu.
孟雅平又摇摇头。

"Nà shì wèi shénme ne？"
"那是为什么呢？"

Mèng Yǎpíng réngrán yáoyao tóu，shuō："Dàgài tā yě
孟雅平仍然摇摇头，说："大概他也

shì qūfú yú yúlùn de yālì ba！"
是屈服¹于舆论²的压力吧！"

Fāng Fāng gǎndào zhè cì cǎifǎng shì méiyǒu yìyì de.
方芳感到这次采访是没有意义的。

Mèng Yǎpíng yǔ Liú Shùhuái de jiātíng shìfǒu hémù méiyǒu
孟雅平与刘述怀的家庭是否和睦没有

guānxì. Liú Shùhuái yǔ Mèng Yǎpíng de guānxì shì hěn
关系。刘述怀与孟雅平的关系是很

píngcháng de péngyou guānxì，zhǐshì zhōuwéi de rén rènwéi
平常的朋友关系，只是周围的人认为

tāmen de guānxì bú zhèngcháng，tāmen jiù búzài láiwǎng
他们的关系不正常，他们就不再来往

le. Fāng Fāng xiǎng cóng duì Mèng Yǎpíng de cǎifǎng zhōng,
了。方芳想从对孟雅平的采访中，

liǎojiě Liú Shùhuái de tòngkǔ，lái xiě tā de tōngxùn. Xiànzài
了解刘述怀的痛苦，来写她的通讯。现在

kànlái zhè zhǒng xiǎngfǎ zhēnshi tài tiānzhēn，tài kěxiào le.
看来这种想法真是太天真、太可笑了。

1 屈服：yield to
2 舆论：public opinion

Fāng Fānggǎndào, yí gè rén yào gàn shǎshì tài róngyì le.
方 芳感到，一个人要干傻事¹太容易了。

Zài bùzhī-bùjué zhōng, tā yòu gànle yí jiàn shǎshì. Tā
在不知不觉²中，她又干了一件傻事。她

gǎndào fēicháng hòuhuǐ.
感到非常后悔。

Jiǔ
九

Liú Shùhuái hé Mèng Yǎpíng zhījiān shénme shìqing yě méi
刘述怀和孟雅平之间什么事情也没

fāshēngguo, dànshì yòu hǎoxiàng fāshēngle shénme shìqing.
发生过，但是又好像发生了什么事情。

fāshēngle shénme ne? Qíshí běnlái jiù shénme yě méiyǒu
发生了什么呢？其实本来就什么也没有

fāshēng ma! Fāng Fāng xīnli fán, bú tòngkuai, dàn yòu
发生嘛！方 芳心里烦，不痛快，但又

shuō bu qīngchu wèi shénme! Shì yīnwèi guānyú hémù jiātíng
说不清楚为什么！是因为关于和睦家庭

de gǎozi méi bànfǎ xiě xiàqù ma? Ài, bú shì, nà piān
的稿子没办法写下去吗？唉，不是，那篇

gǎozi tā zài xīn zhōng zǎo jiù yǐjǐng fàngqì le, zǎo jiù bù
稿子她在心中 早就已经放弃了，早就不

xiǎng xiě le. Tā de fánnǎo bú shì yīnwèi xiěbuchū yì piān
想写了。她的烦恼不是因为写不出一篇

gǎozi. Tā de fánnǎo shì yīnwèi yǒu hěn duō wèntí tā hái méi
稿子。她的烦恼是因为有很多问题她还没

xiǎng qīngchu, suǒyǐ xīnli fán.
想清楚，所以心里烦。

Nà yòu shì shénme ràng tā bù'ān ne? Huòxǔ, shì
那又是什么让她不安呢？或许，是

yīnwèi húlihútu chuǎngrùle yí gè mòshēng de jiātíng,
因为糊里糊涂³闯入了一个陌生的家庭，

1 傻事: stupid thing;
foolish thing
2 不知不觉: uncon-
sciously
例 他不知不觉地睡
着了。
3 糊里糊涂: muddle-
headed, puzzled

触摸¹到那人的一些隐痛²，让她心里
难受？或许，是因为这个普通家庭不能
构成一个和睦家庭的典范³，一个善良的
愿望没有实现而带来的一种失落感⁴？
可是这与你有什么关系？你为什么会感到
不安？

　　太阳累了，下山休息了，天空被灰色
笼罩⁵。餐厅过了开饭的时间，家家户户
吃完晚饭也洗完锅洗完碗了。她不饿，不
想吃。李索玲不知跑哪儿去了，好像又
是好几天没跟她说话了。这个怪人。她
一辈子就这么怪下去？可人家有自己的
生活方式，你凭什么认定人家古怪⁶？
她与你有什么关系？

　　刘述怀的妻子张凤兰多么知足，
知足到令人同情。可是她需要你的同情
吗？她需要你的评判⁷吗？她把青春

1 触摸: touch, feel
2 隐痛: secret anguish
3 典范: model
4 失落感: a sense of
loss
5 笼罩: be covered in
6 古怪: eccentric
e.g.这个人的性格古
怪，很不好相处。
7 评判: judge

fèngxiàn   gěile   zìjǐ   de   jiātíng,   tā   shēnghuó zài bù
奉献 [1] 给了自己的家庭，她生活在不

chǎojià de hémù jiātíng zhōng hěn ānshì   ,   huòzhě nǐ
吵架的和睦家庭中很安适 [2]，或者你

rènwéi bú nàme   ānshì,   kě zhè yòu yǔ nǐ yǒu shénme
认为不那么安适，可这又与你有什么

guānxì?   Tā zhīdào céngjīng yǒu rén fēnxiǎngguo tóng tā zhàngfu
关系？她知道曾经有人分享过同她丈夫

tánhuà de kuàilè ma?   Tā zhīdào tā de zhàngfu duì lǐxiǎng
谈话的快乐吗？她知道她的丈夫对理想

jiātíng de xiàngwǎng ma?   Tā wèi shénme yào zhīdào zhèxiē?
家庭的向往 [3] 吗？她为什么要知道这些？

Tā zhǐyào tā de jiā,   tā de háizi,   tā de zhàngfu,   tā
她只要她的家，她的孩子，她的丈夫，她

hěn mǎnyì.   Nǐ yíhàn shénme?
很满意。你遗憾什么？

Shì bu shì Mèng Yǎpíng ràng nǐ bù'ān?   Tā chéngshòule
是不是孟雅平让你不安？她承受了

bù yīnggāi chéngshòu de   yālì,   máizàngle chú àiqíng
不应该承受的压力，埋葬 [4] 了除爱情

zhīwài de rén yǔ rén zhījiān de yǒuqíng.   "Tā méiyǒu yí gè
之外的人与人之间的友情。"他没有一个

néng shuōhuà de rén."   Nǐ wèi shénme piānpiān jìzhùle
能说话的人。"你为什么偏偏记住了

Mèng Yǎpíng shuō de zhè jù huà?   Tā de yǎnjīng shì huī'àn de,
孟雅平说的这句话？他的眼睛是灰暗的，

yòu shì míngliàng de.   Tā de shēngyīn shì shuǎnglǎng de,   yòu
又是明亮的。他的声音是爽朗的，又

shì yāyì de.   Tā xǐhuan kǎn,   kǎn de hěn dòngtīng,   kěshì
是压抑的。他喜欢侃，侃得很动听，可是

méiyǒu rén tīng tā de.   Dànshì zhèxiē yǔ nǐ méiyǒu rènhé
没有人听他的。但是这些与你没有任何

guānxì,   bú shì ma?   Tā nèixīn hěn kǔ.   Tā kǔ bu kǔ yǔ
关系，不是吗？他内心很苦。他苦不苦与

1 奉献: devote, contribute

2 安适: quiet and comfortable
e.g.这里的人们过着安适的生活。

3 向往: yearn for
e.g.年轻人们都向往着美好的未来。

4 埋葬: bury

nǐ méiyǒu guānxì， bú shì ma？ Méiyǒu rènhé guānxì …
你没有关系，不是吗？没有任何关系……

Tā dǎkāi chuángtóu de táidēng。 Huángsè de dēngguāng
她打开床头的台灯。黄色的灯光

kělián de zhào zài zhè jiān xiǎowū li， tā de xīnli yǒu yì
可怜地照在这间小屋里，她的心里有一

zhǒng mòmíng de gūdúgǎn。 Tā wèn zìjǐ： Zhè
种 莫名[1] 的孤独感[2]。她问自己：这

yíqiè， yǔ wǒ yǒu shénme guānxì？ Wǒ yīnggāi gāoxìng， wǒ
一切，与我有什么关系？我应该高兴，我

méiyǒu jiéhūn， wǒ méiyǒu jiā， wǒ shì zìyóu de， wǒ
没有结婚，我没有家，我是自由的，我

kěyǐ xuǎnzé。 Kěshì， tā gāoxìng bù qǐlái。
可以选择。可是，她高兴不起来。

Mén shang xiǎngqǐle chā yàoshi de shēngyīn， dǎduànle
门上响起了插钥匙的声音，打断了

Fāng Fāng de sīkǎo。 Lǐ Suǒlíng tízhe yí dà bāo dōngxi jìn
方芳的思考。李索玲提着一大包东西进

mén， yí jìn mén jiù nále yì bāo miànbāo dìgěi Fāng Fāng，
门，一进门就拿了一包面包递给方芳，

shuō：" Fāng Fāng， wǒ gěi nǐ mǎile nǎiyóu jiāxīn miànbāo
说："方芳，我给你买了奶油夹心面包[3]，

tǐng hǎochī de。"
挺好吃的。"

Fāng Fāng quèshí è le， jiēguo miànbāo jiù xiāngxiāng
方芳确实饿了，接过面包就香香

de chī qǐlái， chīle bàn gè cái xiǎng qǐlái wèn：
地吃起来，吃了半个才想起来问：

" Nǐ zěnme zhīdào wǒ méi chīfàn？"
"你怎么知道我没吃饭？"

Lǐ Suǒlíng xiàole xiào， shuō：" Zhè liǎng tiān nǐ jiù méi
李索玲笑了笑，说："这两天你就没

hǎohāo chīguo fàn。"
好好吃过饭。"

1 莫名: be indescribable
2 孤独感: loneliness
3 奶油夹心面包: bread filled with cream

"Shì ma?" Tā zìjǐ dōu wàngle zhè jǐ tiān chīguo
"是吗?"她自己都忘了这几天吃过
jǐ dùn fàn le.
几顿饭了。

Lǐ Suǒlíng bǎ dà bāo li de dōngxi wǎng xiāngzi li
李索玲把大包里的东西往箱子里
fàng, wǎng chōutì li fàng, bèi duìzhe Fāng Fāng, zhǐ
放，往抽屉里放，背对着方芳，只
wènle yí jù:
问了一句：

"Gǎozi hái méi kāishǐ xiě ba?"
"稿子还没开始写吧?"

"Méiyǒu."
"没有。"

"Bù dǎsuan xiě le?"
"不打算写了?"

"Èn. Bù xiě le."
"嗯。不写了。"

Shōushi wán dōngxi, Lǐ Suǒlíng wǎng chuáng shang yì
收拾完东西，李索玲往床上一
tǎng, náqǐ yì běn shū, jìnrùle zìjǐ de shū de
躺，拿起一本书，进入了自己的书的
shìjiè. Fāng Fāng mǎn dùzi huàxiǎng duì rén shuō, kànkan
世界。方芳满肚子话想对人说，看看
mòmò wúshēng[1] de Lǐ Suǒlíng, xīnli gǎndào bù yúkuài,
默默无声[1]的李索玲，心里感到不愉快，
jiǎrú huàn yí gè ài shuōhuà de shìyǒu[2] jiù hǎo le.
假如换一个爱说话的室友[2]就好了。

"Suǒlíng, nǐ jì bú jìde, nǐ quànguo wǒ bié qù
"索玲，你记不记得，你劝过我别去
cǎifǎng tā?"
采访他?"

"Shì ma?"
"是吗?"

1 默默无声: silent
2 室友: roommate

"你说我会后悔的。为什么？"

"因为他不幸。"

"后来你可没再劝过我，又为什么？"

"让事情的发展听其自然<u>1</u>。"

"你说得对。这个家庭不理想。其实他很不幸，她也不幸，真的，我感觉到了。你知道，他以前有个很要好的女朋友，很说得来，后来，因为社会舆论，不来往了。我也见到那个姑娘了。她……"

"她同情他。"

"你怎么知道？"

"同情和爱情之间并没有明显的界限<u>2</u>。女人常常出于同情去爱一个男人，以为自己的爱可以帮别人解脱<u>3</u>痛苦。还认为这是一种高尚的感情和行为。其实，事实和结果往往

1 听其自然: let things take their own course

2 界限: dividing line

3 解脱: free oneself from; shake off

chūhūyìwài   ⋯⋯"
出乎意外 [1]⋯⋯"

" Nǐ zěnme zhīdào？ "
"你怎么知道？"

" Shū gàosu wǒ de！ "   Lǐ Suǒlíng pāipai shǒu shang de
"书告诉我的！"李索玲拍拍手 上 的

shū． Fāng Fāng què bú xìn．
书。 方 芳 却不信。

" Nà nǐ shì běnběn zhǔyì   ！ Nàge gūniang zhǐ búguò
"那你是本本主义 [2]！那个姑娘只不过

duì tā yǒu xiē hǎogǎn，   gēnběn tánbushàng àiqíng．"
对他有些好感，根本 谈不上爱情。"

" Hǎogǎn bǐ tóngqíng lí àiqíng gèng jìn ⋯ "
"好感比同情离爱情更近⋯⋯"

" Búduì． Nǐ de guāndiǎn yǒu wèntí！ Ànzhào nǐ de
"不对。你的观点有问题！按照你的

huà， yí gè nǚrén bù néng duì nánrén yǒu hǎogǎn，   yǒule
话，一个女人不能对男人有好感，有了

hǎogǎn jiùshì àishàngle tā． Ànzhào nǐ de lǐlùn， yí gè
好感就是爱上了他。按照你的理论，一个

nǚrén zhǐnéng duì yí gè nánrén yǒu hǎogǎn， duì qítā de
女人只能对一个男人有好感，对其他的

nánrén dōu yīnggāi yǒu fǎngǎn cái zhèngcháng， shì ma？ Zhè
男人都应该有反感才正常，是吗？这

zhǒng guāndiǎn tài chénjiù [3]、 tài fēngjiàn [4] le！"
种观点太陈旧 [3]、太封建 [4] 了！"

" Wǒ bù gēn nǐ biànlùn．"
"我不跟你辩论。"

Fāng Fāng liǎn shang lùchū shènglì de wēixiào， tā
方 芳 脸 上 露出胜利的微笑，她

gǎndào hái yǒu huà méi shuōwán， yòu duì Lǐ Suǒlíng shuō：
感到还有话没说完，又对李索玲说：

" Suǒlíng， nǐ shuōguo， yào gàosu wǒ yí jù huà de．"
"索玲，你说过，要告诉我一句话的。"

1 出乎意外: unex-
pected
e.g.他获得的成功有
点儿出乎意外。
2 本本主义: book-
ishness
3 陈旧: old, outdated
4 封建: feudal

"Yěxǔ yòngbuzháo le."
"也许用不着了。"

"Nǐ shuō ya！"
"你说呀！"

"Xiǎoxīn nǐ zìjǐ."
"小心你自己。"

"Zhè huà shénme yìsi？"
"这话什么意思？"

"Qíshí，zuì kěpà de bú shì biéren，shì zìjǐ.
"其实，最可怕的不是别人，是自己。
Měi gè rén gǎnqíng shang de búxìng dōu shì zìjǐ qīnshǒu
每个人感情上的不幸都是自己亲手
zàochéng de."
造成的。"

"Nǐ zhè huà，duì wǒ shì wúdìfàngshǐ！" Fāng
"你这话，对我是无的放矢¹！"方
Fāng zuǐ tǐng yìng.
芳嘴挺硬。

"Nà tài hǎo le." Lǐ Suǒlíng jiēzhe shuō，"Duìle，
"那太好了。"李索玲接着说，"对了，
shùnbiàn gàosu nǐ yí jiàn shì."
顺便告诉你一件事。"

"Shénme shì？"
"什么事？"

"Wǒyào jiéhūn le." Lǐ Suǒlíng píngjìng de shuō.
"我要结婚了。"李索玲平静地说。

"Shénme？" Fāng Fāng shífēn jīngyà. "Nǐ xǐhuan
"什么？"方芳十分惊讶²。"你喜欢
tā ma？"
他吗？"

"Wǒlián wǒ zìjǐ dōu bù xǐhuan，hái huì xǐhuan tā？"
"我连我自己都不喜欢，还会喜欢他？"

"Nà nǐ wèi shénme yào jiéhūn？" FāngFāng qìfèn le.
"那你为什么要结婚？"方芳气愤³了。

1 无的放矢: shoot at random, aimless and fruitless
2 惊讶: astonished
3 气愤: angry, indignant

Kěshì Lǐ Suǒlíng píngjìng de huídá : " Rén ma , zǒng
可是李索玲平静地回答:"人嘛，总
yào yǒu gè jiā . "
要 有 个 家。"

Fāng Fāng tīngle zhīhòu méiyǒu jìxù wèn xiàqù .
方 芳 听了之后没有继续问下去。

Shí
十

Yì tiān , tūrán yǒu rén hǎn tā : " Fāng Fāng ,
一 天， 突然有人喊她:" 方 芳，
chuándáshì yǒu rén zhǎo ! "
传达室[1]有人找！"

Yí gè diànhuà , bǎ tā jiào dào chuándáshì qù , tā
一个电话，把她叫到传达室去，她
yǒudiǎnr nàmèn , shéi zhǎo zìjǐ ne ? Tā bú shì yǒumíng
有点儿纳闷[2]，谁找自己呢？她不是有名
de jìzhě . Zài zhège chéngshì li , tā méiyǒu qīnqi ,
的记者。在这个城市里，她没有亲戚，
péngyou yě bù duō , tóngxué dàdōu zài wàidì , shàng bān
朋友也不多，同学大都在外地， 上 班
shíjiān shéi lái zhǎo tā ?
时间谁来找她?

Fāng Fāng pǎodào jiēdàishì , zài qī-bā gè láifǎng-
方 芳 跑到接待室[3]，在七八个来访
zhě zhōng sǎole yì yǎn , méiyǒu fāxiàn tā rènshi de rén .
者[4]中 扫了一眼，没有发现她认识的人。

" Fāng tóngzhì , wǒ zài zhèr ne ! " Zài láifǎngzhě
" 方 同志，我在这儿呢！" 在来访者
dāngzhōng yí gè nǚrén zhànle chūlái .
当 中一个女人站了出来。

Fāng Fāng zhè cái rènchū , shì Zhāng … Zhāng Fènglán .
方 芳 这才认出，是张 …… 张 凤兰。

1 传达室: reception
office
2 纳闷: puzzled
3 接待室: reception
room
4 来访者: visitor

Tā jīntiān chuānzhuó zhěngqí, xīn tàngle fà, bǐ dì-yī cì jiàn
她今天 穿 着 整齐，新 烫了发¹，比第一次见

tā shí hǎokàn le xiē, guàibude méiyǒu mǎshàng rèn chūlái.
她时好看了些，怪不得没有 马上 认出来。

" Fāng tóngzhì, shàngcì nín wèn de shìr, wǒ xiǎng
"方 同志，上次您 问的事儿，我 想

qǐlái le."
起来了。"

Shàng cì wèn de, shénme shìr? Fāng Fāng xiǎng bù
上 次 问的，什么事儿？方 芳 想 不

qǐlái le.
起来了。

"Wǒmen tóu yí cì jiànmiàn, shì zài gōngyuán li."
"我们 头一次见面，是在公园里。"

" Ā!"
"啊！"

Zhāng Fènglán dīle dī tóu, xiǎnde yǒu xiē xiūsè.
张 凤兰低了低头，显得有些羞涩。

Nà shéntài shǐ tā niánqīngle xǔduō.
那神态²使她年轻了许多。

"Wǒ pà nín yòngdezháo, gǎnlái gàosu nín yì shēng.
"我怕您用得着，赶来告诉您一 声。

Liú Shùhuái shuō, tā gēn nín tánle liǎng cì. Kě tā wàngle
刘述怀说，他跟您谈了两次。可他忘了

shuō zhège. Tā zhè rén, jiù zhè máobìng, shuōhuà de
说这个。他这人，就这毛病，说话的

shíhou, shuōzhe shuōzhe jiù bù zhīdào shuō nǎr qù le.
时候，说着说着就不知道说哪儿去了。

Wǒ xiǎng yi xiǎng, jīntiān wǒ dǎobān, jiù …"
我 想一想，今天我倒班³，就……"

Tā hóngzhe liǎn jiěshìzhe, yòu chéngkěn, yòu
她 红着 脸解释着，又 诚恳，又

xiūsè, zhè shǐ Fāng Fāng gǎndào bù hǎoyìsi le, tā
羞涩，这使方 芳感到不好意思了，她

1 烫了发: have one's hair permed
2 神态: manner, bearing
3 倒班: work in shifts

wèndào：" Nín hái jìde dāngshí de qíngjǐng ma？"
问道："您还记得当时的情景吗？"

Tā wēiwēi bǎ tóu yì diǎn，   kànle kàn zhōuwéi de
她微微把头一点，看了看周围的

rén，shéi yě méi zhùyì tā，cái dīshēng huídá：" Jìde．
人，谁也没注意她，才低声回答："记得。

Nà tiān wàng le，shì hǎojiǔ méi xiǎngguo nàxiē shì le．Nín
那天 忘了，是好久没 想过那些事了。您

yì tí，quán xiǎng qǐlái le．Āi，zhèxiē shì，shì
一提，全 想 起来了。唉，这些事，是

wàngbuliǎo de．Nà shì gè xīngqītiān．Qián liǎng tiān wǒmen
忘不了的。那是个星期天。前两天我们

zài tā èrgū jiā jiàn de miàn，xīngqītiān tā jiù yuē   wǒ
在他二姑家见的面，星期天他就约[1]我

shàng gōngyuán．Nàge shíhou shì chūntiān，qiáo，wǒ xīn
上公园。那个时候是春天，瞧，我新

mǎi de zhè jiàn nízi wàitào，nà tiān tóu yì huí chuān．"
买的这件呢子外套，那天头一回 穿。"

Fāng Fāng kànjiàn tā chuān de shì yí jiàn jiàngsè de nízi
方 芳 看见她穿 的是一件绛色的呢子

wàitào，nízi wàitào hěn shòu，tā chuān zài shēn shang，
外套[2]，呢子外套很瘦，她穿在身上，

gèng xiǎnchūle féipàng．
更 显 出了肥胖。

" Nà huìr wǒ tǐng shòu de，chuān zhè wàitào hái xián
"那会儿我挺瘦的，穿这外套还嫌

féi ne，shēngwán háizi，wǒ jiù pàng le．Nǚrén méi
肥[3]呢，生 完孩子，我就胖了。女人没

jǐ nián，dōu yíyàng，yǒu gè jiā tuōlěizhe，biànhuà dōu
几年，都一样，有个家拖累[4]着，变化都

hěn dà．Fǎnzhèng xiànzài yě bú zàihu le，lǎofū-lǎoqī
很大。反正现在也不在乎了，老夫老妻

de．Kěshì yǐqián háishi tǐng zàihu de．Jiù wèi chuān nǎ
的。可是以前还是挺在乎的。就为 穿 哪

1 约：date; make an
appointment
(e.g.)他约女朋友和他
一起吃晚饭。
2 绛色的呢子外套：
crimson woolen coat
3 肥：loose, fat
4 拖累：be a burden
on

件衣服去约会，我折腾了半夜，我妈直骂
我，说，穿什么还不都一样，人家是
看人呢，还是看衣服呢！那时候"文化大
革命"刚结束，我这件衣服还挺时髦的
呢。这是我花了一个月的工资买的，买了
放在家里还舍不得穿。那天穿上，他
头一句话就说，你的呢子外套真漂亮，
真协调。还说，协调就是美。他呀，
可能说啦！那天我们在湖边坐了半天。他
把干干净净的大手绢[1]给我铺[2]在石凳子[3]
上，我觉得他挺细心[4]，会关心人……"

　　她说说，停停。那些美好的过去
温暖着她的心，这使得她显得比以前
漂亮了许多，她的眼睛也显得很亮。假如
她的心永远沉浸[5]在这种美好的回忆
中，她应该比现在看起来年轻得多。

　　"他是挺好的人。"方芳答了一句。

1 手绢: handkerchief
2 铺: spread
3 石凳子: stone stool
4 细心: careful
　她做什么事情都非常细心。
5 沉浸: be immersed
　他们沉浸在幸福的回忆之中。

"他这个人也算不错了。结婚以后，当然不能像结婚以前那样！有时候也吵架。现在 想起来，好多事情也不怪他。那会儿都年轻，年轻的时候懂什么？把什么都看得花儿似的，遇见不顺心的事儿就烦，就闹。我还记得头一回大吵，是在我怀孕[1]的时候。你瞧，过去的事儿都想起来了……"

张 凤兰脸上 笑笑的，又慢慢地接着说："现在 想起来，也真不值得的。那是个大雪天，我怀孕七个月了。下班回来车 很挤，等了四五辆车才上去，又没人让座，到家人都快瘫[2]了。他不在家，厨房一点儿吃的也没有。别说叫我做饭，连吃饭的劲儿都没了。九点他才回来，说是和一个老同学下饭馆[3]了，还喝了点酒。我一听就火了，我们就吵

1 怀孕: pregnant
2 瘫: paralyzed
3 下饭馆: dine out;
eat out

qǐlái le. Cóng nà yǐhòu, chǎokāi le, jīngcháng chǎo,
起来了。从那以后，吵开了，经常吵，

yuè chǎo yuè lìhai. Hòulái, chǎofán le, shéi yě bùxiǎng
越 吵 越 厉害。后来，吵烦了，谁也不想

chǎo le."
吵了。"

"Nà, xiànzài ne?"
"那，现在呢？"

"Xiànzài, tǐng hǎo de. Niánlíng yě dà le, dōu
"现在，挺好的。年龄也大了，都

zhīdào ràngzhe, yě jiù bù chǎo le. Zhè bù, qùnián
知道让着，也就不吵了。这不，去年

jiēdào shang bǎ wǒmen jiā píngwéi 'wǔ hǎo jiātíng'."
街道上把我们家评为'五好家庭'。"

Tā xiào le, xiào de hěn zhēnchéng.
她笑了，笑得很真诚。

Shíyī
十一

Xīngqītiān, Fāng Fāng xīnqíng bùhǎo, nǎr dōu bù
星期天，方芳心情不好，哪儿都不

xiǎng qù. Qián yì tiān wǎnshang Lǐ Suǒlíng de huà, gèng
想去。前一天晚上李索玲的话，更

shǐ Fāng Fāng xīnshénbúdìng¹. Tā shuō de nàxiē hǎogǎn、
使方芳心神不定¹。她说的那些好感、

tóngqíng、àiqíng shì shénme yìsi? Wèi shénme ràng wǒ
同情、爱情是什么意思？为什么让我

xiǎoxīn wǒ zìjǐ. Tā shì shénme yìsi? Tā shì shuō wǒ
小心我自己。她是什么意思？她是说我

ma? Shì shuō wǒ duì Liú Shùhuái yǒu hǎogǎn … húchě²
吗？是说我对刘述怀有好感……胡扯²

ma! Kěshì, wǒ wèi shénme yí cì yòu yí cì de qù
嘛！可是，我为什么一次又一次地去

1 心神不定: restless, distracted
2 胡扯: talk nonsense

cǎifǎng tā , qù zhǎo tā tánhuà , nándào zhēn de shì wèile
采访他，去找他谈话，难道真的是为了
" shēnrù cáifǎng "？ Wèile " gōngzuò xūyào "？ Wǒ yǐqián
"深入采访"？为了"工作需要"？我以前
zěnme méiyǒu zhème " shēnrù " guo？ Bù， búyào piàn
怎么没有这么"深入"过？不，不要骗
zìjǐ ， gōngzuò bìng bù xūyào wǒ " shēnrù " dào tā de
自己，工作并不需要我"深入"到他的
nèixīn qù ， háishi yīnwèi tā yǒu yì zhǒng mèilì xīyǐnzhe
内心去，还是因为他有一种魅力吸引着
wǒ qù liǎojiě tā de nèixīn shìjiè . Jíbiàn shì zhèyàng ， zhè
我去了解他的内心世界。即便是这样，这
yòu yǒu shénme ne？ Tā ne？ Tā duì wǒ zěnmeyàng？ …
又有什么呢？他呢？他对我怎么样？……
Xiǎng dào nǎlǐ qù le？ Dōu guài Lǐ Suǒlíng， hài de wǒ
想到哪里去了？都怪李索玲，害[1]得我
luànxiǎng .
乱想。

　　Zhèngzài zhèshí， Fāng Fāng jiēdào yí gè diànhuà.
　　正在这时，方芳接到一个电话。
Rúguǒ tā yì zǎo jiù chūqù le， kěndìng jiēbudào nàge
如果她一早就出去了，肯定接不到那个
diànhuà。 Kěshì， tā piānpiān nǎr yě méi qù. Méi qù
电话。可是，她偏偏[2]哪儿也没去。没去
mǎi dōngxi， méi qù kàn měishù zhǎnlǎn， shènzhì bǎ yì zhāng
买东西，没去看美术展览，甚至把一张
xīnchǎnpǐn zhǎnxiāohuì de ménpiào yě sòngle rén.
新产品展销会[3]的门票也送了人。
" Fāng Fāng tóngzhì ma？ Wǒ shì Liú Shùhuái. Wǒ zài
"方芳同志吗？我是刘述怀。我在
nǐmen bàoshè duìmiàn de gōngyuán li. Nǐ néng chūlái yíxià
你们报社对面的公园里。你能出来一下
ma？ Wǒ xiǎng zài gēn nǐ tán yi tán."
吗？我想再跟你谈一谈。"

1 害: cause trouble to

2 偏偏: contrary to expectations
e.g. 星期天他来找我，我偏偏不在家。

3 展销会: commodities fair

Tā fàngxià diànhuà, huànle jiàn yīfu, shūle shū
她放下电话，换了件衣服，梳了梳

tóu, pǎodào gōngyuán li qù. Gōngyuán li, chúle dǎ
头，跑到公园里去。公园里，除了打

quán wǔ jiàn de lǎorén, tuīzhe értóngchē de māma, hái
拳舞剑[1]的老人，推着儿童车的妈妈，还

yǒu jiùshì yí duì duì qínglǚ, jīhū méiyǒu dānshēn nǚzǐ.
有就是一对对情侣，几乎没有单身女子。

Tā hūrán juéde bù gāi lái. Lái gàn shénme? Shì cǎifǎng,
她忽然觉得不该来。来干什么？是采访，

háishi yōuhuì? Zhè gēnběn shuō bu qīngchu.
还是幽会[2]？这根本说不清楚。

Tā yìbiān zǒu yìbiān jǐnggào zìjǐ: Nǐ yào xiǎoxīn,
她一边走一边警告[3]自己：你要小心，

bù néng zài shēnrù de jìnxíng jiāoliú le, fǒuzé jiù gèng
不能再深入地进行交流了，否则就更

shuōbuqīng le. Tā zǒudào húbiān de yí kuài cǎodì shang.
说不清了。她走到湖边的一块草地上。

Liú Shùhuái jīntiān huànle yí jiàn chūnjì de qiékèshān,
刘述怀今天换了一件春季[4]的茄克衫，

lǎoyuǎn de jiù yíngle guòlái:
老远地就迎[5]了过来：

"Fàngxià diànhuà wǒ jiù yǒudiǎnr hòuhuǐ le, yěxǔ
"放下电话我就有点儿后悔了，也许

wǒ bù gāi yuē nǐ chūlái, dānwù nǐ de shíjiān."
我不该约你出来，耽误你的时间。"

"Méi guānxì."
"没关系。"

"Wǒ měi gè xīngqītiān zǎoshang, dōu dào zhèlǐ lái
"我每个星期天早上，都到这里来

sànbù, hūxī diǎnr xīnxiān kōngqì. Xiàng wǒmen zhèxiē gǎo
散步，呼吸点儿新鲜空气。像我们这些搞

jìshù gōngzuò de, shēnghuó tài dāndiào le. Yàobù jiù mēn
技术工作的，生活太单调了。要不就闷[6]

1 打拳舞剑: go shadow boxing and sword dancing

2 幽会: tryst

3 警告: warn

4 春季: spring

5 迎: go forward to greet sb.

6 闷: shut oneself indoors

e.g.他心情不好，整天闷在家里。

zài bàngōngshì, yàobù jiù mēn zài jiā li, rén dōu kuài mēn shú
在办公室，要不就闷在家里，人都快闷熟

le. Zhèr zhēn hǎo, yǒu cǎodì, yǒu húshuǐ. Wǒ zuì
了。这儿真好，有草地，有湖水。我最

xǐhuan shuǐ. "
喜欢水。"

Tāmen zǒudào húbiān. Liú Shùhuái zài qiánbiān zǒu,
他们走到湖边。刘述怀在前边走，

Fāng Fāng tóng tā bǎochí yídìng de jùlí. Tā juéde zhèyàng
方芳同他保持一定的距离。她觉得这样

bǐjiào hǎo. Rúguǒ zǒu zài yìqǐ, zài biéren kànlái,
比较好。如果走在一起，在别人看来，

yídìng huì yǐwéi tāmen shì zài tán liàn'ài …… Búguò,
一定会以为他们是在谈恋爱……不过，

yìqián-yíhòu, zài biéren kànlái, yěxǔ gèng yǐwéi ……
一前一后，在别人看来，也许更以为……

Tā juéde jīntiān zìjǐ lǎo gēn zìjǐ nào bièniu, zhǎobudào
她觉得今天自己老跟自己闹别扭，找不到

zìjǐ de gǎnjué. Bùxíng, bù néng gēn tā zǒu, bù néng
自己的感觉。不行，不能跟他走，不能

tīng tā kǎn, yào zhǔdòng: Wǒ shì jìzhě, tā shì wǒ cǎifǎng
听他侃，要主动：我是记者，他是我采访

de duìxiàng, yào yóu wǒ lái wèn tā.
的对象，要由我来问他。

Fāng Fāng jǐn zǒule jǐ bù, wèndào:
方芳紧走了几步，问道：

" Nǐ yuē wǒ chūlái, xiǎng tán shénme? "
"你约我出来，想谈什么？"

" Duìle, wǒ xiǎng gàosu nǐ, lǐxiǎng jiātíng de
"对了，我想告诉你，理想家庭的

dì-sān gè tiáojiàn …… "
第三个条件……"

" Wǒ yě xiǎng gàosu nǐ …… "
"我也想告诉你……"

"Bù, nǐ xiān tīng wǒ shuō, zhè dì-sān tiáo shì zuì
"不，你先听我说，这第三条是最
zhòngyào de …"
重要的……"

"Wǒyào gàosu nǐ de, yě shì hěn zhòngyào de."
"我要告诉你的，也是很重要的。"

Liú Shùhuái zhànzhù le, wèn:
刘述怀站住了，问：

"Nǐ yào gàosu wǒ shénme?"
"你要告诉我什么？"

Fāng Fāng yě zhànzhùle, shuō:
方芳也站住了，说：

"Zhāng Fènglán lái zhǎoguo wǒ."
"张凤兰来找过我。"

Tā yǐwéi tā huì chījīng, huì gǎndào bù'ān, huì
她以为他会吃惊，会感到不安，会
dǎtīng Zhāng Fènglán shuōle xiē shénme. Chūhūyìliào de
打听张凤兰说了些什么。出乎意料的
shì, tā xiàng tīngshuō yí jiàntóng tā méiyǒu rènhé guānxì de
是，他像听说一件同他没有任何关系的
shì yíyàng, bǎibai shǒu, ránhòu yánzhe húbiān yìbiān zǒu,
事一样，摆摆手，然后沿着湖边一边走，
yìbiān shuō: "Wǒyàoshuō de cáishì zuì zhòngyào de. Yí gè
一边说："我要说的才是最重要的。一个
lǐxiǎng jiātíng, nánnǚ shuāngfāng dōu xūyào yí gè huòzhě
理想家庭，男女双方都需要一个或者
jǐ gè zhīxīn péngyou. Wǒ shuō de shì péngyou, bú shì
几个知心朋友[1]。我说的是朋友，不是
qíngrén, bú shì xiànzài liúxíng de 'hūnwàiliàn' dì-sānzhě.
情人，不是现在流行的'婚外恋'第三者。
Nǐ xiǎng, fūqī èr rén, tiāncháng-rìjiǔ, měi tiān zài
你想，夫妻二人，天长日久，每天在
yìqǐ, kànfán le, tīngfán le, shénme yě bùxiǎng
一起，看烦了，听烦了，什么也不想

1 知心朋友: bosom friend

shuō le . Ér měi gè rén xīnli dōu yǒu hěn duō xiǎngfǎ , dōu
说了。而每个人心里都有很多想法，都

xiǎngzhǎo gè rén shuōshuo . Rúguǒ yǒu gè zhīxīn de péngyou ,
想找个人说说。如果有个知心的朋友，

shénme huà dōu néng shuō , shuōwán le , xīnli jiù bú
什么话都能说，说完了，心里就不

nàme mèn le , qì jiù shùn le , huíjiā yě jiù qīngsōng le .
那么闷了，气就顺了，回家也就轻松了。

Zhè duìyú yí gè lǐxiǎng jiātíng láishuō , tài zhòngyào le . "
这对于一个理想家庭来说，太重要了。"

Liú Shùhuái kǎn de zhènzhènyǒucí . Fāng Fāng tèbié
刘述怀侃得振振有词[1]。方芳特别

xiǎoxīn , zhǐ huídále sì gè zì : " Wǒ bù lǐjiě . "
小心，只回答了四个字："我不理解。"

" Shì a , nǐ kǒngpà shì bù róngyì lǐjiě . Cóng
"是啊，你恐怕是不容易理解。从

yìbān de jiātíng shēnghuó zázhì huòzhě wénzhāng li , nǐ
一般的家庭生活杂志或者文章里，你

nénggòu dúdào de , yě zhǐshì yìxiē jiàotiáoshì de jiǎngjiě :
能够读到的，也只是一些教条式[2]的讲解：

Fūqī shuāngfāng yīnggāi yǐchéngxiāngdài la , bù yīnggāi yǒu
夫妻双方应该以诚相待[3]啦，不应该有

shénme mìmì la . Qíshí , zhè dōu shì húchě ! Měi gè rén
什么秘密啦。其实，这都是胡扯！每个人

dōu yǒu zìjǐ de yǐnsī . Wǒ shuō de bù yídìng shì shénme
都有自己的隐私。我说的不一定是什么

jiànbudérén de shìqing , gèng duō de háishi yìxiē yǐnbì
见不得人[4]的事情，更多的还是一些隐蔽[5]

de xiǎngfǎ , huòzhě shì xiē qiányìshi de dōngxi . Zhǐyào
的想法，或者是些潜意识[6]的东西。只要

wǒmen chéngrèn měi gè rén dōu yǒu yǐnsīquán , nàme , yě
我们承认每个人都有隐私权[7]，那么，也

jiù méiyǒu lǐyóu fēiyào tā huò tā xiàng zìjǐ de qīzi
就没有理由非要他或她向自己的妻子

---

1 振振有词: assert
eloquently; speak
plausibly and volubly
2 教条式: dogmatic
3 以诚相待: treat sb.
with sincerity
e.g 妈妈对我说，对
朋友要以诚相待。
4 见不得人: not fit
to be exposed to sth.
or sb.
5 隐蔽: hidden
6 潜意识: subcon-
scious
7 隐私权: privacy
right

huò zhàngfu gōngkāi zìjǐ de yǐnsī . Érqiě shìshíshang
或丈夫公开自己的隐私。而且事实上

gōngkāile juéduì méiyǒu hǎochù . Bǐfāngshuō , wǒ zài jiéhūn
公开了绝对没有好处。比方说，我在结婚

qián yǒu méiyǒu jiāoguo biéde nǚpéngyou , fāzhǎn dào shénme
前有没有交过别的女朋友，发展到什么

chéngdù ; huòzhě shuō wǒ de qīzi zài gēn wǒ jiéhūn qián yǒu
程度；或者说我的妻子在跟我结婚前有

méiyǒu nánpéngyou , fāzhǎndào shénme chéngdù , zhèxiē dōu
没有男朋友，发展到什么程度，这些都

shì búbiàn gōngkāi de , yě shì méiyǒu bìyào gōngkāi de !
是不便¹公开的，也是没有必要公开的!

Quánbù gōngkāi , tèbié shì gōngkāi nàxiē xìjié , tǎnshuài
全部公开，特别是公开那些细节，坦率

dàoshì tǎnshuài , nàge jiā yě jiù wán le ! Huì yǒu shénme
倒是坦率，那个家也就完了! 会有什么

jījí yìyì ne ? "
积极意义呢？"

      Fāng Fāng jiǎnzhí méiyǒu shuōhuà de jīhuì . Liú Shùhuái
      方 芳简直没有说话的机会。刘述怀

yí gè rén jìxù kǎn : " Dāngrán , zhè zhǐshì jǔlì
一个人继续侃:"当然，这只是举例²。

Shíjì shang , zài jiātíng shēnghuó zhōng , yǒu xǔduō
实际上，在家庭生活中，有许多

shìqing , xǔduō gǎnshòu , shì búbiàn duì zìjǐ de zhàngfu
事情，许多感受，是不便对自己的丈夫

huò qīzi shuō de . Bǐrú shuō , wǒ zài jiē shang jiàndào
或妻子说的。比如说，我在街上见到

yí gè niánqīng piàoliang de nǚrén , wǒ juéde tā hěn měi ,
一个年轻漂亮的女人，我觉得她很美，

hěn yǒu mèilì , wǒ yǒu bìyào gàosu wǒ de qīzi ma ?
很有魅力，我有必要告诉我的妻子吗?

Sìhū méiyǒu zhège bìyào . Hái yǒu xiē shìqing shì duìfāng
似乎没有这个必要。还有些事情是对方

1 不便: inconvenient
e.g.他正在讲话，不便打扰。

2 举例: give an example
e.g.他不懂这个词的意思，老师给他举了一个例子。

bù gǎn xìngqù , bú yuànyì tīng de , wǒ yě zhǐhǎo bù shuō .
不感兴趣，不愿意听的，我也只好不说。

Kěshì , yí gè rén yǒule mǒu xiē gǎnshòu , huò yǒu mǒu
可是，一个人有了某些感受，或有某

zhǒng kànfǎ , lǎo biē zài xīnli bùxíng , tā zǒng yào jiǎng
种看法，老憋在心里不行，它总要讲

chūlái . Zhè jiù xūyào péngyou , zhīxīn péngyou . "
出来。这就需要朋友，知心朋友。"

Fāng Fāng zhōngyú zhǎodào jǐhuì shuōhuà le : " Wǒ
方芳终于找到机会说话了："我

zhīdào nǐ yǒuguo zhèyàng de péngyou . "
知道你有过这样的朋友。"

Liú Shùhuái yí lèng .
刘述怀一愣。

" Wǒ jiànguo Mèng Yǎpíng . "
"我见过孟雅平。"

Tīngdào Mèng Yǎpíng zhège míngzi , Liú Shùhuái zhōngyú
听到孟雅平这个名字，刘述怀终于

chénmò le . Tā yánzhe húbiān mànmān de zǒuzhe , bàntiān
沉默了。他沿着湖边慢慢地走着，半天

cái shuō : " Nǐ diàochá de hěn zǎixì , hěn zhǔnquè . "
才说："你调查得很仔细，很准确。"

" Wǒ shì jìzhě . " Fāng Fāng juéde zìjǐ zhànle
"我是记者。"方芳觉得自己占了

shàngfēng, yǒudiǎnr déyì .
上风¹，有点儿得意。

" Nà shì wǒ guòqù de yí gè hàopéngyou , tā
"那是我过去的一个好朋友，她

shànjiěrényì . " Liú Shùhuái de bùzi yuèláiyuè màn ,
善解人意²。"刘述怀的步子越来越慢，

yuèláiyuè qīng , fǎngfú tā jiǎo xià bú shì yí piàn cǎodì ,
越来越轻，仿佛他脚下不是一片草地，

érshì yí piàn yǒuyì .
而是一片友谊。

1 占了上风: gain the upper hand

2 善解人意: considerate

"既然是很好的朋友，你为什么把她忘了呢？"

刘述怀呆呆地站住，他看着湖水，叹息着："朋友只能是朋友。"

刘述怀不再侃了。轻快的神态消失了，只有那一双腿还在慢慢地朝前移动着。

方芳忽然很后悔，为什么要提到张凤兰？为什么要提到孟雅平？她在破坏他的兴致[1]。他外表[2]高大，内心却像孩子般的怯懦[3]。他提不起精神，他不侃了。

方芳很想说些安慰他的话。然而，她又能说什么呢？她要小心她自己。她在小心地寻找话题。她说："假如两个人生活在一起很不幸，为什么不能分开？"

话一出口，方芳就后悔了。她怎么

1 兴致: interest
2 外表: appearance
3 怯懦: timid and overcautious

néng gēn Liú Shùhuái tán zhèyàng de wèntí ne!
能跟刘述怀谈这样的问题呢!

Kěshì Liú Shùhuái yìdiǎnr yě méi zàiyì, zhǐ lǎnlǎn de wènle yí jù: "Nǐ shì shuō líhūn?"
可是刘述怀一点儿也没在意[1]，只懒懒地问了一句："你是说离婚?"

"Yě kěyǐ zhème shuō."
"也可以这么说。"

"Líhūn kě bù róngyì." Tā dále yí jù.
"离婚可不容易。"他答了一句。

"Dāngrán, líhūn zài wǒmen guójiā shì hěn nán…"
"当然，离婚在我们国家是很难……"

Fāng Fāng nǔlì de cóng lìng yí gè fāngmiàn tán zhège huàtí, bǎ tā duì zhè gè wèntí de yánjiū xiàng zài huì shang fāyán shìde jiǎngle yí biàn. Kěshì tā juéde yuè shuō yuè méiyǒu bǎwò, dàn tā háishi jìxù wǎngxià shuō: "Líhūn yào tiáojiě, yào diàochá, yào shàng fǎyuàn, yào bǎ hǎoduō yǐnsī gōngkāi, nòng de shuāngfāng shēnbài-míngliè…"
方芳努力地从另一个方面谈这个话题，把她对这个问题的研究像在会上发言似的讲了一遍。可是她觉得越说越没有把握，但她还是继续往下说："离婚要调解，要调查，要上法院，要把好多隐私公开，弄得双方身败名裂[2]……"

Tā tànkǒu qì, dǎduànle tā de chángpiāndàlùn.
他叹口气，打断了她的长篇大论[3]。

"Āi! — Wǒ pèifú nàxiē líhūn de rén, tāmen yǒu yǒngqì, tāmen huó de rènzhēn, tāmen duì hūnyīn yě rènzhēn. Wǒ ma, suīshuō jiātíng bù lǐxiǎng… Āi, lǐxiǎng hé xiànshí shì bù yíyàng de, xiànshí shēnghuó bìjìng
"唉!——我佩服那些离婚的人，他们有勇气，他们活得认真，他们对婚姻也认真。我嘛，虽说家庭不理想……唉，理想和现实是不一样的，现实生活毕竟

1 **在意**: mind, care
e.g. 他很在意被人对他的评价。
2 **身败名裂**: bring disgrace and ruin to oneself
3 **长篇大论**: lengthy speech or article

shì xiànshí de, lí bùlí dōu yíyàng, lǎnde lí!"
是现实的，离不离都一样，懒得离！"

"Wǒ gāi zǒu le."
"我该走了。"

"Wǒ yě gāi zǒu le."
"我也该走了。"

Tā zǒu le. Tā yǐwéi tā hái huì shuō xiē shénme, dàn
他走了。她以为他还会说些什么，但

tā shénme yě méiyǒu shuō.
他什么也没有说。

This story has been abridged according to Chen Rong's novella, 懒得离婚, which was published in the *Prize-Winning Works Collection of the Third Fiction Monthly Baihua Prize* (《小说月报》第三届百花奖获奖作品集), edited by the Fiction Monthly Editorial Department (小说月报编辑部), Baihua Literature and Art Publishing House (百花文艺出版社), Tianjin, 2001.

About the author Chen Rong (谌容):

Chen Rong is one of China's celebrated contemporary writers. She was born in 1936, and graduated from the Beijing Russian College in 1957. She worked as a translator and editor of the Central People's Radio Station, as well working as a school teacher. She began to write in 1978 and in the 1980s gained domestic and international fame for her novella 人到中年 (Rén Dào Zhōng Nián). This novella was later adapted into a film which won the Jinji Award (金鸡奖) and the Baihua Award (百花奖).

Her main works include the novel, 万年青 (Wànniánqīng), 光明与黑暗 (Guāngmíng Yǔ Hēi'àn), and many novel collections. Her novellas, 人到中年 (Rén Dào Zhōngnián) and 太子村的秘密 (Tàizǐ Cūn De Mìmì), won the second and third National Excellent Novella Prizes, respectively.

思考题：

1. 方芳想写一篇什么样的稿子？
2. 庞主任是怎么看和睦家庭的？
3. 方芳是怎么看和睦的家庭的？
4. 刘述怀的理想家庭是什么样的？
5. 在现实生活中有没有刘述怀所说的理想家庭？
6. 在采访了刘述怀和孟雅平之后，方芳为什么心情烦恼？
7. 一个人应该怎样使夫妻之间的感情更加和睦？
8. 刘述怀为什么懒得离婚？
9. 李索玲离婚了为什么又要结婚？
10. 方芳为什么放弃写和睦家庭的稿子了？

汉语快速阅读训练教程（上、下）
A Course for Chinese Speed Reading (I, II)

▶ 汉英 Chinese-English edition
285×210 mm

I: ISBN 9787802006294
146pp，￥65.00

II: ISBN 9787802006300
155pp，￥65.00

汉语阅读课本——中国那些事儿
Pieces of China — A Reading Textbook

▶ 汉英 Chinese-English edition
285×210mm
ISBN 9787802006317
136pp，￥69.00

中国古诗百首读
100 Ancient Chinese Poems

▶ 汉英 Chinese-English edition
ISBN 9787802003958
145×210mm
163pp，￥39.00

诗词趣话
Stories behind Chinese Poems

▶ 汉 Chinese edition
145x210mm
ISBN 9787513800815
125pp，￥19.00

中国名著简读系列
Abridged Chinese Classic Series
——家，春，秋
— Family, Spring, Autumn

汉英 Chinese-English edition, by *Ba Jin*

MP3   MP3   MP3

家
Family
ISBN 9787802003910
152pp, 145×210mm
￥39.00

春
Spring
ISBN 9787802003927
144pp, 145×210mm
￥39.00

秋
Autumn
ISBN 9787802003934
200pp, 145×210mm
￥42.00

MP3

中国名著简读系列
Abridged Chinese Classic Series
——围城
The Besieged City

汉英 Chinese-English edition, by *Qian Zhongshu*
ISBN 9787802003903
196pp, 145x210mm
￥38.00

• 图书推荐 •
Recommendations

"老人家说" 系列
Wise Men Talking Series

汉英 Chinese-English edition

孔子说
Confucius Says
ISBN 9787802002111
201pp, 145×210mm
￥29.80

老子说
Lao Zi Says
ISBN 9787802002159
201pp, 145×210mm
￥29.80

孟子说
Mencius Says
ISBN 9787802002128
201pp, 145×210mm
￥29.80

孙子说
Sun Zi Says
ISBN 9787802002142
201pp, 145×210mm
￥29.80

庄子说
Zhuang Zi Says
ISBN 9787802002135
201pp, 145×210mm
￥29.80

晏子说
Yan Zi Says
ISBN 9787513801584
201pp, 145×210mm
￥35.00

管子说
Guan Zi Says
ISBN 9787513801447
201pp, 145×210mm
￥35.00

荀子说
Xun Zi Says
ISBN 9787513801423
201pp, 145×210mm
￥35.00

韩非子说
Han Fei Zi Says
ISBN 9787513801430
201pp, 145×210mm
￥35.00

墨子说
Mo Zi Says
ISBN 9787513801454
201pp, 145×210mm
￥35.00

For more information, visit us at www.sinolingua.com.cn
Email: hyjx@sinolingua.com.cn   Tel: 0086-10-68320585, 68997826
www.facebook.com/sinolingua   www.weibo.com/sinolinguavip

责任编辑：陆　瑜
英文编辑：韩芙芸　薛彧威
封面设计：古　手
封面摄影：古　手

图书在版编目（CIP）数据

汉语分级阅读 . 2500 词 / 史迹编著 . -- 北京：华语教学出版社，2015
ISBN 978-7-5138-0677-0

Ⅰ . ①汉… Ⅱ . ①史… Ⅲ . ①汉语－阅读教学－对外汉语教学－自学
参考资料 Ⅳ . ① H195.4

中国版本图书馆 CIP 数据核字 (2014) 第 114273 号

汉语分级阅读·2500 词

史迹　编著
＊
©华语教学出版社有限责任公司
华语教学出版社有限责任公司出版
（中国北京百万庄大街 24 号　邮政编码 100037）
电话 : (86)10–68320585　68997826
传真 : (86)10–68997826　68326333
网址 : www.sinolingua.com.cn
电子信箱 : hyjx@sinolingua.com.cn
北京京华虎彩印刷有限公司印刷
2015 年（32 开）第 1 版
2018 年第 1 版第 4 次印刷
（汉英）
ISBN 978–7–5138–0677–0
定价 : 49.00 元